职业教育市场营销专业精品教材

商务礼仪实务

主　编　陈纯莹

副主编　张　琼　余硕秋

U0912381

電子工業出版社

Publishing House of Electronics Industry

北京·BEIJING

内容简介

本书分三篇九个项目，包括：基础篇——礼仪概述、仪态礼仪、仪表礼仪、仪容礼仪、言谈礼仪；实务篇——商务礼仪、职场礼仪；扩展篇——中国传统礼仪习俗、世界各地礼仪习俗。本书较全面地介绍了商务活动中应具备的礼仪知识。学生自学者可借助礼仪问题导入，再阅读礼仪故事及点评、再进入礼仪学堂学知识，再进行礼仪演练，最后进行礼仪自评。也可由教师讲授礼仪学堂、组织开展礼仪演练，进而使学生们综合学演练来全面提高商务礼仪技能和水平。

本书配备电子资料包（电子课件、习题解答等），请登录华信教育资源网（www.hxedu.com.cn）免费下载。

本教材主要面向市场营销、电子商务、物流管理、国际商务、商务秘书、商务英语、旅游管理、财务管理、投资理财等经贸类专业的在校生，也可供自学者使用。

未经许可，不得以任何方式复制或抄袭本书之部分或全部内容。
版权所有，侵权必究。

图书在版编目（CIP）数据

商务礼仪实务 / 陈纯莹主编. 一北京：电子工业出版社，2013.8
职业教育市场营销专业精品教材

ISBN 978-7-121-20547-7

Ⅰ. ①商… Ⅱ. ①陈… Ⅲ. ①商务－礼仪－中等专业学校－教材 Ⅳ. ①F718

中国版本图书馆CIP数据核字（2013）第113372号

策划编辑：陈　虹
责任编辑：郝黎明　　特约编辑：蒲　玥
印　　刷：涿州市京南印刷厂
装　　订：涿州市京南印刷厂
出版发行：电子工业出版社
　　　　　北京市海淀区万寿路173信箱　邮编：100036
开　　本：787×1 092　1/16　印张：14　字数：358.4千字
版　　次：2013 年 8 月第 1 版
印　　次：2021 年 8 月第 13 次印刷
定　　价：32.00元

凡所购买电子工业出版社图书有缺损问题，请向购买书店调换。若书店售缺，请与本社发行部联系，联系及邮购电话：（010）88254888，88258888。

质量投诉请发邮件至zlts@phei.com.cn，盗版侵权举报请发邮件至dbqq@phei.com.cn。

本书咨询联系方式：chitty@phei.com.cn。

前　言

孔子曰:“不学礼，无以立。”古人亦云:“不知礼者，难为人也”。在市场经济的大潮中，不知商务礼仪者，难为商也。商务活动是一种重要的商务交往形式，商务往来、商务交际、商业场合等有必要遵循一定的规则和规范，从而形成了商务礼仪。因此一个人只有具备较强的交际能力、掌握商务礼仪知识，才能立足于竞争激烈的商业社会中。商务礼仪的重要性已越来越被商界人士所认识和看重。

针对目前职业院校经贸类专业学生的认知特点、学习规律、就业现状等实际状况，结合企业的实际需求和商务活动的实际要求，我们遵循理论与实践相结合的原则，编写《商务礼仪实务》这本教材的特色是：穿插大量礼仪图片、创设独到礼仪问题、介绍经典礼仪故事、编排精彩礼仪学堂、设计相关礼仪演练、留有空间礼仪自评。

本教材由广州城市职业学院教师、原广东省财经职业技术学校高级讲师（有十多年礼仪教学经验）、多年负责“全国中等职业技术学校文明风采展示类之职业礼仪比赛”的项目负责人及指导老师陈纯莹任主编，广东省财经职业技术学校张琼、余硕秋任副主编，钟娟玲、黎雪贞以及广州市机电高级技工学校的李叶参加了编写。具体分工如下：陈纯莹负责项目一、项目六的编写，钟娟玲负责项目二的编写，张琼负责项目三、项目八的编写，李叶负责项目四的编写，余硕秋负责项目五、项目九的编写，黎雪贞负责项目七的编写。

本书在编写过程中参考了一些礼仪书刊、查阅了一些礼仪网站的资料，选用了一些广东省财经职业技术学校学生参加第七、八、九届“全国中等职业技术学校文明风采展示类之职业礼仪比赛”的师生礼仪活动图片，在此对各位同行和图片上的师生们致谢。而由于编者水平所限，编写时间又较匆促，书中难免稍有错漏，恳请读者和同行雅正。在此也一并致谢！

本书配备电子资料包(电子课件、习题解答等)，请登录华信教育资源网（www.hxedu.com.cn）免费下载。

编　者

目　　录

基础篇

实 务 篇

拓 展 篇

基础篇

项目一

礼 仪 概 述

你知道礼仪是什么吗？礼仪起源于什么？礼仪又有何功能、具有哪些特点、讲究何原则？你又知道何谓商务礼仪吗？商务礼仪讲究何原则、具备哪些功能？你知道尊位在哪里吗？——让我们一起来探究项目一寻找答案吧！

任务一 认知礼仪

礼仪问题

Q1 关于礼仪，以下的说法哪个正确？

A．礼仪就等于礼貌。

B．礼仪就是要学会如何尊重自己和尊重别人。

C．不管哪里都讲究一样的礼仪。

礼仪故事 1

老布什痛改陋习当总统

曾任美国总统的老布什，能坐上总统的宝座，成为美国“第一公民”，与他的仪态表现分不开。1988 年总统选举中，竞争对手杜卡基斯猛烈抨击老布什是里根的影子，没有独立的政见。老布什在选民心中的形象确实不佳，民意测试一度落后对手十个百分点。但奇怪的是，两个月后的竞选，老布什却突然以光彩照人的美好形象扭转了劣势，民意测试反而领先了对手十多个百分点。原来，老布什接受了礼仪专家的特别指导，刻苦训练自己的言行举止，纠正了自己平时那些不良的习惯。

点评 老布什改变了什么？——他改变的只是一些细小的礼仪行为习惯。行为是人类在认识改造客观世界的实践中表现出来的有意识、有目的的自觉的能动活动。行为是一个人意识的外在表现形式。人格有高低之分，行为有美丑之分，高尚人格的写照就是美好的行为。只有具备良好的礼仪行为举止者，才可能成长为一个人格优秀者。

礼仪学堂

一、寻根问礼

商务礼仪是礼仪的分支领域，如果要探讨和了解商务礼仪的具体知识，必须先了解礼仪的基础知识。礼仪是何时何地何因而有的？什么是礼仪呢？

追寻礼仪的起源、探讨礼仪的内涵和概念，将利于读者在现实生活中更加恰如其分地运用礼仪、把握礼仪、发挥礼仪的真正效用。

（一）礼仪的起源

在众多的礼仪起源说中，最被认可的有以下两种。

1．为了人们群体生活的需要

这种礼仪起源说认为，人类在早期社会的群体生活中，为了更好地保证生存，共同对付天敌和自然灾害，以狩猎为生的人类在打猎归来的途中，遇到同伴或其他族群的人时为了表示友好，总会放下武器或者保持距离，因而产生了人类社会最早的礼仪习俗。

2. 为了悦神以便获得自身利益的需要

这种礼仪起源说认为，人类在早期社会时期的自身生存能力和认知能力较低，因对雷鸣闪电及其带来的灾害等自然现象敬畏而归结为神灵操纵，因而产生了人类社会最早的为了悦神以便获得自身利益的礼仪习俗。

（二）东西方礼仪的差异

1. 东方礼仪溯源

中国是东方文化的发源地，素有“文明古国”、“礼仪之邦”的美誉。礼仪，是中国古代文化的精髓，是中华传统美德宝库中的一颗璀璨明珠。中国的礼仪源于礼。礼和仪最早是分开的。礼是“禮”的简化字，最初产生于刀耕火种的原始社会，是指以祭天、敬神为主要内容的图腾崇拜活动的仪式和程序以及对参加活动的行为要求。“仪”则是在奴隶社会向封建社会转型的春秋时期才提到的，意即仪式、仪文。礼和仪连用始于先秦的《诗经小雅楚辞》：“为宾为客，献酬交错，礼仪卒度。”

温馨提醒

中国古代最早、最重要的礼仪著作是《周礼》、《仪礼》和《礼记》，合称“三礼”。

我国从原始社会走向封建社会的礼仪，偏重于政治体制上的道德教化。进入封建社会后，“礼”更是逐渐演变为“治国之法”，具有了三层含义：政治制度、礼貌礼节、礼物。“仪”也具有了三层含义：容貌和外表、仪式和礼节、准则和法度。（见图 1-1）

图1-1 中国古代施见面礼

新中国成立后，我国的礼仪经历了以下三个发展阶段：① 1949—1966 年：礼仪革新阶段；② 1967—1976 年：礼仪退化阶段；③ 1978 年—今：礼仪复兴阶段。

2. 西方礼仪溯源

西方国家对礼仪的理解与东方有一定的差距，礼仪用单词“etiquette”表达，各国的含义却有所不同，如法语中“etiquette”的原意是“法庭上的通行证”；而在英语中，“etiquette”却演变成“人际交往的通行证”，具有了礼仪的三层含义：①谦恭有礼的言谈举止；②教养和规矩；③仪式、典礼和习俗。（见图 1-2）

图1-2 西方餐前礼仪准备

温馨提醒

中国和近代西方的礼仪名著有：《雄辩术原理》、《伊达》、《朝臣》、《青年行为手册》、《教育漫话》、《论接待权贵和女士的礼仪兼论女士如何对男性保持雍容态度》、《骄子书》、《西方礼节与习俗》、《现代西方礼仪》、《请注意您的风度》、《西方礼仪集粹》、《成功之路丛书》。

（三）礼仪的内涵与概念

塑造人的形象的艺术就是礼仪。形象至上，形象是金。什么是形象呢？一个人在日常生活和工作中，留给他人的印象，以及获得的社会评价，那就是他的形象。礼仪的内涵包括了“礼”和“仪”，“礼”的内涵为礼貌、礼节、礼仪；“仪”的内涵为仪表、仪容、仪态、仪式。（见图 1-3）

图1-3　敬师居中为尊

1. 礼

什么是礼？礼者敬人也，尊重自己尊重别人，所谓礼也。“礼”是指人们在长期的社会生活实践中约定俗成的行为规范。

（1）礼貌，是指人际交往中，相互表示敬重和友好的道德准则和行为规范。

（2）礼节，是指人们在交际过程和日常生活中，相互表示尊重、友好、祝愿、慰问以及给予必要的协助与照料的惯用形式。

（3）礼仪，是指人们在长期的社会实践当中，对人类自身的仪表、仪态、仪容、言谈举止、行为模式和思维衍演的方式达成的一套社会协议和共识，是人们必须共同遵守的一系列言行规范及仪式的标准。礼仪是礼貌、礼节的最高表现形式。

2. 仪

什么是仪？“仪”作为人际交往中相互表示尊重、友好的具体形式，主要包括仪表、仪容、仪态、仪式和礼仪器物等。

温馨提醒

不学礼，无以立。

——论语

二、礼仪的特点、原则和功能

（一）礼仪的特点

礼仪作为指导人们言谈行为的规范，它有以下五个特点。

1. 实践检验性

礼仪的规范是人们长期以来总结自己和他人的言行之中相对比较得体、被认为正确的标准，其最大的特点就是可以被实践检验，这是习礼的目的。

2. 社会普遍性

礼仪来源于人们的社会生活实践活动、经受不断的检验，在社会上被人们普遍接受和反复实践检验，因而具备了社会普遍性。

3. 文化传承性

礼仪知识是历经数代人的实践活动，不断总结积累而形成的规范，因此礼仪知识的精华必然会在各代人之中经久不衰地传承并且发扬光大。

4. 时空限定性

随着时代、地域的不同，礼仪规范也是可变的。比如在中国封建社会盛行的见面跪拜礼，在现代社会上已基本被其他的见面礼节所取代了。因而说礼仪有时空限定性。

5. 审美融合性

礼仪规范的表现形式具有非常高、立体而全方位的审美品位，包括物质和精神层面上的，有视觉、嗅觉、听觉、感觉等多方面的审美要求。（见图 1-4）

图1-4　环境与人之美

（二）礼仪的原则

1. 敬人原则

在社会交往中，敬人就是尊敬他人，尊敬自己，维护个人乃至组织的形象，真诚沟通，不损人利己。

2. 平等原则

平等是礼仪的核心，即尊重交往对象，以礼相待，对任何交往对象都一视同仁，给予同等程度的礼遇。（见图 1-5）

图1-5　平等对待儿童

3. 宽容原则

在各种交际活动中，要严于律己，更要宽以待人。宽容是一种礼仪素质，是一种胸襟，一种容纳意识和自控能力。

4. 自律原则

这是礼仪的基础和出发点。学习、应用礼仪，最重要的就是要自律，也就是要自我要求，自我约束，自我对照，自我反省，自我检查，知道自己该做什么，不该做什么。

5. 真诚原则

运用礼仪时，务必诚信无欺，言行一致，表里如一。真诚就是在交际过程中做到诚实守信，不虚伪、不做作。（见图 1-6）

图1-6　真诚互助

6. 适度原则

应用礼仪时要注意把握分寸，认真得体。适度就是把握分寸。礼仪是一种程序规定，而程序自身就是一种“度”。礼仪无论是表示尊敬还是热情都有一个“度”的问题，没有“度”，施礼就可能进入误区。

7. 从俗原则

由于国情、民族、文化背景的不同，必须坚持入乡随俗，与绝大多数人的习惯做法保持一致，切勿目中无人，自以为是。从俗就是指交往各方都应尊重相互之间的风俗、习惯，了解并尊重各自的禁忌，减少或避免沟通障碍和麻烦。

8. 信义原则

信义原则是指遵时守信、“言必信，行必果”及自信。取信于人在人际交往中是非常重要的。

> **温馨提醒**
> 生命是短促的，然而尽管如此，人们还是有时间讲究礼仪。
> ——爱献生

（三）礼仪的功能

1. 尊重的功能

尊重的功能即向对方表示尊敬、表示敬意，同时对方也还之以礼。礼尚往来，有礼仪的交往行为，蕴涵着彼此的尊敬。（见图1-7）

图1-7　尊敬长辈

2. 约束的功能

礼仪作为行为规范，对人们的社会行为具有很强的约束作用。任何一个人，都自觉或不自觉地受到该礼仪的约束，自觉接受礼仪约束的人是“成熟的人”的标志，不接受礼仪约束的人，社会就会以道德和舆论的手段来对他加以约束，甚至以法律的手段来强迫。

3. 教化的功能

礼仪作为一种道德习俗，对全社会的每个人都有教化作用，都在施行教化。礼仪的形成、完备和凝固，会成为一定社会传统文化的重要组成部分，它以“传统”的力量不断地由老一辈传继给新一代，世代相继、世代相传。在社会进步中，礼仪的教化作用具有极为重大的意义。

4. 调节的功能

礼仪具有调节人际关系的功能。一方面，礼仪作为一种规范、程序，作为一种文化传统，对人们之间的相互关系模式起着规范、约束和及时调整的功能；另一方面，某些礼仪形式、礼仪活动可以化解矛盾、建立新关系模式。可见礼仪在处理人际关系中，在发展健康、良好的人际关系中，是有其重要作用的。

> **温馨提醒**
> 人有礼则安，无礼则危。
> ——礼记

任务二 认知商务礼仪

礼仪问题

Q2 在商务活动中，哪里是尊位？

A. 商务活动中不讲究尊位。

B. 古今中外都讲究以左为尊。

C. 国际商务活动中通行的礼仪原则是以右为尊。

礼仪故事 2

数学泰斗苏步青给秘书上第一课

苏步青，中国科学院院士，中国杰出的数学家，被誉为数学之王、东方国度灿烂的数学明星、东方第一几何学家，曾任复旦大学校长等职。

王增藩于 1980 年 3 月成了苏步青的贴身秘书，而且一跟就是足足 23 年。最让王增藩记忆犹新的，是第一次陪同苏老外出开会，苏老就给这个刚上任的秘书“上了一课”。原来小王秘书在路上遇到一个熟人，多讲了几句话，迟到一分钟，苏老就叫司机把车开走了。望着车子一溜烟似的消失在视线中，王增藩就此见识了苏老对时间的珍爱。从此之后，王增藩每次都提前十分钟等候苏老，23 年从不敢懈怠。

点评 这个故事告诫我们：遵时守约是商务交往中第一要义，是对商务伙伴的最大尊重，也是最基本的礼仪礼节。

礼仪学堂

一、何谓商务礼仪

（一）商务礼仪的概念

商务礼仪是根据礼仪适用对象而产生的一个礼仪分支，商务礼仪，指的是政府、企业以及商务人员或其他人员在商务活动中，为了塑造组织和个人的良好形象而应当遵循的对交往对象表示尊敬与友好的规范或程序。

商务礼仪不仅能体现出一个组织内在和外在的形象，也是一个组织形象的延伸，同时也能体现出个人素质和形象，是一优秀的商务人员业务能力的亮点。

商务礼仪是一般礼仪在商务活动中的运用和体现，包括商务礼节和商务仪式两方面的内容。

商务礼节是人们在商务交往活动中为表示尊重对方而采取的人们共同约定并形成习惯的规范形式。商务仪式即按程序进行的礼节形式。

（二）商务礼仪的基本特征

1. 规定性

从礼仪的范围看，商务礼仪具有规定性。礼仪的适用范围是组织活动和人际交往活动。商务礼仪不同于一般的人际交往礼仪。商务礼仪的适用范围，是指从事商品流通的各种商务活动。（见图 1-8）

图1-8　商务活动现场

2. 诚信性

从礼仪的内涵看，商务礼仪具有诚信性。诚实，即诚心诚意参加商务活动，力求达成协议，而不是夸夸其谈，不着边际，毫无诚意。守信，就是“言必信，行必果”，签约之后，一定履行。如遇意外不能如期履约，应给对方一个满意的结果来弥补，而不应言而无信。

3. 时机性

从礼仪的行为看，商务礼仪具有时机性。商务活动的时机性很强，有时事过境迁，失去良机；有时在商务活动中，说话做事恰到好处，问题就会迎刃而解；有时商务从业人员固执不让步，对方也可能被拖垮，从而失去了一次成功的机会。

4. 沟通性

从礼仪的过程看，商务礼仪具有沟通性。商务活动过程要求商务双方把对自己和对方的尊重表现出来，这就是在进行互相的沟通。

5. 文化性

从礼仪的性质看，商务礼仪具有文化性。商务活动虽是一种经济活动，但其中涉及的商务礼仪体现的是文化含量。企业组织须建立良好的企业文化及不断提高企业成员的文化素质，树立文明的企业组织形象，才能在商务活动中表现出文明典雅、有礼有节的素养。

知识拓展

商务礼仪和其他礼仪有哪些区别呢？

主要是适用范围，适用对象以及操作技巧的区别。

商务礼仪的适用对象是商务人员，适用的范围是商务交往。也就是说，商务礼仪就是在商务活动中，商务人员之间的一种商务交往。商务交往的两个重点操作技巧：一个是要学会“摆正自己的位置”，另一个是要学会“端正自己的心态”。摆正位置才会端正心态，心态不好是位置没有摆正所致。

（三）商务礼仪的功能

1. 塑造形象

掌握并适当使用商务礼仪知识，能够在商务交往的过程中，塑造良好的个人形象甚至塑造出企业的良好形象。

2. 规范行为

在商务活动中，只有通过共同的行为规范的约束，才能更好地协调好商务伙伴之间的关系。

3. 沟通信息

在商务活动中，人与人之间的信息的传递 =7% 词语 +38% 语音 +55% 表情。学会并善用商务礼仪，会更容易与商务伙伴进行良好沟通。

4. 联络感情

对商务礼仪知识的驾驭，可以让商务往来的关系变得更加融洽，可以更好地联络商务交往的各方之间的感情。

二、商务礼仪的原则

在从事各种商业活动时，应遵循以下商务礼仪的基本原则，包括真诚互尊原则、宽容谦和原则、守时守信原则、尊重隐私原则、适度自律原则。

1. 真诚互尊

真诚是做人之本，也是商务人员的立业之道。从事商务活动并非短期行为，讲求礼仪，只有恪守真诚原则，才能有长远效益；良好的社会关系是其在生意场上立于不败之地的一项很重要的资本。

尊重是礼仪的情感基础。人与人是平等的，无论职务高低、年龄长幼、民族大小都没有贵贱之分。只有相互尊重，才能建立、维持和谐愉快的人际关系，才能给企业和个人带来更大的发展空间。

2. 宽容谦和

在商务活动中，出于各自的立场和利益，难免出现冲突和误解。遵循宽容原则，凡事想开一点，眼光看远一点，善解人意、体谅别人，和睦相处、虚怀若谷，才能正确对待和处理好各种关系与纷争，争取到更长远的利益。

3. 守时守信

在商务活动中，人们更多地依靠对对方诚信品质的信任，而这种诚信品质最直接的表现就是守时守信，遵守时间和约定：一方面是在商务活动中对时间和承诺的信守，另一方面是要求商务人员不要轻易许诺，以防出现不能守时、守信的尴尬局面。

4. 尊重隐私

在商务活动中，商务人员必须尊重他人的私隐信息，包括身高、体重、婚姻状况、年龄、收入、财产等个人信息。一方面是为了保护个人自由选择生活方式的权利，另一方面是为了保护个人财产、生活和工作的安全。

5. 适度自律

在商务交往中，要注意各种不同情况下的社交距离，适度自律，善于把握住沟通时的感情尺度，沟通和理解是建立良好人际关系的重要条件。

在商务交往中，如果掌握商务礼仪规范，树立道德信念，才能做到不失足于人，不失色于人，不失口于人，树立良好的个人形象。

> 温馨提醒
> 掌握并遵行商务礼仪的基本原则，在人际交往、商务活动中，就有可能成为待人诚恳、彬彬有礼之人，并受到别人的敬重！

三、商务活动中尊位的介绍

（一）认知尊位的概念

尊位是各种礼仪活动当中的一个基点，有了这个基点，可更方便地确定活动参与者的位置及整个活动的行进方向。如果离开尊位的确定或者尊卑颠倒，礼仪活动将容易失去方向或者导致举座不欢。

那么在礼仪活动中，尊位在哪里？如何确定尊位？尊位有哪几类？

尊位——也叫上位，就是一场礼仪活动当中最重要、最尊贵的位置。尊位可以是站位、座位和走位。尊位在不同的场所、不同的文化、不同的历史阶段有着不同的确定标准。

（二）探究尊位的起源

1. 东方尊位溯源——“以左为尊”

中国及一些东方国家认为“以左为尊”。因为古人认为“左吉右凶”。

我国自古流行“以左为尊”，《易经》中就有“男为阳，女为阴；背为阳，腹为阴；上为阳，下为阴；左为阳，右为阴”。

司马迁《史记·魏公子列传》说，魏公子无忌驾车去请隐士侯嬴，“坐定，公子从车骑，虚左，自迎夷门侯生”。也就是说，车上空着左边的尊位，等待隐士侯嬴就坐。“虚左”，如今已经成为常用的成语“虚左以待”。

> 温馨提醒
> 我国封建社会通行男尊女卑，男左女右，即把左看成高于右。封建王朝有的设左、右丞相，也是左丞相高于右丞相。这是千百年来流传下来的礼仪习惯。

2. 西方尊位溯源——“以右为尊”

西方的传统是“以右为尊”。以下介绍主要的三种起源说。

第一种起源于基督教义中基督耶稣的预言。耶稣临死前，在罗马犹太总督和希律王面前，对审讯他的法官们说：“从现在开始，人之子（指耶稣本人）将会被安排坐在伟大的上帝右手边”。这样就形成了“以右为尊”的习俗。《马太福音》中记载，“众神对万民进行宣判，恶人站左边，进地狱。善人站右边，升天堂。”

第二种起源于古代君主的安全考虑。君主为了安全而不许近臣带刀，自己却腰间佩剑，剑柄向右，一是显示威武，二是保护自己；而且总是将自己最信任的人安排在自己的右手边。因此产生了“以右为尊”的习俗。

第三种起源于印度的日常生活习惯。人们认为日常生活中，用左手做比较污秽的事情，比如上厕所擦屁股等；用右手做比较神圣的事情，比如吃饭、祷告等。因此产生了“以右为尊”的习俗。

（三）了解尊位的种类

我国自古以左为尊，而现今国际上流行的礼节中，却与我国正好相反，大多数国家都是以右为上。因此，我国的非涉外礼仪活动，仍遵照传统礼仪“左高、右低”做法。例如，人大、国务院等举行会议、礼仪活动时。而新中国以来的涉外礼仪就与国际接了轨，采纳了“以右为尊”的做法，主方座位在左，客方座位在右。

左和右是如何确定的呢？那就按照你自己站位的方向，你的左手边即为左边，右手边就是右边。如果在主席台上，则是以自己相反的方向，以面向观众的方向为准来判断左右。

1．座位的尊位

（1）会谈桌上的尊位。主客双方面对面就座时，当一方面门就座、另一方背门就座时：面门一方为尊位，应该留给客方就座；当双方都是侧对门时：以右为尊；主客双方同侧并排就座时：以右为尊。（见图 1-9）

图1-9　谈判座位的尊位

（2）会议桌上的尊位：第一排中间为尊。商务会议时有很多与会者，一般安排座位时，职务高的主人陪伴着主宾就座于第一排的中间，主人一般就座于主宾的左边。若有主席台的，座位也是类同的安排主人、主宾就座于第一排的中间位置，主人一般就座于主宾的左边。（见图 1-10）

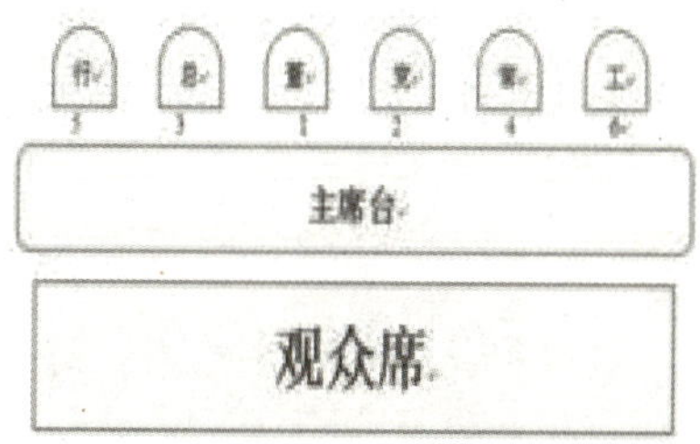

图1-10　会议尊位

（3）餐桌上的尊位：面门为尊。在商务活动中免不了与商务伙伴一起用餐，因此，必须特别注意餐桌上的尊位。商务活动中一般在一个单独的客房里宴请宾客，宴席上主要宾客的尊位为正对门之处，主人一般就座于主宾的左边。（见图 1-11）

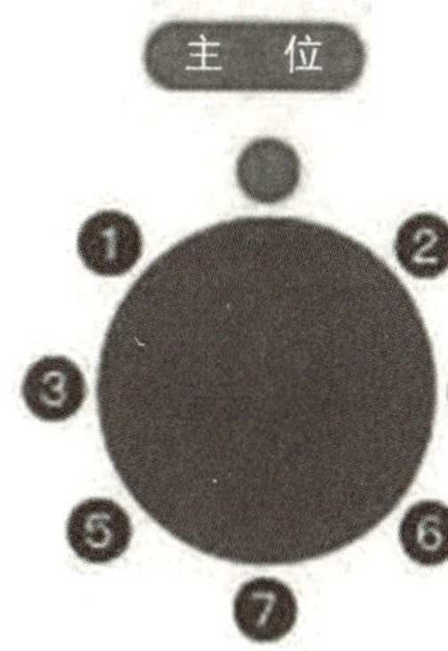

图1-11　用餐的尊位

（4）照相时的尊位：第一排中间为尊。在商务活动中，经常需要进行一些商务性质的主客双方的合影留念。此时，主人一般就座于主宾的左边并且安排在合影队伍的第一排中间的位置，其他人员按照越靠近中间、靠近前排、靠近主人和主宾的位置为尊位，相反为次位。

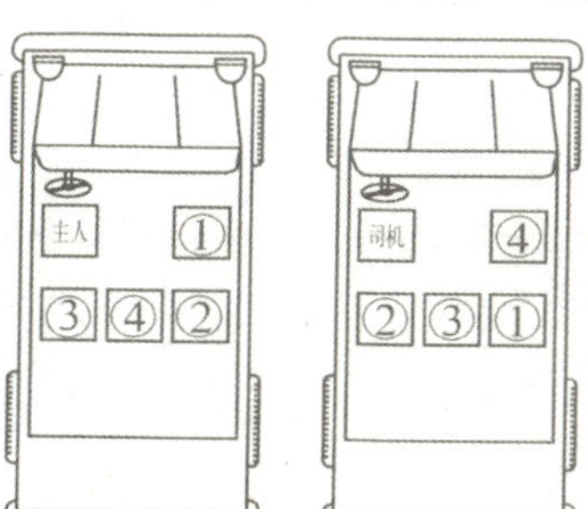

图1-12　小轿车尊位

（5）车上的尊位：

① 小轿车的尊位礼仪。（见图 1-12）

一是有专职司机驾驶时：小轿车的座位以后排右侧为首位，左侧次之，中间座位再次之，前坐右侧再后，前排中间为末席。

二是由主人亲自驾驶时：以驾驶座右侧为首位，后排右侧次之，左侧再次之，而后排中间座为末席，前排中间座则不宜再安排客人。若坐客只有一人，应坐在主人旁边。若同坐多人，中途坐前座的客人下车后，在后面坐的客人应改坐前座，此项礼节最易疏忽。

三是由主人夫妇驾车时：则主人夫妇坐前座，客人夫妇坐后座，男士要服务于自己的夫人，宜开车门让夫人先上车，然后自己再上车。

四是由主人夫妇搭载友人夫妇的车时：应邀友人坐前座，友人之妇坐后座，或让友人夫妇都坐前座。

② 吉普车的尊位礼仪。

吉普车无论是主人还是司机驾驶，都以前排右座为尊，后排右侧次之，后排左侧为末席。上车时后排位低者先上车，前排尊者后上。下车时前排客人先下，后排客人再下车。

③ 旅行大巴的尊位礼仪。

旅行车以司机座后第一排即前排为尊，后排依次为小。其座位的尊卑，依每排右侧往左侧递减。

知识拓展

如何上下车呢？

女士的登车礼仪应为：先站在座位边上，把身体降低，让臀部坐到车位子上，再将双腿一起收进车里，双膝一定保持合并的姿势（见图 1-13）。男士的登车礼仪除了双腿可以分开分别进入车里以外，其他跟女士类同。

图1-13　女士乘坐轿车礼仪

2. 站位的尊位（与座位类同）

（1）以右为尊。在商务活动中，按照主人的站位方向，左手边即为左边，右手边就是右边，主人一般应该站在主宾的左边，留右边尊位给主宾。

（2）面门为尊。在商务活动中，当主客双方一方面门而立，另一方背门而立时，面门一方的站位为尊位，应该留给客方。

（3）第一排（的中间）为尊。在商务活动中，主客双方多人、多排站立时，主人一般应该站立于主宾的左边并且安排在第一排中间的位置，其他人员按照越靠近中间、靠近前排、靠近主人和主宾的站位为尊位，相反为次位。

3. 走位的尊位

（1）以右为尊。在商务活动中，按照主人行走的方向，主人一般应该站立并行走在主宾的左边、留右边尊位给主宾行走。

（2）前为尊。在商务活动的行走过程中，作为主人的你，按照你自己行走的方向和位置，主人一般应该行走在主宾的偏左后方、留出右前方的尊位给主宾行走。

温馨提醒

商务活动中最主要的各种尊位概括为："以右为尊"、"面门为尊"、"第一排（的中间）为尊"、"中间为尊"、"前为尊"。

（四）了解尊位的特征

1. 居中心

空间上居于中心意义的位置，有如众星捧月状。（见图 1-14）

2. 视野最佳

在商务活动的场合里，尊位所在处的视野为相对最佳。

图1-14　敬师居中为尊

3. 行动最便利

一般来说，每次商务活动的尊者应该处于行动最便利的位置。

4. 相对最安全

尊者参与商务活动，必须考虑其安全问题，且应安排尊者处于相对最安全的位置。

（五）商务活动中尊位与位次排序

1. 位次的概念

位次，是指商务活动中，商务人员的座位次序和出场顺序。商务活动中位次的排序是一件严肃、敏感、技术性较强的事情。

2. 位次排序形式

（1）主客平等原则。商务活动中双方应该是平等的。相同和相似职位的排序是对等的，双方礼仪位次是基本平行的。如主客双方的总经理应该在一个位次平台，部门经理之间也应该互在另一个同位次的平台。

（2）职位排序原则。在商务活动中，如果主方或者客方参与活动者众多、存在职位高低的差异，必须按照职位高低的顺序来排序。必须尊重和优先考虑安排职务高者，再安排职位较低者、职位最低者。

（3）利益排序原则。在商务活动中，参与活动的有时不止双方，也可能出现多方共同参与一项活动，在这种情况下，组织者必须考虑参与活动各方的利益关系来排序，重要关系部门的代表应该安排在相对靠前、靠中等尊位。

（4）荣誉特例原则。在商务活动中，如果有荣誉特别高的社会名流、职位或资历特别高的参与者，为了表示对他们的尊重，必须提前考虑将他们的位次超前安排。

（5）关系亲疏原则。在商务活动中，有时还应该考虑参与者之间的关系亲疏问题来进行位次排序，一般是关系较疏远者先排序，再安排关系亲密者。

温馨提醒

在同一社会活动中，应该按不同国家、地区、团体、单位、部门、身份等因素对来宾的顺序、位次进行排序。礼宾次序的排列方法：按身份与职务的高低、按字母顺序、按代表团通知的时间顺序。

礼仪演练

一、简答题

1. 礼仪是什么？礼仪讲究什么原则？有何特点？有哪些功能？

2. 商务活动中应该遵循哪些商务礼仪原则？

3. 商务礼仪在商务往来中能发挥哪些功能？

4. 为企业组织策划商务活动应该分别讲究哪些尊位和位次？

二、填空题

1. 礼仪的特点包括：________、________、________、________、________等方面。

2. 礼仪讲究______、______、______、______、______、______、______和________八项原则。

3. 商务礼仪具备________、________、________、________、________等特征。

4. 在商务活动中讲究________、________、________、________、________等商务礼仪原则。

5. 商务礼仪能发挥________、________、________、________等功能。

6. 尊位分为________、________、________三种。

7. 商务活动中的站位尊位讲究________、________、________等原则。

三、案例分析

（一）一天夜里，周总理从外面工作回来，已经很累，司机想快点让总理回去休息，便加快速度，准备超越前面一辆外宾的汽车。总理发觉后，立即制止说："同志，你怎么这样做呢，要有礼貌。我晚回去一点有什么关系，可不能有大国沙文主义啊！"司机只好放慢速度，让外宾的车子走在前边。周总理还经常教育司机，要礼貌行车，不可因为他坐在车上就随便违反交通规则。要尽量少按喇叭，以免引起行人的紧张。

问题：该案例体现了什么礼仪特点、原则？

（二）小周是某公司的业务员。一天，小周正在办公室打电话，这时有客人来访。可小周却没有停止打电话，也没有与客人打招呼。客人就只好站在办公室门口等待……

问题：请结合商务礼仪的基础知识对该案例剖析对错并更正。

四、实训

1. 实训要求

最好有多媒体教学系统，具备上网功能的实训室。

2. 实训过程

步骤一：教师根据任务书布置任务；

步骤二：各小组分工并讨论完成以上任务；

步骤三：小组成果汇报和展示；

每组派一名代表将小组讨论的结果向大家汇报和展示，展示内容：

①成果展示（纸张或 PPT）；

②对内容进行讲解和分析。

步骤四：教师评讲。

① 教师对学生的行动进行点评（见下表）；

② 对本项目相关知识内容进行总结。

任务书

课前将学生分为若干学习小组，分角色扮演，各小组完成以下任务：

1. 活动一：各小组通过互联网或智能手机等查找资料并讨论组建一个模拟公司。要求每个模拟公司确定：

① 企业名称、经营理念及经营类型；

② 企业生产或销售的产品；

③ 企业的服务宗旨和倡导的文化；

④ 企业的重要成员构成及职位分工。

2. 活动二：讨论并分析商务礼仪对模拟公司有何作用。

3. 活动三：为你的模拟公司设计策划组织一次商务活动。请考虑你公司策划的商务活动应该注意哪些商务礼仪？

（小组讨论完成以上的任务，并将讨论的结果写在书写卡片上或制作展示课件，便于下一步的展示。）

课堂随笔

（　　）班技能训练任务（　）评价表

被考评组别		被考评组别成员名单				
考评内容						
考评标准	项目	分值	小组自评（30%）	组间互评（平均）（40%）	教师评价（30%）	合计（100%）
	参与讨论的积极性	25				
	语言表达和沟通能力	30				
	内　　容	15				
	团队的合作精神	15				
	模拟公司设置合理	15				
合计		100				

五、知识拓展 / 综合实训

1. 国旗是每一个国家的重要形象代表之一，国旗讲究什么礼仪？

2. 视觉美学在礼仪中能否运用？如何运用？

3．你所在的模拟公司以后组织的商务活动还应该讲究哪些商务礼仪？

礼仪自评

通过本项目的学习，我学会了

项目二

职业形象之仪态礼仪

你知道什么是人的仪态礼仪吗？你会运用表情礼仪吗？你知道怎样才能掌握优雅的姿势和动作礼仪吗？——让我们一起来探究项目二寻找答案吧！

任务一 认知仪态

礼仪问题

Q1 风度是一个人性格、(　　)、文化水平、道德修养的外化，是人自身具有的较为稳定的行为习惯的外在表现形式。

A. 仪容　　B. 仪态　　C. 服饰　　D. 气质

礼仪故事 3

可怕的形象

某省级电视台的一次晚间的摇奖节目中，当主持人宣布："请特邀嘉宾，×× 大企业的老总为我们开奖"。只见一位弯腰耸肩的四十多岁的男人三步并两步冲上舞台，他身穿黑色衬衣，打着让人眼花缭乱的，五颜六色的大花领带，穿着一件黑色大皮夹克，如同刚出油锅的黑亮的头发向一边倒去，脸上的皮肤如同高低不平的丘陵。他接过话筒，一张口，黑黄牙齿全部暴露无遗。他一边读着获奖者的名字，一边不停地颤动着自己的小腿。企业老总的这种形象，立即被全国几亿位观众看到，现场观众一片哗然。

点评 举止是展示一个人才华和修养的重要外在形态，恰到好处的举止，能使一个人走向成功。人的风度可通过人的举止、容貌等体现出来，人的举止礼仪包括人的内在的气质。

礼仪学堂

一、仪态的内涵

（一）仪态的概念

仪态就是指人们经过修饰的举止与动作，是人们在交际活动中可以明显察觉到的形体活动，包括姿态举止、目光表情、手势动作等。达·芬奇曾经说过："从体态知觉人的内心世界，把握人的本来面目，往往具有相当的准确性和可靠性。"

（二）仪态的构成

仪态礼仪包括了每一个人在各种职场环境中的表情、身体姿态、手势动作等方面的具体礼仪形象。（见图 2-1）

图2-1 个人职场仪表

（三）仪态的礼仪功能

仪态礼仪就是为了表达商务人士的简洁、生动、真实、形象、高雅和自然。

二、仪态塑造的目的和意义

（一）仪态塑造的目的

仪态塑造的目的就是打造美好的、高素质的职业形象。

（二）仪态塑造的意义

在人际交往中，美好的仪态常常可以表现优秀的人格，因此更容易被他人接纳与喜爱，赢得他人的理解、信任与尊重，提升自身的交际效果，提高交际的“印象分”。反之，粗俗丑恶、不讲仪态的行为也必然会遭到人们的误解、厌恶与排斥。

仪态的训练就是人们对自身行为习惯和良好意识的积极改变与有效控制。

任务二 表情礼仪

礼仪问题

Q2 你认为以下哪些属于表情礼仪？

A. 微笑　　B. 握手　　C. 点头　　D. 拥抱

礼仪故事 4

冷艳贵妇人

当代交际大家卡耐基曾说过这样一个故事：“有一次，我去纽约参加一个宴会，遇到一位女士，她在不久前，刚得到一笔巨额的遗产，因此，她特地花了不少的金钱，把自己从头到脚，扮得十分华丽。她这样做，无非是想给别人一个好印象。可是很不幸，她那张面孔，却一直有着一副冷漠的像铁板一样的表情，并且显得傲气凌人，使大家见了她，一点也不觉得愉快。她只知道装扮自己身上的衣饰，却忘了女人最重要的面部表情。”

点评 这个女人虽然有钱，可以买华丽的衣服，却不明白，这些华丽的衣服穿在一个面无表情的人身上，和穿在一个木头的标本上，并没有什么区别。人是有感情的动物，只有把愉快的感情表现出来，以谦和、热情的态度与人相处，别人才可能对你产生好感。

礼仪学堂

人的表情是一种无声的“体态语言”。人的喜、怒、哀、乐、爱、恶、欲等，都可以通过表情，尤其是面部表情表现出来。在各种场合，健康、美丽的表情，得体、富有涵养的表情，都会给人留下美好深刻的印象。（见图 2-2）

人的表情最主要的是指眼神和微笑。

图2-2　健康得体的表情

一、闪亮的眼神

（一）眼神的内涵

眼睛是人的心灵之窗。对每个人而言，眼神能够最明显、最自然、最准确地展示自身的心理活动，眼神可以发挥它无穷的魅力。对一般人而言，与其交往所得信息的87%来自视觉，而来自听觉的信息则仅为10%左右。所以，眼神是最能揭示一个人内心秘密的洞察点，眼神能最直接地把内心情绪传达出来，并把人的深层心理通过目光的微妙变化反映出来。

（二）眼神的分类

人与人在直接见面交谈时，视线的高度和位置，应视交际对象和交际场所的不同而不同。一般有三种方式：一是公务视线；二是社交视线；三是亲密视线。

1. 公务凝视

（1）公务凝视适用于各种公务交往场合互相之间的眼神交流。

（2）公务凝视的区域——对方两眼为底线、额头为顶线形成的四边形区（见图2-3）。这种眼神给人一种严肃、认真的感觉，因此，适用于洽谈、磋商、谈判等场合。注视的部位，应在对方双眼或双眼与额头之间。

图2-3　公务凝视区域

2. 社交凝视

（1）社交凝视适用于工作之余在各种公众场合和同事、商务伙伴友好地进行交往应酬的场合。

（2）社交凝视的区域——对方两眼为上线、唇心为下顶角所形成的倒三角区（见图2-4）。主要是为了避免交往双方眼睛相互盯视而引起不安或尴尬。

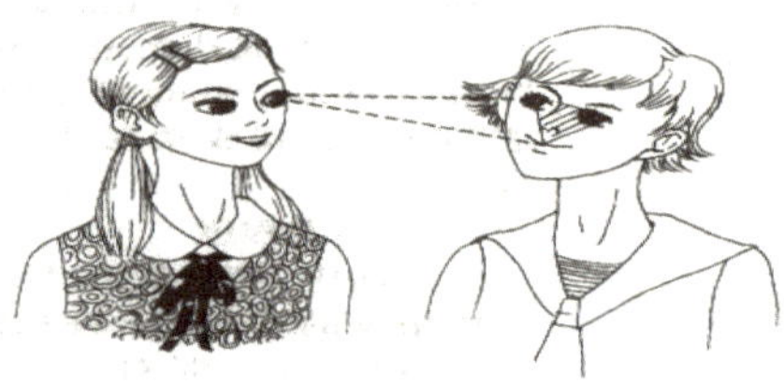

图2-4　社交凝视区域

3. 亲密凝视

（1）适用于亲人、恋人之间交往的场合。

（2）亲密凝视的区域从对方双眼到胸部之间（见图2-5）。由于密切的程度不一样，在交流时较为放松，视线范围可相对扩宽。

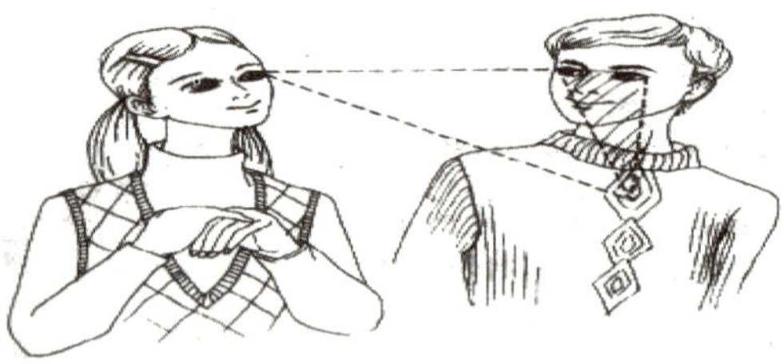

图2-5　亲密凝视区域

（三）眼神的运用

运用眼神交流是一种极高的艺术，恰到好处地运用眼神，可以令青年学生在职场和社交场合中倍增魅力和风采。眼神的运用技巧有如下几点：

（1）注意视线接触的角度，即目光的方向。

（2）注意把握视线接触的长度，即目光停留的时间，交谈时视线接触对方脸部的时间应占全部谈话时间的 30% ～ 60%。

（3）注意把握视线接触的对象，即目光停留的当事人，双目连续对视不宜超过 10 秒钟。

（4）注意善用目光的变化，即目光使用的不同语境和场合。灵活地运用目光来表达自己内在的感情，演讲时用环视法、点视法；发言人，座位中有发言人的上司和下属，那么应该给每一位听众以足够的注视时间；如朋友见面或者被介绍互相认识时，可以凝视对方稍微久一些，表示自己的自信，也能给对方留下深刻的印象；如别人赠给你名片时，接过后，一定要当着对方的面，认真仔细地看，以表示对别人的尊重等。

二、舒心的微笑

（一）微笑的内涵

微笑，是一种自信的流露。它表达一个人的友好、礼貌，是人际交往中最富有活力、最有成效的表情。一位彬彬有礼、有教养的人，毫无保留地把自己的微笑作为一件礼物送给与他（她）交往的人，这是最慷慨的奉献；微笑，是一种高雅的气质。要学会微笑，学会这种温暖的、豁达的、自然的、大方的、自信的、真挚而友善的微笑。（见图 2-6）

图2-6 舒心的微笑

（二）微笑的作用

在人际交往时，温和含蓄、富有活力的表情有助于打破人与人之间的心理障碍、消除对立情绪、建立信任友好的关系。微笑是人所有表情中中性偏积极的表情，代表着礼貌与尊重、自信与力量、真诚与理解。

（三）微笑的标准

微笑时要发自内心，目光友善、真诚、亲切，表情自然，伴随微笑要露出 6 ～ 8 颗牙齿，嘴角微微上翘，眼睛要礼貌正视客人，不左顾右盼、心不在焉，有目光的接触即要送上甜美真诚的微笑。

（四）微笑的方法

1. 面对镜子练习法

取厚纸一张，遮住眼睛下边部位，对着镜子，回忆过去的美好生活，使笑肌抬升收缩，嘴巴两端做出微笑的口型，反复练习并纠正。

2. 咬筷子法

图2-7 咬筷子法

首先，咬筷子是为了在微笑时恰到好处地露出 6 ～ 8 颗牙齿（见图 2-7），所以并没有硬性的规定。一般来说都是着力点在门牙两旁第 2 位的犬齿。但也要因人而异。其次，咬筷子的同时要调整嘴型。嘴角上扬 15° 左右。

3. 读“茄子”或“田七”法

因为人在微笑时，嘴角两端向上翘起。练习时，为使双颊肌肉向上抬，口里可念着普通话“一”、“田七”、“茄子”字音。

任务三 姿态礼仪

礼仪问题

Q3 工作中应实现怎样一种身体姿态？形体姿态所表达的意义甚至胜过语言。关掉电视机的声音，试试仅凭画面你能了解多少故事情节和其中的人物。哪个人物精干？哪个懦弱？哪个优雅而又自持？对镜自查，你是什么样的人？

礼仪故事 5

罗西的表演

有一次，意大利著名悲剧影星罗西应邀参加一个外宾的宴会。席间，许多人要求他表演一段悲剧，于是他用意大利语念了一段“台词”，尽管客人听不懂他的“台词”内容，然而他那动情的声调和表情，凄凉悲怆，不由使大家流下同情的泪水。可一位意大利人却忍俊不禁，跑出会场大笑不止。原来，这位悲剧明星念的根本就不是什么台词，而是宴席上的菜单。

点评 由此可见，在人际交往中，美好的仪态常常可以表现优秀的人格，因此更容易被他人接纳与喜爱，赢得他人的理解、信任与尊重，提升自身的交际效果，提高交际的“印象分”。反之，粗俗丑恶、不讲仪态的行为也必然会遭到人们的误解、厌恶与排斥。

礼仪学堂

一、优雅的站姿

（一）基本的站姿

标准的站姿，从正面看：全身笔直，精神饱满，两眼正视（而不是斜视），两肩平齐，两臂自然下垂，两脚跟并拢或两脚尖张开 60°，身体中心落于两腿正中；从侧面看：两眼平视，下颌微收，挺胸收腹，腰背挺直，手中指贴裤缝，整个身体庄重挺拔。（见图 2-8）

图2-8 标准站姿

1. 男士常用站姿

男士的各种站姿要领分别如下。

（1）标准式：挺胸抬头，收腹立腰，下颌微收，双目平视正前方，双臂自然下垂，两腿分开，两膝绷直，两脚平行与肩同宽。（见图 2-9）

（2）握拳式：站成平行步，即两脚平行展开与肩齐宽，腿绷直，腰背立直，两手在腹前，右手握左手的手腕处，左手握拳。（见图 2-10）

图2-9　男士标准式站姿

图2-10　男士握拳式站姿

（3）背手式：两脚跟并拢两脚尖展开 60° 左右，腿绷直，腰背直立，两手在身后交叉，右手搭左手腕部，两手手心向上收。（见图 2-11）

（4）单臂式：一手置于体侧，另一手背于身后；或一手放于体前，另一手背于身后，左手后背半握拳，右手自然下垂，两脚尖展开成 60° ，身体重心放在两脚上。（见图 2-12）

图2-11　男士背手式站姿

图2-12　男士单臂式站姿

2．女士常用站姿

女性的各种常见站姿要领分别如下。

（1）标准式：抬头、下颌微收、挺胸、收腹、立腰，双目平视，双臂自然下垂，两腿夹紧，两膝绷直，两脚跟并拢，两脚尖展开 30° ～ 45° 之间。（见图 2-13）

图2-13　女士标准式站姿

（2）握手式：站成右丁字步，即两脚尖稍稍展开，右脚在前，将右脚跟靠于左脚内侧中间，腿绷直，腰背直立，两手在腹前交叉，右手握左手的手指部分，使左手四指不外露，左右手大拇指内收在手心处，叠放于腹前。（见图 2-14）

图2-14　女士握手式站姿

（3）单背式：一手置于体侧，另一手背于身后；或一手放于体前，另一手背于身后，左手后背半握拳，右手自然下垂站成左丁字步，即左脚跟靠于右脚内侧中间位置，使两脚尖展开 30° ～ 45° 之间，身体重心放在两脚上。（见图 2-15）

图2-15　女士单背式站姿

（4）背手式：两脚跟并拢，两脚尖展开 30° ～ 45° 左右，腿绷直，腰背直立，两手在身后交叉，右手握住左手四指，两手手心向外。（见图 2-16）

图2-16　女士背手式站姿

（二）站姿的禁忌

1. 忌身躯歪斜

站立时要么头偏了，肩膀斜了，腰也斜了，要么整个身体都歪了。两腿弯曲，膝盖不直等。这样的姿势给人东倒西歪的感觉，直接破坏了人体的线条美。而且，在社交场合中，在办公室里，还会让人觉得颓废消沉，萎靡不振，自由放纵，直接损坏一个人的职业形象。

商务礼仪实务

2. 忌弯腰驼背

站立时出现颈部弯曲，胸部凹陷，腹部挺出，弯腰驼背等种种不良的体态，这样的站姿会给人缺乏锻炼，健康不佳，没精打采的感觉。

3. 忌双腿叉开过大且随意乱动

站立时双腿叉开过大显得不雅观，不停地交换两脚的位置，手臂挥来挥去，身体也随着扭来扭去，甚至用脚尖乱点乱画，用脚去够东西，蹭痒痒，甚至脱下鞋子把脚“解放”出来或半脱不脱，这样显得缺乏素质，同时还会降低别人对你的信任感。

4. 忌趴伏倚靠

站立时倚在墙角，靠在桌子边，扶着东西，踩着物件等种种不良的姿态，这样会给人随便、毫无约束、自由散漫的感觉，在职场中会给人工作效率低，工作质量差的感觉。

（三）站姿的训练

1. 站姿训练的要求

明确站立时身体各部位要领，掌握双臂垂直放置以及在工作岗位上恭候宾客时双手所放的位置，调整好面部表情。锻炼长时间站立的忍耐性，学会站累时，能自然改变站立姿势。

2. 站姿训练的方法

（1）靠墙训练：后脑勺、双肩、臀部、小腿及脚后跟等点都紧贴墙壁站立，俗称“五点成一直线”。

（2）背靠背训练：身高相当者两人一组，背靠背站立。

（3）顶书及夹纸训练：头上顶书、双膝夹一张 A4 纸或非常薄的书。

二、优雅的坐姿

（一）标准的坐姿（见图 2-17）

1. 坐姿要领

（1）入座：走到椅子的前面，自然转身，背向椅子做好入坐的准备。右脚向后移半步，使腿肚贴在椅子边，再轻而稳地坐下。一般坐椅面的二分之一或三分之二，脊背轻靠椅背。坐稳后微微挺胸收腹，上体与大腿、大腿与小腿呈两个自然的 90°。目光平视前方，嘴微闭，显平和微笑状。

图2-17　标准的坐姿

（2）手的摆放：可以平行或交叉放在大腿的中前部。

（3）腿的放置：常见的有并步、前后步、小八字步、大八字步、掖步、锁步、重叠步等。

（4）离座：右脚向后收半步，轻缓起立。

2．坐姿方式

（1）男士坐姿。

① 标准式坐姿：双脚平行打开小于肩宽，双手分别放置两侧腿上。（见图 2-18）

② 前交叉式坐姿：双脚在前交叉，脚外侧着地。（见图 2-19）

③ 曲直式坐姿：一脚在前正脚位，另一脚后点式。（见图 2-20）

④ 重叠式坐姿：双腿叠放，手搭放在腿上。（见图 2-21）

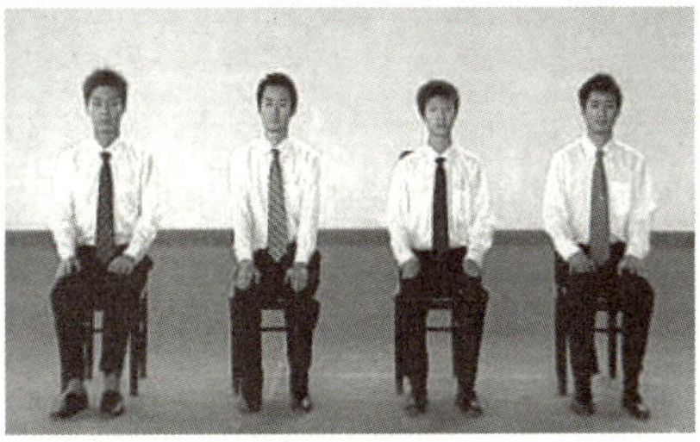

图2-18　男士标准式坐姿

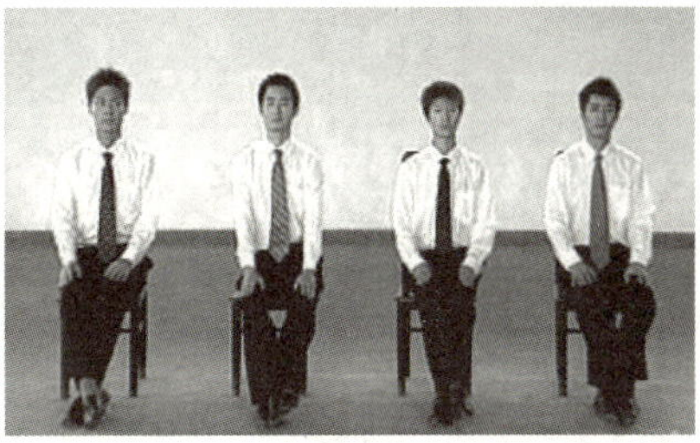

图2-19　男士前交叉式坐姿

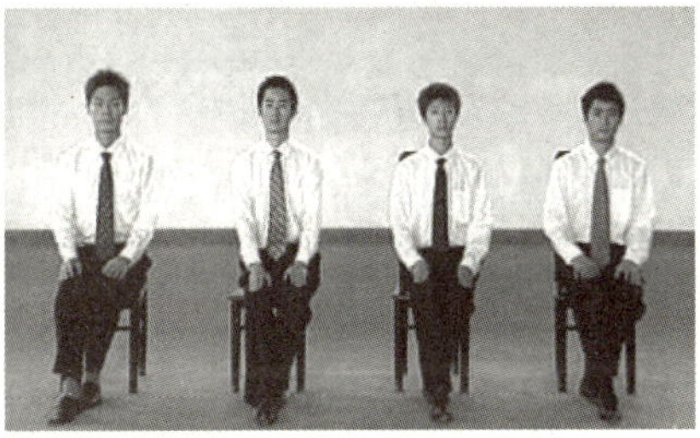

图2-20　男士曲直式坐姿

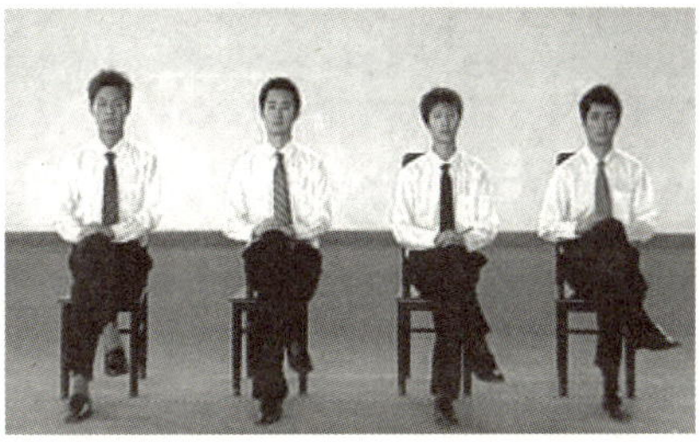

图2-21　男士重叠式坐姿

（2）女士坐姿。

① 标准式坐姿：双脚平行合拢，双手交叉叠放在两大腿之间。（见图 2-22）

② 侧脚位丁字步坐姿：脚丁字型，双手搭放在大腿的一侧。（见图 2-23）

图2-22　女士标准式坐姿

图2-23　女士侧脚位丁字步坐姿

③ 前交叉式坐姿：双脚在前交叉，脚外侧着地。（见图 2-24）

④ 侧平行步坐姿：双腿平移置身体的一侧。（见图 2-25）

⑤ 叠式坐姿：双腿正面叠放或双腿侧面叠放，手垂握腹前或搭放腿上（见图 2-26）。

⑥ 曲直式坐姿：一脚在前正脚位，另一脚后点式。（见图 2-27）

图2-24　女士前交叉式坐姿

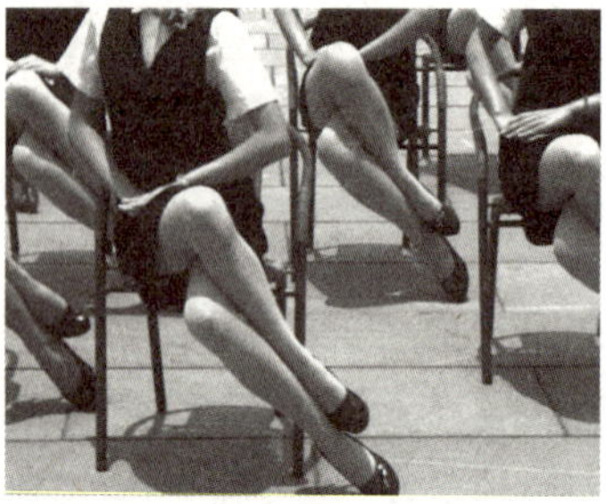

图2-25　女士侧平行步坐姿

图2-26　女士叠式坐姿

图2-27　女士曲直式坐姿

（二）坐姿的禁忌

（1）忌双腿叉开过大。

（2）忌架起双腿。

（3）忌双腿直伸出去。

（4）忌将双腿放在桌椅上。

（5）忌抖动摇晃。

（6）忌脚尖指向他人。

（7）忌脚踩他物。

（8）忌用手摸脚跟。

（9）忌双肘支在桌上。

（10）忌动作太大。

（三）坐姿的训练

1．坐姿训练的要求

坐姿文明，见来人，需起立相迎、致意。站迎服务：接待、服务工作中，客来时，先起立，请客坐，再就坐。

入座顺序：优先尊长，平辈或亲人同事可同时入坐。正式活动，注意看清座次安排。讲究方位，左进右出。

2. 坐姿训练的方法

坐时，上身应保持站立时的正确姿势，两膝靠拢，两脚可以并拢，也可以分开，但分开不要过大，可前后或左右略分开，或两脚交叉摆放，身体重心落在臀部上。不可两腿分开坐，或一腿架在另一腿上。入座时上身保持正直，轻缓落下，离座时上身保持正直，自然平稳升起。并腿坐在椅子上，两脚平放在地，上体保持正直，重心落在臀部，两手放在大腿上。重心前移至脚上，上体保持正直，膝盖伸直站起来。稍停。屈膝坐下还原。重复 10 ～ 20 次。

三、优雅的行姿

（一）标准的走姿

1. 男士的走姿（见图 2-28）

走路时要将双腿并拢，身体挺直，双手自然放下，下巴微向内收，眼睛平视，双手自然垂于身体两侧，随脚步微微前后摆动。双脚尽量走在同一条直线上，脚尖应对正前方，避免“内八字”或“外八字”，步伐大小以自己足部长度为准，速度不快不慢。

图2-28　男士的走姿

走路时，腰部应稍用力，收小腹，臀部收紧，背脊要挺直，抬头挺胸，气要平，脚步要从容和缓。

正确的走路姿态会给人一种充满自信专业的信赖感觉，让人赞赏。

2. 女士的走姿（见图 2-29）

（1）步位直。走路要用腰力，腰适当用力向上提，身体重心稍向前。迈步时，脚尖可微微分开，但脚尖脚跟与前进方向迈出一条直线，避免“外八字”或“内八字”迈步；年轻女士迈步时，脚内侧踩一条线，所谓“一”字步；男子和中老年妇女则可走两条平行线，所谓“平行步”。

图2-29　女士的走姿

（2）步幅适度。跨步均匀，两脚间的距离约为一只脚的距离。因年龄、性别、身高和着装的不同，步幅会有所不同。

（3）步态平稳。步伐应稳健、自然，有节奏感；行走的速度应保持均匀、平稳，不要忽快忽慢，一般每分钟在 80 ～ 100 步。

（4）手动自然。两臂放松，以肩关节为轴，两手前后自然协调摆动，手臂与身体的夹角一般在 10° ～ 15 ° 。

（二）走姿的禁忌

（1）最忌“内八字”和“外八字”。

（2）忌弯腰驼背，歪肩晃膀，头部前伸。

（3）忌扭腰摆臀，左顾右盼。

（4）忌脚蹭地面，上下颤动。

（5）忌走路时指指点点，对别人评头论足。

（6）忌走路时双腿过于弯曲，走路不成直线，或双手插裤兜。

（三）走姿的训练

1. 走姿训练要求

应靠右行，原则上走在尊长的后边或左边。遇来人，主动让道，礼貌问候。向人告辞，不要扭头就走，应先向后退步，再转身离开。 在前方引导时，应侧身向着宾客，走在宾客左前方，保持两三步的距离。

2. 走姿的训练方法

（1）头正，双目平视前方，微收下颌，面容平和自然，头顶一本 A4 书本。

（2）双肩平稳，双臂前后自然摆，摆幅以 30° ～ 50° 为宜，双肩不要过于僵硬。

（3）上身挺直，挺胸、收腹、立腰，重心稍前倾。

（4）注意步位，双脚的内侧脚掌落地时应在一条直线上，行走线迹应是一条直线。

（5）步幅是自己前脚的脚跟与后脚的脚尖之间的距离。跨出的步子应全脚掌着地，膝和脚腕不可过于僵硬。

四、优雅的蹲姿

（一）优雅的蹲姿

1. 男士蹲姿（见图 2-30）

男士蹲姿应保持迅速，刚直之气，下蹲时一脚在前，一脚在后，两腿向下蹲，前脚全着地，小腿基本垂直于地面，后脚跟提起，脚掌着地，臀部向下。男士两腿间可留有适当的缝隙。

图2-30　男士蹲姿

2. 女士蹲姿

图2-31　交叉式蹲姿

（1）交叉式蹲姿（见图 2-31）：下蹲时右脚在前，左脚在后，右小腿垂直于地面，全脚着地。左腿在后与右腿交叉重迭，左膝由后面伸向右侧，左脚跟抬起脚掌着地。两腿前后靠紧，合力支撑身体。臀部向下，上身稍前倾。

（2）高低式蹲姿（见图 2-32）：下蹲时左脚在前，右脚稍后（不重叠），两腿靠紧向下蹲。左脚全脚着地，小腿基本垂直于地面，右脚脚跟提起，脚掌着地。右膝低于左膝，右膝内侧靠于左小腿内侧，形成左膝高右膝低的姿式，臀部向下，基本上以右腿支撑身体。

（二）蹲姿的禁忌

绝对不可以双腿敞开而蹲，这种蹲姿叫“卫生间姿势”，是最不得体的动作。不要面对他人或背对他人而蹲。

（三）蹲姿的训练

图2-32　高低式蹲姿

站在所取物品的旁边，蹲下屈膝去拿，而不要低头，也不要弓背，要慢慢地把腰部低下；两腿合力支撑身体，掌握好身体的重心，臀部向下。一脚在前，一脚在后，两腿向下蹲，前脚全着地，小腿基本垂直于地面，后脚跟提起，脚掌着地，臀部向下。男士两腿间可留有适当的缝隙，女士则要两腿并紧，穿旗袍或短裙时需更加留意，以免尴尬。

五、其他的雅势

（一）搭乘轿车礼仪及姿势

上轿车时应侧着身体进入车内（绝不能头先进）。若是女士，上车时，先轻轻地坐到座位再把双腿一起收进车里；下车时也侧着身体，用臀部移动靠近车门，伸出一只脚踏在地面上，眼睛看着前方，再以手的支撑力移动另一只脚，头部自然伸出，起身站稳后，再缓步离开。

（二）出入电梯礼仪及姿势

1. 扶手式电梯

乘坐自动扶手电梯时，最好站在扶手电梯的右侧，左侧留做通道，以便有急事的乘客自由上下电梯。扶手电梯尽量单人乘坐，避免多人并行、拥挤。

2. 升降式电梯

乘坐厢式电梯时要注意出入顺序。尊长、女士、客人应先进先出；进入无人管理的厢式电梯时，主方或陪同方可先进后出，并注意按住“开门”按钮，防止电梯门提前关上。进入电梯要讲先来后到，出来则是由外及里依次而出。

在电梯内要礼待他人。先进入电梯的人应站在电梯门的两侧或后壁，将中间留给后上的人。在电梯内要保持自律，不要高声谈话，更不要吸烟。不可谈论他人隐私及商业机密。

此外，不论乘坐厢式还是扶手电梯，都要照顾好身边的小孩、老人和残疾人等，避免出现危险和意外。

（三）上下楼梯礼仪及姿势

上楼梯时，身体自然向上挺直，胸要微挺，头平正，臀部要收，膝要弯曲，整个身体的重心要一起移动。男士应该走在女士的左后方，以示对女士的尊重和保护。

下楼梯时，最好走到楼梯前先停一停，片刻扫视楼梯后，用感觉来掌握行走的快慢高低，沿梯而下。男士应该走在女士的左前方，以示对女士的尊重和保护。

（四）接物递物礼仪及姿势

接物时应双手接物，各手的四指并拢，用大拇指和四指夹着接物，或者双手都五指并拢接过物品，两臂适当内收，自然将手伸出。

递物时应双手将物品拿在胸前递出，物的尖端不可指向对方，不能一只手拿着物品，更不能直接往对方手里丢放物品。

（五）进出房门礼仪及姿势

进入他人房间或办公室，无论房门是关还是开着，敲门是必要的，待对方允许后方可进入。扣门时，用指关节轻扣三下，不可用力扣打，或用身子撞，更不能用脚踢开门。房门要轻拉轻关，不论进入或者走出房门，尽量将身体的正面朝向对方，特别是要离开房间时，不要急着转身，把后背留给对方。正确的要领是：先退两三步，然后再转身离去。

走出房门要向面对着你的人点头致意或问好，若打扰了别人要道歉。

任务四　动作礼仪

礼仪问题

Q4 （　　）是沟通中最简单、最常用的礼节。

A. 握手　　B. 介绍　　C. 致意　　D. 拥抱

礼仪故事 6

握手须讲礼

艾丽是个热情而敏感的女士，她目前在中国某著名房地产公司任副总裁。一天，她接待了来访的建筑材料公司主管销售的韦经理。韦经理被秘书领进了艾丽的办公室，秘书对艾丽说：“艾总，这是××公司的韦经理。”艾丽离开办公桌，面带笑容，走向韦经理。韦经理先伸出手来，让艾丽握了握，艾丽说：“很高兴你来为我们公司介绍这些产品，这样吧，让我看一看这些材料，我再与你联系。”韦经理在几分钟内被艾丽送出了办公室，几天内，韦经理多次打电话，但得到的是秘书的回答：“艾总不在。”

问：你知道什么让艾丽副总裁对韦经理那么反感吗？

艾丽的回答是：

点评 不懂基本的商业礼仪。他是一个男人，位置又低于我，怎么能像个王子一样伸出高贵的手来让我握？在各种商务活动中，商务伙伴之间见面时经常会互施见面礼仪礼节，其中包括握手的礼节，不懂握手礼节连生意都可能被不小心的“握掉”了！

礼仪学堂

一、头部的动作

头部的动作是体态语言里面的一种。头部主要的动作有点头、摇头等。

（一）点头礼

规范的点头是：面正、微笑、目平视，头快速上扬后下点。

男士点头时速度稍快些，力度稍大些，体现男性的阳刚洒脱；女士的上扬和下点速度稍慢些，力度稍小些，体现女性的阴柔娴雅。

（二）摇头礼

在印度、巴基斯坦、孟加拉、尼泊尔、斯里兰卡等国，人们相互交往时，往往彬彬有礼地摇头。他们的表敬礼俗是：向左摇头则表示赞同、尊重或认可；点头则表示不同意。这恰恰与中国的“摇头不算点头算”相反。

二、手臂的动作

在不同国家、不同地区、不同民族，由于文化习俗的不同，手势语言的含义也有很多差别，甚至同一手势表达的含义也不相同，因此，在运用手势时，一定要注意特定的用法和环境，以免产生误会，甚至造成不良的效果。

（一）手心向下的招手动作（见图 2-33）

表示招呼别人过来，但在一些国家则只用于召唤宠物；伸出食指向内屈伸在澳大利亚和印度尼西亚等地只用来召唤动物。

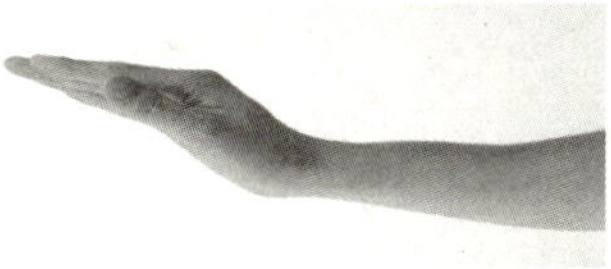

图2-33　手心向下的招手动作

（二）V 形手势（见图 2-34）

这种手势是二战时英国首相丘吉尔首先使用的，现在已传遍世界，表示“胜利”。但如果掌心向内则表示骂人。

图2-34　V形手势

（三）翘起大拇指（见图 2-35）

图2-35　翘起大拇指

一般表示顺利或夸奖，但在欧美部分地区表示搭车；在德国表示数字“1”；在日本表示数字“5”；在澳大利亚表示骂人；此外，如果指尖向下则有“倒霉”、“失败”的意思，将拇指翘起反向指向他人则有嘲讽的意思。

（四）OK 手势（见图 2-36）

对于许多英语国家的人们都有“行”、“对”、“可以”、“没问题”的意思，但在我国表示数字“0”；在法国表示“零”或“毫无价值”；在日本表示“钱”；在泰国表示“没问题”；在巴西、德国等国家则有粗俗下流的意思；在斯里兰卡，佛教徒将手势放在颌下胸前是表示希

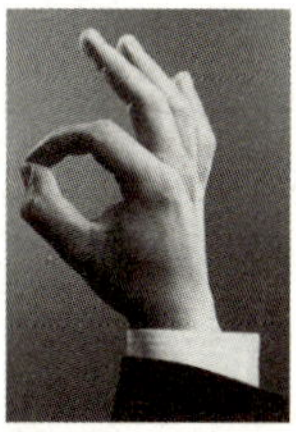

图2-36　OK手势

望对方"多多保重"的意思。

（五）指人、指物、指方向手势（见图 2-37）

应当是手掌自然伸直，掌心向上，五指并拢，手腕伸直，使手与小臂成一直线，肘关节自然弯曲，指向目标。打招呼时应通过手臂摆动、摇晃来指示。

图2-37　指向手势

三、其他体态动作

（一）鞠躬礼

若头上有戴帽者，必须脱帽。脸带笑容，身体自腰以上向下前倾。保持正确的站立姿势，两腿并拢，脖子不可伸得太长，上半身和头部呈一直线，目视受礼者。男士双手自然下垂，贴放于身体两侧裤线处。女士的双手下垂搭放在腹前，下弯的幅度一般控制在 30° 左右。另外，眼神的正确顺序是，对方眼睛—对方脚—对方眼睛。

（二）握手礼

两人的手掌相向，握住对方的手掌并上下轻轻摇晃。年轻者对年长者，身份低者对身份高者则应稍稍欠身或趋前，双手握住对方的手，以示尊敬。男性与女性握手时，往往只握一下女性的手指部分。握手的时间通常以 3 ～ 5 秒钟为好，力度适中。

（三）拱手礼

拱手礼就是两手相合，上下摆动，向对方以示敬意。拱手礼属相见或感谢时常用的一种礼节。行礼时，双腿站直，上身直立或微俯，双手互握合于胸前。一般情况男子应右手握拳在内，左手在外，女子则正好相反；若为丧事行拱手礼，则男子为左手握拳在内，右手在外，女子则正好相反。

（四）拥抱礼

正确行拥抱礼的要领应当是：两人相对而立，各自上身稍稍前倾，右臂偏上，左臂偏下，右手环拥对方左肩部位，左手环拥对方右腰部位，彼此头部及上身向一侧相互拥抱。首先各向对方左侧拥抱，然后各向对方右侧拥抱，最后再一次各向对方左侧拥抱，拥抱一共三个回合。

礼仪演练

一、简答题

1. 接取物品时，应注意的主要仪态之点是什么？
2. 规范站姿的要求是什么？
3. 目光注视的区域分哪几种？
4. 微笑应注意什么？微笑的作用是什么？

二、填空题

1. 女性的两种优雅蹲姿：________、________。

2. 姿态礼仪包括________、________、________、________、________等方面。

3. 最重要的表情礼仪是：________和________两方面。

三、案例分析

（一）2007年3月，在山城重庆召开的全国糖酒会上，三鑫公司的赵总看到了久闻大名的新意集团的刘董事长。晚餐会上，赵总主动上前做自我介绍，并递给对方一张名片。刘董事长接过名片，马马虎虎地用眼睛瞄了一下，放在了桌子上，然后继续用餐。

问题：运用所学礼仪知识分析回答他们的做法是否正确，为什么？

（二）谭经理带着业务新手小李、小张到上海与客户黄先生处联系业务，商讨合同，见面地点是在上海某五星级酒店。见面前，谭经理告知两位初出茅庐的小伙子要做好充分的准备，因为对方是一个谈判高手，而且此谈判的成败对公司有一定的影响。见面如约进行。谭经理先让小李向黄先生陈述方案，小李用手扶了扶已经滑落到鼻尖上的眼镜，眼睛从眼镜上面窥探着自己的方案，目不转睛地读着方案，而另一边的小张第一次面对如此场面，一边双眉紧锁，目光摇曳不定，一边双手不断颤动地打开手提电脑，黄先生将这一切看在眼里，他一把拉着谭经理就往外走，小声嘀咕几句话后，就带着自己的秘书离开了，只剩下谭经理眼睁睁地看着小李和小张……

问题：1. 黄先生为什么中止谈判选择离开？

2. 小李的眼神和小张的表情分别会给黄先生产生什么样的误解？

3. 小李和小张的眼神和表情会令谈判成功吗？

四、知识拓展/综合实训

实训目标：掌握站姿的基本要领和不同场合下标准的站姿、坐姿、走姿、蹲姿，并纠正不良习惯。

实训地点：多功能实训室。

实训准备：镜子、书籍、音乐播放器材、音乐歌曲等。

实训要求：根据实训内容要求，考核相应仪态姿势，然后按照评分表核算分数。

（一）站姿实训方法

1. 面向镜子，按着动作要领体会标准的站姿。

2. 人靠墙站立，要求后脚跟、小腿、臀部、双肩、后脑勺都紧贴墙，进行整体的直立和挺拔训练。每次训练20分钟左右（应坚持每天一次）。

3. 头顶放一本书使其保持水平促使人把颈部挺直，下巴向内收，上身挺直，每次训练20分钟左右（应坚持每天一次）。

4. 练习时可以配上优美的音乐，放松心情，减轻单调，疲劳之感。女性穿半高跟鞋进行训练，以强化训练效果。

（二）坐姿实训方法

1. 面向镜子，按坐姿基本要领，着重脚、腿、腹、胸、头、手部位的训练，体会不同坐姿，纠正不良习惯，尤其注意起座、落座练习。每次训练20分钟左右（应坚持每天一次）。

2. 训练时可以配上优美的音乐，放松心情，减轻单调，疲劳之感。女性穿半高跟鞋进行训练，以强化训练效果。

3. 用器械训练，增强腰部、肩部力量和灵活性，进行舒肩展臂动作练习。

（三）走姿实训方法

1. 地面上画一条直线，行走时手部掐腰，上身正直，双脚内侧踩在线上，按要求走出相应的步位与步幅。可以纠正行走时摆胯、送臀、扭腰及“八字步态”、步幅过大过小的毛病。训练时配上行进音乐，音乐节奏为每分钟60拍。

2. 顶书本行走，进行整体平衡练习。重点纠正行走时低头看脚、摇头晃脑、东张西望、脖颈不正、弯腰弓背的毛病。

3. 对镜子行走，进行面部表情等的整体协调性训练。

4. 训练时可以配上优美的音乐，放松心情，减轻单调，疲劳之感。女性穿半高跟鞋进行训练，以强化训练效果。

5. 行原地摆臂训练。站立，两脚不动，原地晃动双臂，前后自然摆动，手腕进行配合，掌心要朝内，以肩带臂，以腕带手，纠正双臂横摆，同向摆动、单臂摆动、双臂摆幅不等的现象。

（四）蹲姿实训方法

1. 增强腿部膝关节、踝关节的力量和柔韧性训练，具体方法是压腿、踢腿、活动关节。

2. 训练时可以配上优美的音乐，放松心情，减轻单调，疲劳之感。女性穿半高跟鞋进行训练，以强化训练效果。

3. 有意识地、经常地进行标准蹲姿训练，形成良好习惯。

学生仪态学业成果发展性评价表

班级　　　　学号　　　　姓名

考核项目	考核内容		分值	教师评
仪态	1. 知识内容（提问式）	站姿要求	5	
		坐姿要求	5	
		走姿要求	5	
		蹲姿要求	5	
		表情礼仪	5	
	2. 仪态的展示（动作实操）	站姿	15	
		坐姿	10	
		走姿	10	
		蹲姿	10	
	3. 顶书夹纸训练效果（持续5分钟）		15	

续表

考核项目	考 核 内 容	分值	教师评
	4. 训练自觉性	5	
	5. 精神面貌	5	
	6. 行为习惯改进	5	
	合　计		
	教师评语:		

礼仪自评

通过本项目的学习，我学会了

项目三

职业形象之仪表礼仪

你知道什么是人的仪表礼仪吗？如何塑造良好的仪表礼仪呢？应讲究哪些服装穿戴和饰品佩戴礼仪呢？——让我们一起来探究项目三寻找答案吧！

任务一 认知仪表

礼仪问题

Q1 "人靠衣装马靠鞍，三分长相七分衣装。"代表（　　）的重要性。

A. 仪态　　B. 仪表　　C. 仪容　　D. 言谈

礼仪故事 7

公爵的女儿

托尔斯泰的作品《安娜·卡列尼娜》中有这样一段描写：公爵女儿吉提年方十八，听说安娜也要出席一次盛大的舞会，便极力模仿贵妇人的装扮；而安娜则身穿一身黑色天鹅绒长袍，乌黑的头发上戴了一个小小的紫罗兰花环。吉提强烈地感到安娜比自己美："她的魅力就在于她的人总是盖过衣服，衣服在她身上并不醒目，为人瞩目的是她本人，单纯、自然美，同时又有生气。"

点评 故事中的吉提一味地模仿，结果是东施效颦，而安娜的着装打扮正符合她的身份，给人无穷的美感。

礼仪学堂

一、仪表的内涵

仪表，即外表，包括服装和饰品，主要指衣着、领带、帽子、手提包、项链等。在政务、商务、事务及社交场合，一个人的仪表不但可以体现他的文化修养，也可以反映他的审美趣味。穿着得体，不仅能赢得他人的信赖，给人留下良好的印象，而且还能够提高与人交往的能力。相反，穿着不当，举止不雅，往往会降低身份，损害形象。

由此可见，仪表是一门艺术，它既要讲究协调、色彩，也要注意场合、身份。同时，它又是一种文化的体现。

二、仪表塑造的目的和意义

（一）仪表塑造的目的

舒适人体肌肤，装饰美化自身是塑造仪表的目的。服饰是身份的象征，也是一个人审美观、文化修养、职业水准与生活情趣的直接反映。

（二）仪表塑造的意义

生活中人们的仪表非常重要，它反映出一个人的精神状态和礼仪素养，是人们交往中的“第一形象”。从微观上讲，是体现个人形象和自尊自爱的表现；从宏观上讲，是公司形象的标志，公司文明服务水平和管理水平的体现。穿着是门艺术，衣着既可以提高职业声誉，也会损害信誉。不管是服装还是饰品，任何一方面的夸张或过分都有损形象。

任务二 服装礼仪

礼仪问题

Q2 穿西装时，应穿什么鞋？

A．旅游鞋 B．皮鞋 C．布鞋 D．凉鞋

礼仪故事 8

失礼的老总

曾经有个国内公司老总到国外宣传、推广自己的企业，听众都是国际著名的投资公司高层管理人员，推广现场安排得很正式。但听众们在聆听这位老总慷慨陈词的时候，偶然发现台上的老总裤脚下露出一道棉毛里裤的边，而且老总的黑色皮鞋里衬着的是一双洁白的袜子。大家纷纷暗自摇头。一个在如此正式的商务场合不懂得着装礼仪的公司老总能管好他的企业吗？大家马上对这位老总的管理能力和其公司产品的品质产生了质疑。

点评 故事中的老总因为缺乏商务服饰礼仪意识，让尽在眼前的合作机会化作泡影。俗话说“人靠衣衫马靠鞍”，人生活在社会大环境中，离不开交往与交际，讲究穿着打扮是人的自我意识，服饰在交际礼仪活动中的作用是至关重要的。交际礼节，仅仅只限于行为的彬彬有礼是远远不够的，还要讲究服饰礼节，在不同的场合穿戴不同的服饰，会给人留下良好的印象。服装能够反映出人的内在追求、风貌、风度、气质。

礼仪学堂

一、服装的礼仪原则

相对于偏于稳重单调的男士着装，女士的着装则亮丽丰富得多。得体的穿着，不仅可以显得更加美丽，还可以体现出一个现代文明人良好的修养和独到的品位。（见图 3-1）

图3-1 女士着装

国际通用的着装规范——TOP 原则，“TOP”是英文 Time（时间）、Occasion（目的）Place（地点）三个单词的缩写。它的含义是要求人们在选择服装时，应当兼顾时间、地点、目的，并应力求使着装及其具体款式与着装的时间、地点、目的协调一致，较为和谐般配。

（一）TOP 原则

1. 时间

从时间上讲，着装要考虑时代的变化、四季的变化和一天中不同时间段的变化。比如，冬天要穿保暖、御寒的冬装，夏天要穿通气、吸汗、凉爽的夏装。工作着装以庄重大方为原则。如果安排有社交活动或公关活动，则以典雅端庄为基本着装格调。晚间的宴请、舞会、音乐剧等正式社交活动，着装以晚礼服为宜，以形成高雅大方的礼仪形象。

2. 目的

从目的上讲，着装应符合自己扮演的社会角色。因为服饰是一种特殊意义的交际语言，能够传达特定的信息。服饰语言不仅表现自我形象，而且也是一种文化价值观的显现，特别是在涉外交往中，服装、饰品则为一个民族生活方式和精神面貌的折射。

3. 地点

从地点上讲，在不同的地点，着装的款式也应有所不同，即特定的环境应配与之相适应、相协调的服饰。例如，员工在工作单位，服饰应当合乎本单位、本部门的规范，做到正规、干净、整洁、文明。把运动衣、牛仔裤、拖鞋穿进办公室和社交场合都是与环境不相符的。置身在室内或室外，驻足于闹市或乡村，停留在国内或国外，身处于单位或家中，在这些变化不同的地点，着装的款式理当有所不同。

（二）着装统一原则

着装应与职业、场合、交往目的和对象相协调。工作时间着装应遵循端庄、整洁、稳重、美观、和谐的原则，能给人以愉悦感和庄重感。统一的职业着装和精神面貌，更能体现单位的工作作风和发展前景。现在越来越多的组织、企业、机关、学校开始重视统一着装。学校统一着装能使得整体看起来更整齐，并且体现出学校的良好风气，更能体现学校的良好教育管理模式，也使得同学们互相攀比炫耀的情况有所避免等。

（三）着装层次原则

服饰搭配更讲求扬长避短穿出好身材。矮个子女生如何穿衣搭配显高，如何穿出自信的身材？要显高露腿很重要，也就是营造上短下长的视觉效果，特别是层次感搭配，可以很好地拉长身材比例。

（四）着装的适度原则

服饰是文明化的象征，应符合社会的道德规范和常规做法。要忌“露”、“透”、“短”、“紧”。在正式场合，切忌袒胸露背，内衣外露、穿低腰裤、有意的穿紧身衣服。

（五）着装的美学原则

服饰是一种文化和艺术，不同商务场合的服饰，都有不同的搭配方法。例如，单排扣西装上衣，两粒扣的要系上面的一粒，三粒扣的要系中间一粒或是上面两粒。

温馨提醒

莎士比亚说："服饰往往可以表现人格。"

二、选择服装的依据

服装对人体的美化作用是毋庸置疑的，但并不是任何服装穿在任何人身上都一定能产生美感。服装穿着只有遵循一定的着装依据，才能穿出得体、和谐的服装效果。

（一）整洁平整

服装并非一定要高档华贵，但须保持清洁，并熨烫平整，这样穿起来就能大方得体，显得精神焕发。整洁并不完全为了自己，更是尊重他人的需要，这是良好仪态的第一要务。

（二）色彩技巧

不同色彩会给人不同的感受，如深色或冷色调的服装让人产生视觉上的收缩感，显得庄重严肃；而浅色或暖色调的服装会有扩张感，使人显得轻松活泼。因此，可以根据不同需要进行选择和搭配。

（三）体型要素

要想自己的衣着更加有美感，还要了解自己的体型特点与局限，选择合适的服装进行搭配，达到理想的效果。

1. I型体型

体型偏瘦，称"骨干美人"。适宜选择衣领有褶皱，腰周略显宽松，配有饰边的衣服。

2. H型体型

体型偏胖，没有腰身。适宜选择腰身合体、线条简洁的衣服。避免紧身衣。

3. 身高者

有着装优势，但要尽量避免选择高腰、无腰、短小的外套和背心。

4. 身矮者

适宜选择高腰、超短的外套和背心，靠近面部的衣服可配饰物，引开别人的视线，避免穿着过于宽松。

5. 颈长者

适宜选择高领衣服。避免穿着低领上衣。

6. 颈短者

适宜选择"V"领或"U"领的衣服，避免穿高领的上衣。

（四）肤色特点

要根据自己皮肤的特点，来选择服装的颜色，以达到映衬和改善肤色的目的。

1. 白皙皮肤

白皙皮肤的特质大部分颜色都能令白皙的皮肤更亮丽动人，色系当中尤以黄色系与蓝色系最能突出洁白的皮肤，令整体显得明艳照人，色调如淡橙红、柠檬黄、苹果绿、紫红、天蓝等明亮色彩最适合不过。

2. 深褐色皮肤

皮肤色调较深的人适合一些茶褐色系，令人看来更有个性。墨绿、枣红、咖啡色、金黄色都会使人看起来自然高雅，相反蓝色系则与这类人格格不入，最好别穿蓝色系的衣服。

3. 淡黄或偏黄皮肤

皮肤偏黄的人宜穿蓝色调服装，例如酒红、淡紫、紫蓝等色彩，能令面容更白皙，但强烈的黄色系如褐色、橘红等，最好不穿，以免令面色显得更加暗黄无光彩。

4. 健康小麦色

拥有这种肌肤色调的女性给人健康活泼的感觉，黑白这种强烈对比的搭配与她们出奇地合衬，深蓝、炭灰等沉实的色调，以及桃红、深红、翠绿等鲜艳色彩最能突出开朗个性。

（五）饰物点缀

巧妙地佩戴饰品能够起到画龙点睛的作用，给女士们增添色彩。身材矮小的人适于用细小的项链，而不适于用粗大或长长的挂件；身材矮小、粗壮的人，几乎是不能使用露在身外的腰饰；身材苗条而高挑的人几乎适于使用各种配件，但不宜从头到脚全副装扮，这样，既过于累赘，也会露出俗气。（见图 3-2）

图3-2 饰物

（六）配套齐全

除了主体衣服之外，鞋袜手套等的搭配也要多加考究。如袜子以透明近似肤色或与服装颜色协调为好，带有大花纹的袜子不能登大雅之堂。正式、庄重的场合不宜穿凉鞋或靴子，黑色皮鞋是适用最广的，可以和任何服装相配。

温馨提醒

西方服装设计大师认为：服装不能造出完人，但第一印象80%来自于服装。

三、男士的服装礼仪

职场男士着装，优先选择的还是西装。西装款式美观大方、稳重潇洒，最能体现商务活动的特点，代表企业的形象。（见图 3-3）

图3-3 男士西装

（一）西装的礼仪

1. 西装的选择

（1）面料。西服面料可以选择纯毛料或含毛 70% 以上的毛或丝的合成材料。化纤面料的西服看起来会显得廉价、劣质。选购西服时不必拘泥于必须要纯毛的，或者高含毛的产品。选购保暖性好的秋冬季西服时，可以考虑纯毛或者高含毛的厚实面料，而春夏季西服则可以考虑聚酯纤维与人造丝这样的混纺面料，轻薄时尚，维护简单，也不失为年轻人的风格。

（2）色彩。西服首选深蓝（据研究表明，深蓝是最具信任度的色彩）、灰、深灰、黑灰色等中性色。不适合亚洲人肤色的色彩有：棕、橄榄绿、浅咖啡，这几种颜色只能让人看起来肤色更发黄。

（3）花纹。纯色、暗或淡而含蓄的条纹都可以。条纹越不明显越好，越是只有仔细看才能看出来的，越显示品位，千万别穿条纹明显如斑马状的西服。

（4）合身。衣长应过于臀部，标准的尺寸是从脖子到地面的 1/2 长；袖子长度以袖子下端到拇指 11 厘米最为合适；衬衫领口略高于西装领口；裤长不露袜子，以到鞋跟处为准；裤腰前低而后高，裤型可根据潮流选择，裤边不能卷边，松紧适当。

2. 西装的穿着礼仪

（1）纽扣。西装上衣分为单排扣和双排扣。其中，单排扣西装还有一粒扣、两粒扣、三粒扣之分。单排扣上衣系扣讲究“系上不系下、系中是潇洒、系下是流气、全系是土气”。双排扣西装更加隆重，且无论在何种情况下都必须系上所有的纽扣。

（2）衬衫。通常选择白色。最好无任何图案，顶多选择较细的竖条纹衬衫。正式场合，男士不宜穿格子衬衫，以及带有人物、动物、植物和文字等图案的衬衫，这些均属于休闲衬衫。穿衬衫时，袖子不可挽起。一般情况，衬衫袖子要长于西装袖子 1 ～ 3 厘米，衬衫领子高于西装领口 1 厘米。

当正装衬衫和西装配套穿着时，应注意以下几点。

① 系上衣扣。穿西装的时候，衬衫的衣扣、领扣、袖扣要一一系好。只有在不打领带时，才可解开衬衫的领扣。

② 下摆收好。穿长袖衬衫时，要把下摆均匀地放到裤腰里。不能让衬衫与裤腰的交界处皱皱巴巴或上下错位。

③ 大小合身。衬衫不要太短太紧身，也不要过分宽松肥大，一定要大小合身。衣领和胸围要松紧适度，下摆不能过短。

④ 内衣不外露。在衬衫之内最好别穿高领内衣，不然在衬衫的领扣之处会露出一截有碍观瞻的“花絮”。此外，还须留心，别使内衣的袖管暴露在别人的视野之内。

（3）领带。审视男士的服饰时，最抢眼的是领带，它被称作“西装的灵魂”。穿正规西服时，再系一条漂亮的领带，既美观大方，又给人以典雅庄重之感。凡是参加正式的商务活动，穿西装就应系领带。

领带的选择。领带通常长为 130 ～ 150 厘米，外侧长于内侧，领带尖位于腰带线的中线。最好的领带，是用真丝或羊毛制作而成的。以涤纶制成的领带售价较低，正式高档的场合尽量不要选用。此外，男士在正式场合中，切勿使自己佩戴的领带颜色多于三种。避免佩戴以人物、动物、植物、景观为主及浅色或艳色的领带，这些主要适用于社交或休闲活动中。

领带的打法。领带主要有平结、交叉结、双环结、温莎结及双交叉结五种打法(见图3-4)。领带关键看如何整理，有三种技巧。其一，要把它打得端正、挺括，外观上呈倒三角形。其二，在收紧领结时，有意在其下压出一个窝或一条沟来，使其看上去美观。其三，领带结的大小应大体上与同时所穿的衬衫领子的大小成正比。

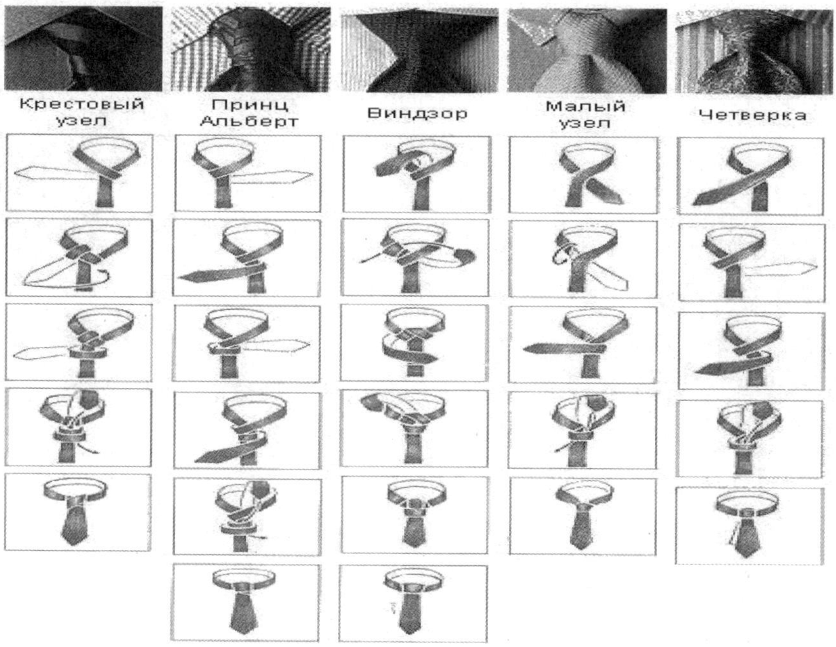

图3-4 领带的打法

（4）皮鞋。商务男士穿西装一定要配正装皮鞋，系带皮鞋更为庄重，尖头皮鞋、拉锁皮鞋、厚底皮鞋、高帮皮鞋都不符合要求。皮鞋以黑色为最佳选择，也可以穿其他深色皮鞋。正式场合的皮鞋上要少加装饰物，应选择传统、保守的款式。

（5）袜子。穿西装、皮鞋时所穿的袜子，最好是纯棉品。要求干净、完整、成双、合脚。注意西裤、皮鞋、袜子的颜色要统一。一般穿深色的中长袜。白色和浅色的纯棉袜是属于便装类的，用来配休闲风格的衣裤和便鞋。

（6）领带夹。主要用于将领带固定于衬衣上。领带夹的正确位置介于衬衫从上往下数第 4 粒、第 5 粒纽扣之间，确保系上西装上衣扣子之后，领带夹不外露。

（7）颜色一致。男士使用的公文包、皮带、皮鞋保持统一颜色。黑色通常是首选，既适合各种衣物和场合，又可以很好地表现职业男士的气质。

（8）其他。① 使用腰带时，不要在腰间挂任何东西。如果将手机、打火机、钥匙等别在腰带上，穿上西服会显得鼓鼓囊囊、线条不美观。

② 西服和衬衣之间可以配马甲，千万不要穿毛衣或者毛背心，如果觉得冷，可以在外面加风衣外套。在冬季寒冷难耐时，只宜做暂时变通，穿上一件薄型“V”领的单色羊毛衫。

（二）男士礼服

礼服也叫社交服，是参加典礼、婚礼、祭礼、葬礼等郑重或者隆重仪式时所穿用的服饰。男士礼服分为大礼服和小礼服。大礼服又称燕尾服；小礼服，是以黑色西装为上衣，衣襟用黑色丝缎镶面呈半月形的礼服。

燕尾服是最常见，最能够修饰身材的礼服。特色是前短后长，前身长度于腰际，后摆拉长，可变现出修长的双腿，并有收缩腰身的效果。燕尾服是正式礼服的一种，在晚间6点以后穿着，燕尾款式的礼服除了要配上背心以外，也可以搭配胸巾和领巾，以增加正式华丽感。（见图3-5）

图3-5　男士礼服

（三）中山装

中山装是最具名族特色的礼服，代表一种文化，一种礼仪，一份民族自尊和自豪感。是以中国革命先行者孙中山的名字命名的男用套装。

中山装的特点为立翻领，对襟，前襟五粒扣，四个贴袋，袖口三粒扣，后片不破缝。（见图3-6）

图3-6　中山装

知识拓展

中山装的设计有何独特含义？

① 前身四个口袋表示国之四维（礼、义、廉、耻），袋盖为倒笔架，寓意为以文治国。

② 门襟五粒纽扣为区别于西方三权分立的五权分立（行政、立法、司法、考试、监察）。

③ 袖口三粒纽扣表示三民主义（民族、民权、民生）。

④ 后背不破缝，表示国家和平统一之大义。

⑤ 衣领定为翻领封闭式，显示严谨治国的理念。

四、女士的服装礼仪

温馨提醒

礼仪是在他的一切别种美德之上加上一层藻饰，使它们对他具有效用，去为他获得一切和他接近的人的尊重与好感。

——洛克

（一）女士套裙的选择

套裙，是西装套裙的简称。上身为一件女式西装，下身是一条半截式的裙子。（见图3-7）

1. 颜色

图3-7 女士套裙

女式选择套裙普遍的颜色是黑色、灰色、棕色、米色、宝蓝色等单一色彩，表示穿着者典雅、端庄和稳重。太露、花哨、亮光的服饰是正式商务场合所忌穿的。

2. 套裙上衣

套裙的上衣最短可以齐腰，上衣的衣袖要盖住手腕。较少使用饰物进行点缀，穿着时腰部纽扣都应系上。

3. 西裙

裙子以窄裙为主，裙长要到膝盖或过膝。年轻女性的裙子选择下摆可在膝盖以上 3 ～ 6 厘米，如果裙子在膝盖上 10 厘米处，表示过短。中老年女性的裙子选择下摆在膝盖以下 3 厘米左右。在国际社会里，穿黑色皮裙表示“风尘女子”，商界女士勿穿着。

4. 衬衫

衬衫穿着时，下摆必须放入裙腰内，不得任意悬挂在外，也不要在腰间打结。纽扣要一一扣好，最上端的纽扣按照惯例可以不系，其他纽扣均不得随意解开。

5. 鞋子

应为高跟或半高跟皮鞋。最好是牛皮鞋，大小应相宜。颜色以黑色最为正统或与套裙色彩一致的皮鞋。系带式皮鞋、丁字式皮鞋、凉鞋、靴子、鱼嘴鞋都不宜在正式场合搭配套裙。

6. 袜子

袜子一般为尼龙丝袜、羊毛高统袜或连裤袜。颜色宜为透明的素色。袜口要没入裙内，不可暴露于外。袜子应当完好无损。穿裙子时，需协调鞋、袜、裙三者的色彩。在办公室应准备一双袜子，袜子划破、挑丝要立即更换。穿着套裙时不穿袜子，往往还会被人视为故意卖弄风骚，有展示性感之嫌，因此，光脚也是不允许的。

图3-8 女士旗袍

（二）女士礼服的选择

最常用的中式女礼服为旗袍。旗袍有各种不同的款式和花色，作为礼服的旗袍最好是单一的颜色，一般常在绸缎面料上刺绣或饰物。（见图 3-8）

紧扣的高领、贴身、衣长过膝、两旁开衩、斜式开襟，这些都是旗袍的特点。在礼仪场合穿着旗袍，其开衩不宜太高，以到膝关节上方 1 寸至 2 寸为最佳，旗袍的长度最好是长至脚面。着旗袍应配穿高跟鞋或半高跟鞋，或配穿高级面料、制作考究的布鞋或绣花鞋。

女性的服装已趋向自由化，各种各样的装束已被社交场合认可，只需要与同行的男性所穿的服装协调即可。

任务三 饰品礼仪

礼仪问题

Q3 一般情况下，男子不宜佩戴的饰物是什么？

A. 戒指　　B. 项链　　C. 耳环　　D. 手表

礼仪故事 9

有能力但不修边幅者能成吗？

小李的口头表达能力不错，对公司产品的介绍也得体，人既朴实又勤快，在业务人员中学历又最高，老总对他抱有很大期望。可做销售代表半年多了，业绩总上不去。问题出在哪儿呢？原来，发现他是个不爱修边幅的人，双手拇指和食指喜欢留着长指甲，里面经常藏着很多"东西"。佩戴塑料的表链。脖子上的白衣领经常是酱黑色，有时候手上还记着电话号码。他喜欢吃大饼卷大葱，吃完后，不知道去除异味的必要性。在大多情况下，根本没有机会见到想见的客户。

有客户反映小李说话太快，经常没听懂或没听完客户的意见就着急发表看法，有时说话急促，风风火火的，好像每天都忙忙碌碌的，少有停下来的时候。

点评 对于商务人员来说，小李虽然具备优秀的内在素质，但是缺乏对自身外在形象的修饰，从而影响自身的形象、企业的形象。在商务场合，礼仪不仅是个人道德修养、文化素养的外在表现；也是企业价值观、企业文化、文明程度的集中体现。

礼仪学堂

一、饰品的佩戴原则

饰品是女人的心爱之物，是女人身上的艺术品。不配饰品的服装是很难有品位的。服装是服装师的作品，搭配才是你的作品。饰品用在人体不同的部位，有着特定的装饰强调与协调作用。就饰品礼仪与规范而言，需要遵循以下八点原则。

（一）场合原则

一般来说，较为隆重、正规的场合，选用的饰品都应档次高一些。如果用于公共场合，则不应过于鲜艳新潮，应精致而传统，以显示信誉。

（二）材质原则

商务人士佩戴的首饰，尽量保持统一材质，如商务人士佩戴铂金项链，应配铂金戒指。

商界人士在自身经济条件许可的范围内，选择质地上乘、做工精良的首饰，可提高品位。切忌佩戴粗制滥造的假首饰，配饰首饰应宁缺毋滥。

（三）数量原则

首饰应符合身份，数量以少为佳，一般全身不超过 3 种。

（四）色彩原则

佩戴饰品时，应力求同色，若佩戴两件以上饰品，应色彩一致，千万不要打扮像棵“圣诞树”。

（五）性别原则

对于男士，饰品象征权贵，要求少而精，佩戴一枚戒指和一块手表就足够。对于女士而言，可以佩戴各种饰品，是点缀，也是审美品位和生活质量的焦点。

（六）体型原则

脸型圆且身高较矮的女士最好佩戴细长带坠子的项链。颈部较长的人，可佩戴贴颈短项链，大圆珠的也不错。

（七）季节原则

饰品也有自己的季节走向，春、夏季可以戴轻巧精致的；秋、冬季可佩戴庄重典雅的。

> **温馨提醒**
> 礼者，人道之极也。
> ——荀子

（八）协调原则

佩戴饰品的关键就是将其与整体服饰搭配起来。饰品的风格与服装的风格相互协调。

二、饰品的类别及穿戴礼仪

（一）项链

男士尽量不戴项链，若有佩戴则不可暴露，避免他人误认为是暴发户。

女士的项链可以外露，得体的项链对颈部的修饰起到锦上添花之效。一般所戴项链的数量不宜多于一条。（见图 3-9）

图3-9 项链

（二）耳环

商务场合，男士忌佩戴装饰性耳环。

商务场合的耳环仅限于女性佩戴，一般以耳钉为主，小巧而含蓄之美。耳环要成对佩戴，既不能单耳戴耳环，也不能一只耳朵佩戴多个耳环。（见图 3-10）

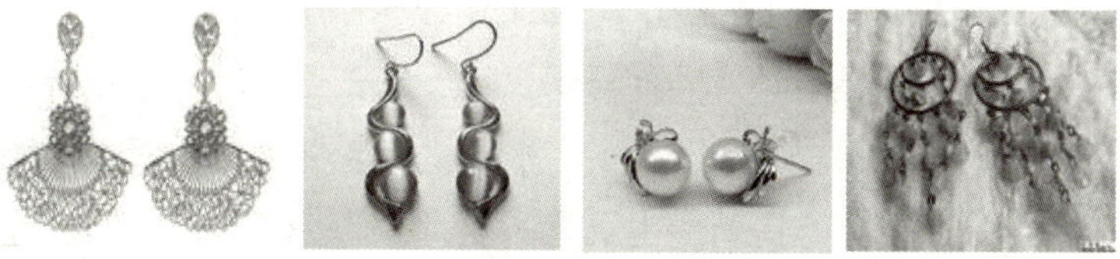

图3-10 耳环

商务礼仪实务

（三）手镯、手链

手镯、手链是手臂的修饰物品，宜简忌繁。

一般来说，男士不宜戴手镯，但可以选择手链。女士可以选择佩戴手镯或手链，不宜在一只手上佩戴多个手镯、手链。单手佩戴宜选择左手，双手佩戴宜左右两手各戴一个。（见图 3-11）

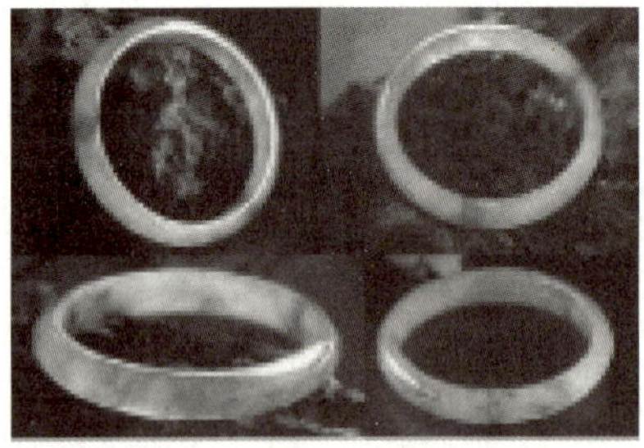

图3-11　手镯

（四）戒指

戒指一般可以戴在男士或女士的左手。戒指在不同的手指上会有不同的含义，国际上比较流行的佩戴戒指的说法是，食指——未婚、想结婚；中指——已经在恋爱中；无名指——已经订婚或结婚；小手指——单身贵族（少数地区亦代表同性恋者）。对于商务人员来说，一般忌戴两枚以上的戒指，以免炫耀。

（五）丝巾

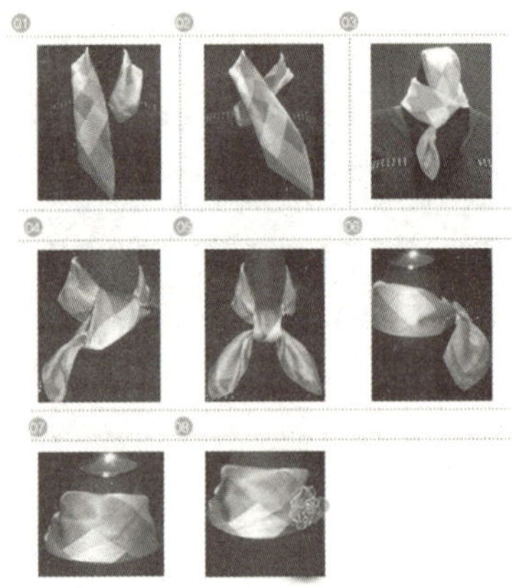

图3-12　丝巾的系法

丝巾，女性特有的饰品，款式丰富，有小方巾，长巾等品种，适合于不同年龄段的人群，适合不同脸型的人。如果能将丝巾巧妙搭配，就能充分调动丝巾色彩的效果，发挥画龙点睛的作用。在娱乐场合，将丝巾在胸前打上个花结，显示端庄淑美；在正式场合，将大丝巾披在肩上，展示华丽与优雅；在休闲场合，将花丝巾系在颈后，便多了几分飘逸的动感。而且还将丝巾化为女士身上浪漫精致的上衣与优雅飘逸的长裙，甚至成为头巾、发饰与腰带。其特殊与别具一格的风采，足以成为一道流动的风景，吸引无数目光。丝巾不同的系法产生不同的佩戴效果，可以充分展示女性的魅力！（见图 3-12）

（六）眼镜

商务人士佩戴近视镜要保持眼镜的清洁，不要当众擦拭眼镜；墨镜在室外阳光强烈的场合使用，参加室内活动应及时将墨镜收好，不宜挂扣在胸前，避免不慎失落。

（七）手表

手表是商务男士、女士最常见的饰品，应选择尊贵、大方、钢制表带。男士佩戴手表体现其商务风范与职业气质。在正式场合，不宜佩戴卡通表、时装表、怀古链表、潜水表；手表并非一味追求高档，但需要做工精良，不宜选择劣质表佩戴。（见图 3-13）

图3-13　手表

（八）胸针

一般为女性佩戴。可以别在胸前，也可以用在肩上、帽子上、头发中等。胸针的佩戴是有法则讲究的。男士的胸针佩戴方式一贯是严格的，穿带领的衣服时，胸针要佩戴在左侧；穿不带领的衣服，则佩戴在右侧；发型偏左时佩戴在右侧，反之则戴在左侧；而且，胸针的上下位置应该在第一及第二纽扣之间平行位置上。男士在正式场合佩戴胸针显得更庄重。

而女士们就可以随心所欲地创造些属于自己的佩戴方式了，最传统的扣法是将胸针扣在外套的翻领上，花卉胸针将可以戴在任何地方，在外套的口袋甚至是牛仔裤的口袋上扣上胸针也会令人耳目一新。当然，在穿正装时，可以选择大一些的胸针，材料也要好一些的，色彩要纯正。穿衬衫或薄羊毛衫时，可以佩戴款式新颖别致、小巧玲珑的胸针。（见图3-14）

图3-14　女士胸针

礼仪演练

一、简答题

1．服装礼仪的原则？

2．饰品佩戴的原则？

3．男士西装的着装礼仪？

4．女士的服装礼仪？

二、填空题

1．服饰，又指服装和 ________，包括服装、领带、帽子、手提包、项链等。

2．西装上衣分为单排扣和 ________。________ 更加隆重。通常纽扣：系上不系下、系中是潇洒、系下是 ________、全系是 ________。

3．商界女士切勿穿 ________，在国际社会里，表示“风尘女子”。

4．首饰应符合身份，数量以少为佳，一般全身不超过 ________ 种。

5．戒指佩戴在 ________，________ 表示已经订婚或结婚。

三、案例分析

（一）某航空公司要面向社会招一批空姐，前来报名的人络绎不绝，其中有几个女孩，心想空姐是多么时髦的职业，招的都是那些漂亮的女孩，于是，几个姑娘就到美容院将自己浓装艳抹地打扮一番，活像电视剧里的韩日明星，她们高高兴兴地来到报名地点，谁知工作人员连报名的机会都不给她们，就让她们走，看着别的姑娘一个个都报上了名，她们几个很纳闷：“这是为什么呢？”

问题：1．工作人员为什么不给这几个姑娘报名？

2．空姐的漂亮究竟是什么样的含义？

3．如果你要去应聘，应该怎么打扮自己呢？

4．简述学习仪表礼仪的意义？

（二）小军领到第一份薪水后，兴高采烈地为自己买了一套价格不菲的西服。星期一早上，小军高兴地穿着西服来到办公室，满以为可以得到同事们的赞赏，没想到大家看到他后都在窃窃地笑。原来，小军西服袖子上的商标没有拆除，西服左侧的口袋还插了一支钢笔，并且小军脚上穿了一双白色袜子，皮带上别着手机和钥匙……

问题：你能告诉小军如何着装才是正确的吗？

四、实训

1．实训要求

最好有多媒体教学系统，具备上网功能的实训室。

2. 实训过程

步骤一：教师根据任务书布置任务；

步骤二：各小组分工并讨论完成以上任务；

步骤三：小组成果汇报和展示；

每组派一名代表将小组讨论的结果向大家汇报和展示，展示内容：

① 成果展示（纸张或 PPT）；

② 对内容进行讲解和分析。

步骤四：教师评讲。

任务书

课前将学生分为若干个学习小组，讨论并扮演角色，各小组完成以下任务：

1. 活动一：各小组通过网络等方式查询男士、女士服饰礼仪相关资料并分角色展示不同行业的服饰要求。要求每个小组确定：

① 行业的名字；

② 该行业的基本情况；

③ 该行业的着装要求；

④ 该行业的饰品要求。

2. 活动二：讨论并分析各行业着装之间区别？

3. 活动三：结合其他个人礼仪知识，展示自己的所选行业的形象美。

（小组讨论完成以上的任务，并将讨论的结果写在书写卡片上或制作展示课件，便于下一步的展示。）

课堂随笔

① 教师对学生的行动进行点评（见下表）；

② 对本项目相关知识内容进行总结。

（　　）班技能训练任务（　）评价表

被考评组别	被考评组别成员名单					
考评内容						
考评标准	项　　目	分值	小组自评（30%）	组间互评（平均）（40%）	教师评价（30%）	合计（100%）
	参与讨论的积极性	25				
	语言表达和沟通能力	30				
	内　　容	15				
	团队的合作精神	15				
	展示选定行业	15				
合计		100				

五、知识拓展 / 综合实训

1. 说说我国唐朝、元朝、清朝服饰特征与区别？
2. 面试时应如何着装？
3. 广州亚运会举办时间？并说说亚运会是如何体现礼仪之美的？

礼仪自评

通过本项目的学习，我学会了

项目四

职业形象之仪容礼仪

个人仪容塑造在商务礼仪中占据什么样的地位？能起到什么作用？你对自己的仪容有关注或重视过吗？你是什么发型？你的发型给人带来什么样的印象？应该如何选择合适你自己的发型，如何进行正确的洗发、护发呢？什么样的妆容最适合商务场合？应该如何来化妆？在商务活动中，一些违背礼仪的小动作会有什么影响？我们应该掌握哪些肢体礼仪呢？——让我们来一起探究项目四寻找答案吧！

任务一 认知仪容

礼仪问题

Q1 仪容塑造有什么重要意义？

A．提升个人形象气候。

B．反映个人心态和素质。

C．反映组织的产品质量。

礼仪故事 10

松下幸之助的眼镜

一天，松下幸之助收到一家眼镜公司的来信，说他的眼镜不适合他的形象，要求给他配一副新眼镜。松下幸之助并未理睬，但在该公司再三请求下去了他们店里一趟，发现该眼镜店特别大，实力特别雄厚。松下幸之助想，他不是想靠我的眼镜发点财，因为这不是一家小公司，不缺我这一个客户，那又是为了什么呢？他就问那位经理。经理回答说，您的职业需要您出差到外国去，您戴的眼镜不好，外国人会误以为本国没有高级眼镜店，为了杜绝外国人看不起，我必须让您戴一副好眼镜。此后，松下幸之助经常跟他的员工谈起这件事，强调注意仪容的重要性。

点评 仪容有多重要？大到代表一个国家形象，小到决定个人前程，良好的仪容往往让人更加容易产生信任之感。

礼仪学堂

一、仪容的内涵

（一）仪容的概念

仪容，一般指一个人的外观与外貌，广义上是指人体所有不被服饰遮住的部分适度的礼仪装饰，包括发式、面容、颈部、手部等装饰。在人际交往中，仪容将作为第一印象影响到他人对自己的整体评价。一个人的相貌是人的自然资质，但是通过修饰美化和气质的培养可以在一定程度上增加美感。

（二）仪容的构成

仪容礼仪的构成主要包括：发型礼仪、面部（含颈部）化妆礼仪、手臂的装饰礼仪、腿脚的装饰礼仪等内容。

二、塑造仪容的意义和原则

（一）仪容塑造的意义

1. 仪容塑造反映工作态度

干净整洁的头发、清秀淡雅的妆容往往能在商务活动中给人留下好的印象，在国际礼仪中，正式场合带妆出席是对别人的尊重，良好的仪容塑造可以反映出个人对于工作谨慎、细致的态度。

2. 有助于个人形象的提升

仪容塑造有助于给人留下良好的印象，若发型、化妆或者体毛修整、香水都一丝不苟，有助于个人形象的提升。

3. 仪容塑造反映综合素质

仪容的修饰属于个人的情商范畴，良好的仪容塑造反映一个人对于生活品质、工作品质的追求，也是个人能力及综合素质的体现。

4. 个人仪容塑造反映组织的“产品”质量

在商务活动中，越是大公司，对于员工的仪容仪表要求越严格，因为员工的仪容仪表代表着一个公司的管理水平，也从侧面反映了公司产品的品质。

（二）仪容塑造的原则

1. 自然原则

自然原则是指仪容不应是矫饰和造作的，而是自然的。仪容塑造应该是一种修饰，要达到追求刻意修饰却又不露痕迹的效果。

2. 美化原则

美化原则是指仪容的塑造要以美为目的，通过仪容塑造遮掩缺点，强化优点。

3. 协调原则

协调原则是强调整体的统一，发型、妆容等要与个人的性别、年龄、容貌、肤色、体型、气质、身份等相适宜和相协调。

4. 礼貌原则

礼貌原则要求仪容修饰应相互愉悦、礼敬于人。在进行职业仪容塑造时，要遵循礼貌规范。

5. 健康原则

健康原则强调在完善自身仪容时注重健康、内外兼修，坚持健康原则要从平衡的饮食、充足的睡眠、良好的习惯、平和的心态方面出发。

任务二 发型礼仪

礼仪问题

Q2 关于发型的选择，哪些说法是正确的？

A. 简洁大方的发型有助于个人形象气质的提升。

B. 在商务活动中可以根据自己喜好随意选择发型，越让人留下深刻印象越好。

C. 学生适合选择简洁明快的短发或者马尾发型，给人清爽活力之感。

礼仪故事 11

林肯对长相的要求

曾有人向林肯推荐一个人，此人才能卓越，但林肯见后没用他。

推荐人："您为什么不用他呢？"

林肯："我不喜欢他的长相。"

推荐人："啊，那相貌好坏可是上帝负责的啊！"

林肯说："不，40 岁以前上帝负责，40 岁以后应该自己负责！"

点评 俗话说：三分长相七分打扮。人不可以选择自己的长相，但是可以修炼自己的相貌，相貌往往决定别人对你的第一印象，它往往是由发型、化妆、香水等因素来决定的，因此，人们应该注意自己的仪容，商务活动中尤其如此。

礼仪学堂

一、发型的选择依据

整洁的头发、大方的发式是商务礼仪对于发型美的基本要求。潇洒飘逸的发型能带给人美的享受，相反，如果蓬松邋遢、肮脏不堪就会给人不愉快的感觉。因此，养护得当，修剪得体，发型适合身份、场合是仪容礼仪的重要组成部分。

发型的选择因人而异，但是一般依据以下几方面来进行选择。

（一）头型因素

人的头型大至可以分为大、小、长、尖、圆等几种形状。

1. 头型大

头型大的人，不宜烫发，最好剪成中长或长的直发，也可以剪出层次，刘海不宜梳得过高，最好能盖住一部分前额。

2．头型小

头发要做得蓬松一些，长发最好烫成蓬松的大花，但头发不宜留得过长。

3．头型长

由于头型较长，故两边头发应吹得蓬松，头顶部不要吹得过高，应使发型横向发展。

4．头型尖

头型的上部窄，下部宽，不宜剪平头，应剪短发烫卷，顶部压平一点，两侧头发向后吹成卷曲状，使头型呈出椭圆形。

5．头型圆

刘海处可以吹得高一点，两侧头发向前面吹，不要遮住面部。

（二）脸形因素

1．椭圆脸形

是一种比较标准的脸形，大部分发型均适合并能达到很和谐的效果。（见图 4-1）

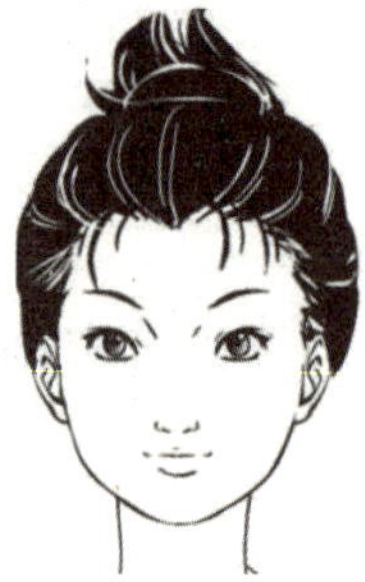

图4-1　椭圆脸形

2．圆脸形

圆形脸给人以温柔可爱的感觉，较多发型都能适合，须注意修饰两侧头发，前侧吹成半遮半掩脸腮，将头顶头发吹高一些，不宜做太短的发型。（见图 4-2）

图4-2　圆脸形

3．长方脸形

长脸型的两侧较窄，呈上下长、中间窄的状态。应避免把脸部全部露出，适合留刘海，尽量使两边头发有蓬松感，不宜留长直发。（见图 4-3）

图4-3　长方脸形

4．方脸形

方脸形又称国字脸，在发型设计时要设法从视觉上拉长脸型，造成柔和之感，可留长一点的发型，不宜留短发。（见图 4-4）

图4-4　方脸形

5 正三角脸形

正三角脸型像梨型脸，也称倒瓜子脸，额头窄小，下巴两边比较突出，可将刘海削成薄薄一层，垂下，最好剪成齐眉的长度，使它隐隐约约表现额头，用较多的头发修饰腮部，不宜留长直发。（见图 4-5）

6．倒三角脸形

倒三角脸型也叫瓜子脸，额头宽，脸型由上往下变窄，下巴突出，是理想的脸型之一。设计发型时重点注意额头及下巴，头发长度超过下巴两公分为宜，并向内卷曲，增加下巴的宽度。（见图 4-6）

图4-5　正三角脸形

图4-6　倒三角脸形

7．菱形脸形

这种脸形颧骨高宽，设计发型时，重点考虑颧骨突出的地方，用头发修饰一下前脸颊，把额头头发做蓬松拉宽额头发量。（见图 4-7）

（三）五官因素

1．高鼻子

可将头发柔和的梳理在脸形的周围，从侧面看可以减少头发与鼻尖的距离。

图4-7　菱形脸形

2．低鼻子

应将两侧的头发往后梳，使头发与鼻子距离拉长。

3．大耳朵

不宜剪平头或太短的发型，应留盖耳长的发型，且要蓬松。

4．小耳朵

小耳不易夹头发，所以太多、太厚的头发不宜夹存耳朵上，往后梳时应用发夹。

5. 宽眼距

头发应做得蓬松一点，不宜留长直发。

6. 窄眼距

两侧发型可以做成不对称式，若是对称的发型则可以将一边的头发搁在面部，另一边的头发搁在耳后。

（四）体态因素

1. 瘦长形

身材瘦长的人，多数脸形也是瘦长的，一般颈部较长，应采用两侧蓬松，横向发展的发型，如：大波浪。

2. 肥胖形

一般颈较短，头发不宜留长，最好采用略长的短发式样，两鬓要服贴，后发际线应修剪得略尖。

3. 短小形

适合留短发，如留长发，则应在头顶部扎马尾或是梳成发髻，尽可能把重心向上移。

4. 高大形

不宜留短发，根据个人脸形、嗜好选择中长发。

（五）职业因素

1. 工作时需戴安全帽者

发型不要做得太复杂，应尽量剪成短发或是长发扎辫子，保持整洁美观即可。

2. 运动员或学生

发型可做成轻松而活泼的短发型，或留长发扎成马尾，清爽易梳理。

3. 文秘或公关人员

由于社会活动较多，头发最好留长一些，以便能经常变换发型来适应各种不同的场合。

4. 教师或机关工作人员

发型应简洁、明快、大方、朴素，表现出淡雅、端庄的感觉。

二、发型塑造及礼仪

（一）塑造合适发型的步骤

1. 洗发

洗发是美发的第一步，干净整洁的头发是美发的基础，洗发步骤一般如下。

（1）洗发水的使用。根据自己的需求、爱好来选择洗发水，每次用量为一元硬币大小，也不宜使洗发水直接与头发接触，应加水轻揉起泡后抹于头部清洗，再冲洗干净，如此重复两次即可。

（2）清洁。洗头发使用指腹按摩头皮，以打圈的方式让洗发水充满头发，切忌使用指甲搔抓头发，也不能将头发像洗衣服一般相互搓洗，这样的方式往往使得头皮、发丝受损。

油性头发者应着重清洗发根，干性头皮者不宜清洗太久。

（3）冲洗。清洁后冲洗应使用大量温水，可清洗掉油脂，还可使发丝柔顺，水温过高容易烫伤头发伤害头皮，水温过低又容易使头发干涩粗糙。此外，大量冲洗可以使洗发水在头皮的残留降到最少，可以有效避免头屑的产生。

（4）干发。洗发后应用干毛巾将头发包起来，轻轻按压将头发上的水分吸干，切忌用毛巾用力擦。亦可用吹风机将头发吹干，不宜时间过长，将发根吹干即可。

2. 护发

（1）直接护发。

① 护发素：清洁头发步骤完成后即可使用护发素一枚硬币大小，双手摩擦再均匀涂抹在发丝上，按摩两分钟后再用大量清水冲洗。

② 专业发膜：按护发素的方式将发膜均匀涂抹在发丝后用温毛巾包住头发，五分钟后即可冲水洗净。

（2）间接护发。

间接护发就是通过饮食、睡眠等调理，让头发营养充足，达到护发、美发的目的。

知识拓展

饮食能间接护发吗？

① 可以食补肝肾、益精血类食疗膳，选用熟地、枸杞、淮山药、何首乌、桑葚、黑芝麻、黑大豆、菠菜、胡萝卜、核桃等。② 经常补充一些头发生长所必需的铁、硫、维生素 A 和优质蛋白质等物质。③ 饮食中减少纯糖（如蔗糖、甜菜糖等）和脂肪的摄入，注意摄取含碘、钙、蛋白质丰富的食物，如海带、紫菜、鱿、鲜奶、鸡蛋、豆类。

3. 发型塑造

经过洗发、护发环节的准备，接下来就可以按照自己的喜好塑造合适的发型。

（1）用电吹风修饰发型。电吹风是日常修饰发型的主要手段。使用电吹风时，先将头发上的水分擦干，然后将吹风机在头发 20 ～ 25 厘米的距离进行吹发，不要直接吹头发，主要多吹发根，时间不宜过长，否则会使头发失去水分和油脂，使之变黄、起静电。

（2）用造型产品为发型定型。造型定型产品一般有啫喱膏、啫喱水、摩丝、弹力素、发蜡等，适量使用能使头发在一定程度上定型和做造型。

（二）塑造合适发型的礼仪

拥有整洁干净的头发是商务礼仪中最基本的要求。头发的功能既表现人的性别，更是全面表现一个人的道德、审美情趣、知识结构、行为规则，以及对待生活与事业的态度。

知识拓展

选用何种造型产品合适呢？

① 较多发质者：用啫喱水具有重附感；

② 较细软发者：用摩丝、发蜡、营养液；

③ 卷发者：用啫喱水＋弹力素。

1．女士长发礼仪

盘发是最符合商务形象，同时又具备女人温柔气质的发型。整齐干练的盘发造型更适合严谨的商务气氛。盘发时一般需要注意几点。（见图 4-8）

（1）发髻的位置不能过高，应在中耳左右。

（2）额头、眉毛要露出，碎发用定型水固定。

（3）发箍应选择简单大方的款式，或单位统一配发的款式。

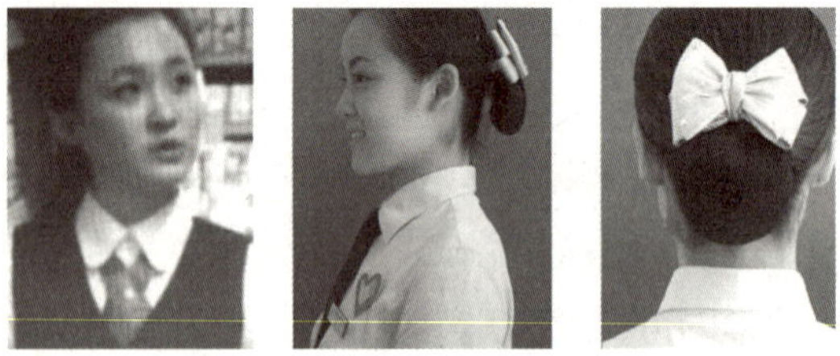

图4-8　女士长发标准发型（服务工作）正面图、侧面图、背面图

（部分图片来源：http://www.chinafwly.com/article.asp?id=1498）

2．女士短发礼仪

女士短发应该拢在耳后，不能留有碎发。工作场合不允许染发，喷彩色发胶、发膏，如头发花白者需染成自然黑色。在使用必要的发卡、发带时应选择朴实无华的款式，不宜用大花、艳丽、带钻石的头饰；通常以小巧、深色、单色、不耀眼的发饰为宜。（见图 4-9）

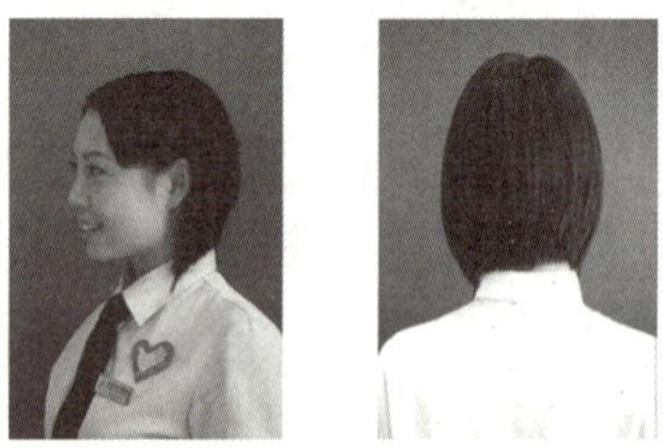

图4-9 女士短发标准发型侧面图、背面图

（图片来源：http://www.chinafwly.com/article.asp?id=1498）

3．男士短发礼仪

男士头发需勤洗，无头屑，且梳理整齐。工作场合不允许染发、喷彩色发胶、发膏，不留长发，不遮眉、不盖耳、不留长鬓角，发际也不要触及衣领以背头、平头、分头为标准发型。（见图 4-10）

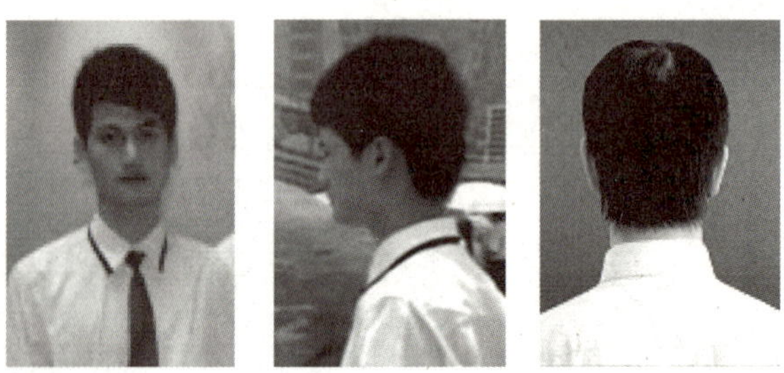

图4-10　男士短发标准发型正面图、侧面图、背面图

任务三 化妆礼仪

礼仪问题

Q3 在商务活动中，什么样的妆容最合适？

A. 浓妆，尽量出挑。 B. 淡妆，尽量清新自然。 C. 不化妆，自然最美。

礼仪故事 12

化妆的学问

有位化妆师说：“化妆的最高境界可以用两个字形容，就是‘自然’，最高明的化妆术，是经过非常考究的化妆，让人家看起来好像没有化过妆一样，并且这化出来的妆与主人的身份匹配，能自然表现那个人的个性与气质。次级的化妆是把人突显出来，让她醒目，引起众人的注意。拙劣的化妆是一站出来别人就发现她化了很浓的妆，而这层妆是为了掩盖自己的缺点或年龄的。最坏的一种化妆，是化过妆以后扭曲了自己的个性，又失去了五官的协调，例如小眼睛的人竟化了浓眉，大脸蛋的人竟化了白脸，阔嘴的人竟化了红唇……”

点评 化妆的最高境界是无妆、自然，最高层次是改变气质，多读书、多欣赏艺术、多思考、对生活乐观、对生命有信心、心地善良、关怀别人、自爱而有尊严，这样的人就是不化妆也丑不到哪里去，脸上的化妆只是化妆最后的一件小事。

礼仪学堂

一、保持清爽的面容

（一）女士面部清洁与保养

1. 清洁面部

皮肤有很多纹理凹凸不平而容易堆积灰尘、污垢及皮肤的排泄物，应彻底地清洗皮肤、毛孔深层的污物，使皮肤正常代谢，才不长黑头、暗疮或毛孔粗大。坚持合理正确洗脸能改善肤质。

第一步：用温水湿润脸部。

洗脸用的水温非常重要。有人直接用冷水洗脸，有人认为要用很热的水才能把脸上的油垢洗净，这些都是错误的。正确的方法是用温水，既能保证毛孔充分张开，又不会使皮肤的天然保湿油分过分丢失。

第二步：使洁面乳充分起沫。

洁面乳，用量不宜过多，面积有五分硬币大小即可。在向脸上涂抹之前，一定要先把洁面乳在手心充分打起泡沫，才能达到清洁效果，还不会残留在毛孔内引起青春痘。

第三步：轻轻按摩。

把泡沫涂在脸上以后要轻轻打圈按摩，不要太用力，以免产生皱纹。大概按摩 15 下左右，让泡沫遍及整个面部。

第四步：清洗洁面乳。

用洁面乳按摩完后，就可以清洗了。应该用湿润的毛巾轻轻在脸上按，反复几次后就能清除掉洁面乳，又不伤害皮肤。若用毛巾用力地擦洗面部对娇嫩的皮肤非常不好。

第五步：检查发际。

清洗完毕，还要照照镜子检查一下发际周围是否有残留的洁面乳，有些女性发际周围总是容易长痘痘，就是因为忽略了这一步。

第六步：用冷水撩洗。

最后，用双手捧起冷水撩洗面部 20 下左右，同时用蘸了凉水的毛巾轻敷脸部。这样做可以使毛孔收紧，同时促进面部血液循环。这样才算完成了洗脸的全过程。

> **知识拓展**
>
> 如何使用爽肤水呢？
>
> ① 擦拭法，先将化妆水倒在化妆棉上充分吸收，然后由内向外顺着肌肤的纹理擦拭。
>
> ② 拍打法，化妆水倒在化妆棉上涂脸，充分拍打脸部各个部位，帮助对化妆水的吸收。

2. 爽肤

爽肤水也称紧肤水、化妆水等，它的作用就在于再次清洁，以恢复肌肤表面的酸碱值，并调理角质层，使肌肤更好地吸收，并为使用保养品作准备。所以洗完脸之后，使用爽肤水，可以迅速补充水分。

3. 润肤

润肤可采用润肤露、润肤霜等产品，主要起到补充水分，保护、滋润肌肤的作用。润肤产品有美白效果的、补水的、去皱的。一般根据肤质、季节、效果不同来选择不同的润肤产品。

4. 隔离

润肤步骤完成后，一般要涂抹隔离霜，它可以形成肌肤与空气间的保护屏，起到防晒、隔离脏空气、隔离粉尘、抗辐射等作用。

（二）男士面部清洁与保养

相对于女士来说，男士面部的皮脂较多、纹理较粗、角质层较厚，大多属于油性皮肤，如果没有正确的面部清洁，容易导致毛孔粗大，令粉刺痘痘滋生。

1. 清洁面部

（1）用温水将脸轻轻拍湿。

（2）将洗面乳搓揉出泡沫后，由下往上旋转揉洗脸部 1 分钟。

（3）以微温的清水将泡沫冲洗干净并轻拍脸颊几下。（见图 4-11）

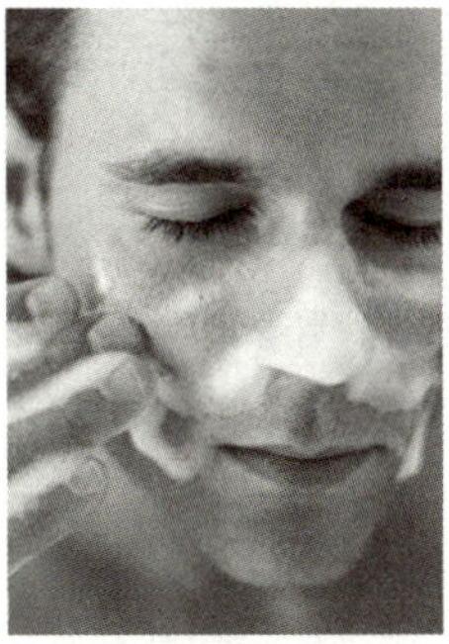

图4-11 男士洗面

2. 剃须

男士毛发生长比较快，在正式的商务活动中，男士一般不留胡须，容易给人干净、礼貌的形象。因此，日常剃须成为男士清洁保养的重要步骤。（见图 4-12）

3. 爽肤

先将化妆水倒在手上或化妆棉上，再以轻轻拍打的方式，让化妆水有效地被细胞吸收，质地滋润的化妆水能形成肌肤保护膜，防止肌肤干涩、水分流失，即时地补充肌肤深层的水分及养分。

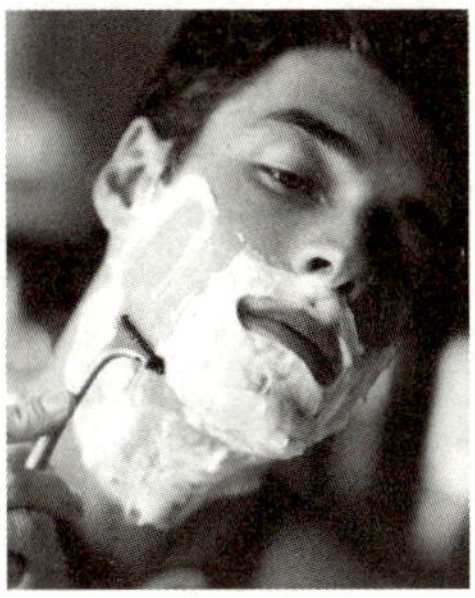

图4-12 男士剃须

4. 润肤

用清爽型的乳霜或乳液，可及时补充水分。也可用果酸类特效护理品来平衡皮肤油脂的分泌，抑制粉刺形成，减少皱纹。若再涂上一层防晒液可避免皮肤晒黑晒伤。

除此之外，男士还要注意修剪鼻毛、修整体毛、定期洁牙护齿。工作餐不吃刺激性食品，如生葱、生蒜，饭后淡茶漱口，以保证口气清新。

二、适度化妆及礼仪

化妆是通过美容手段和美容用品来美化容颜，一方面可以突出面部五官最美的部分，另一方面掩盖或矫正面部缺陷或不足的部分。淡妆常给人以大方、悦目、清新之美，最适合在家、平时上班的职场或一般社交时使用。而浓妆往往给人以庄重高贵或闪亮的形象，可出现在晚宴、演出等特殊的社交场合。

（一）化妆的步骤

1. 上底妆

在清洁皮肤，并爽肤、润肤、搽防晒隔离霜后，可以使用修颜液或遮瑕膏将皮肤上的小瑕疵遮盖住，重点遮盖眼睛下部的黑眼圈，但注意不要涂到眼下细柔的皮肤。之后用少许粉底涂抹在脸上，用化妆海绵或粉底刷将粉底仔细抹均匀，应抹至鬓边或颌下，以免造成色差。

2. 画眼睛

（1）描画眼线。

上眼线要先从眼头部分画起，贴着睫毛根部一直画到眼角，线条由细到粗，特别是外眼角与下眼线相接的地方，要适当地加粗眼线，并微微向上扬起，这样能够让眼睛看起来更大、有神、不下垂。在画眼线的时候眼睛要向下看，这样才能让眼线充分地填充睫毛根部，不留下空隙。

下眼线不可省，但是也不能画得太粗太生硬，一般只画 2/3，忌用黑色眼线直接描画，否则眼神易显生硬刻板，五官比例失调，应使用棕色眼线描画。（见图 4-13）

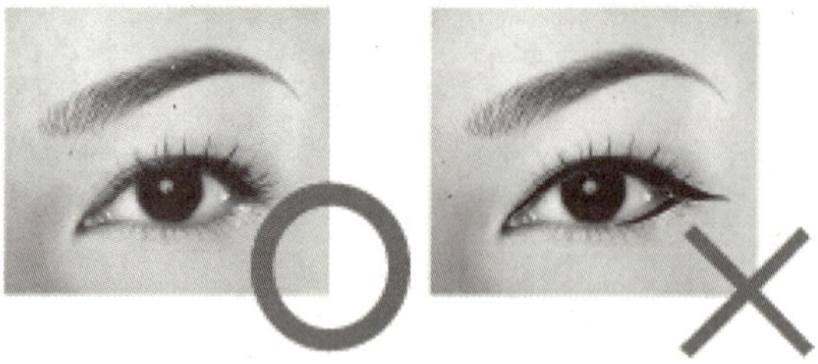

图4-13　描画眼线的正确和错误方法

温馨提醒

商务场合，最忌浓密的眼线和厚重的睫毛哦！

（2）画眼影。

A—提亮色：整个上眼皮使用时，能遮盖黑眼圈，使后来的眼影色更加鲜明亮丽，亦可单独提亮眉弓骨。

B—眼影色：从睁眼双眼皮褶皱稍上的位置至睫毛根部。

C—加重色 1：从外眼角睫毛根部往上晕染至眼窝，占全眼影面积的 1/2。

D—加重色 2：从睫毛根部往上在双眼皮内晕染。

商务活动中亦使用大地色或棕金色眼影，切忌艳丽闪亮的眼影，容易给人造成一种轻浮感。

眼影的使用方法见图 4-14。

（3）涂睫毛膏。

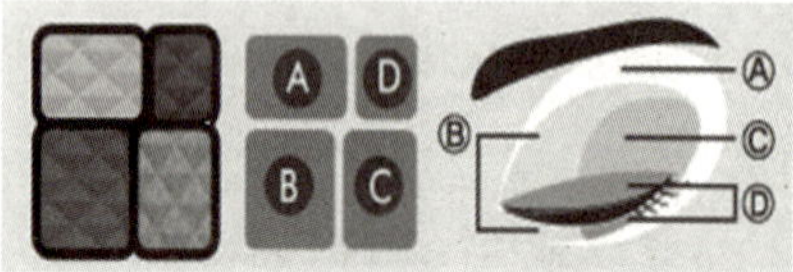

图4-14　眼影的使用方法

“眼睛美不美，全靠睫毛配”，在眼线眼影画好后，应该涂抹睫毛膏，可以先用睫毛夹将睫毛夹卷翘，然后将纤长或浓密的睫毛膏均匀涂抹在睫毛上，可在刷睫毛过程中始终保持刷头向上旋转的动作，然后在睫毛末端停留几秒钟，睫毛即可又长又卷翘。

（4）画眉毛。

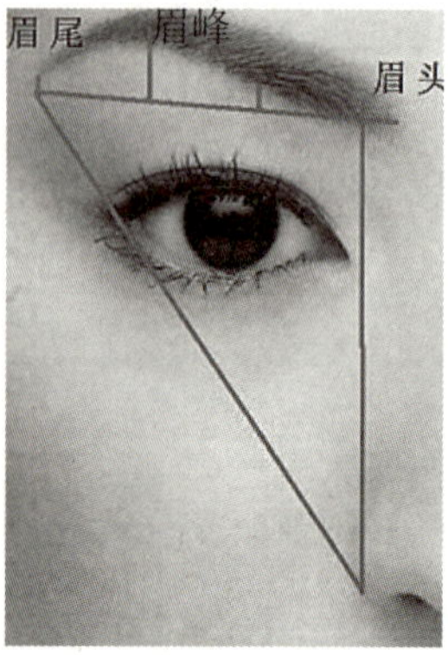

图4-15　眉头、眉峰、眉尾的位置

画眉毛前应先将眉毛进行修理，可使用眉夹或眉刀。而画眉的工具可以选择眉笔或眉粉。

① 定点：先用眉笔把眉峰、眉尾、眉头点出来，做记号。（见图 4-15）

② 连线：用眉笔把眉峰、眉尾至眉头连接起来。

③ 上色：先用眉笔把眉峰至眉尾的空缺填补起来，然后再用眉粉从眉峰刷至眉头。

④ 修整：用螺旋刷轻刷过多的眉色，消除定点痕迹，修正轮廓。

3. 画腮红

腮红有四种不同的画法。（见图 4-16）

图4-16 腮红的四种画法

（1）打圈：在笑肌最高的地方以打圈的方式，由内往外，渐渐晕开，制造自然的红晕感。

（2）斜刷：由颧骨下方往太阳穴的方向，以椭圆形的方式斜刷。可制造立体、小脸感。

（3）横刷：沿着颧骨往外刷，制造膨胀效果，让瘦长窄脸看起来比较有福气。

（4）双色：用螺旋刷轻刷过多的眉色，消除定点痕迹，修正轮廓。

4. 画嘴唇

在原来的唇线上搽粉底再扑粉，然后用唇笔画出所设计的唇形，上下唇中加唇彩，以增加光泽。

（二）化妆的礼仪

商务人士的化妆应该以自然、简约、清丽、素雅、美化为主要特点。

1. 忌浓妆艳抹

职业女性切忌在上班时或一些公共场合化妆、补妆。商务人士以淡雅的工作妆为宜，略施粉黛，清新自然。特别是白天，不能化浓妆。

2. 忌过量使用浓香型化妆品

商务活动场所多在办公室、会议室或会客厅，空间相对封闭狭小，若用浓香型化妆品易令人反感。与他人相处时，自己身上的香味在一米以内能被对方闻到为宜；若在三米开外能被对方闻到，则肯定是过量。

3. 忌当众化妆或补妆

上班前或参加活动前应当先化好妆，其间需要补妆要到洗手间或化妆间进行。

4. 忌与他人探讨化妆问题

商务活动中应当以谈论工作为主，与他人探讨化妆问题会显得很不庄重，而且还会使人觉得此人对待工作用心不专，只把自己当成了一种“摆设”或是“花瓶”。

5. 忌妆面出现残缺

工作中妆面出现残缺应及时补妆，宴会进行时、就餐后、长期带妆后都应该检查自己的妆面，尤其是腮红和唇膏，若有残缺应到特定的化妆梳洗室进行补妆。

6. 忌借用他人化妆品

无论是从卫生还是礼貌的角度，化妆品都应该专人专用，不应借用他人的使用。

7. 忌妄加评论他人的化妆

由于文化、肤色等差异，以及个人审美观的不同，每个人化的妆不可能是一样的。切不可对他人的化妆品头论足。容易给人以轻浮之感。

任务四　肢体礼仪

礼仪问题

Q4　以下哪些行为是违背肢体礼仪的？

A. 在会议室开会时使用浓香型香水。

B. 经常性抖脚。

C. 喜欢留长指甲。

礼仪故事 13

被抖掉的生意

老王是某大型外贸企业的董事长。他想在深圳洽谈一项合资业务，找到了一家前景不错的公司。与对方约好了洽谈时间与地点后，他带着秘书如期而至，经过近半小时的洽谈之后，老王决定：不和这家公司合作。为什么还没深入洽谈，老王就放弃和该公司合作？秘书觉得很困惑，老王回答说："对方很有诚意，前景也很好，但是和我洽谈时，不时地抖动他的双腿，我觉得还没跟他合作，我的财就都被他抖掉了。"

点评　在参加会议、业务洽谈、伏案工作、社交活动、交流娱乐时，要非常注意自己的仪容仪表，这不仅可以展示一个人的行为美和姿态美，而且可以给人有教养、庄重、值得信任的感觉。

礼仪学堂

一、手臂适度修饰及礼仪

（一）修饰展现美手

从某种意义上说，手是女性的第二张面孔。商务场合，手也是仪容的一部分，手的修饰也同样不可忽略。手的修饰主要包括手部皮肤的保养滋润、指甲的保护和手掌手指的柔软灵活。（见图 4-17）

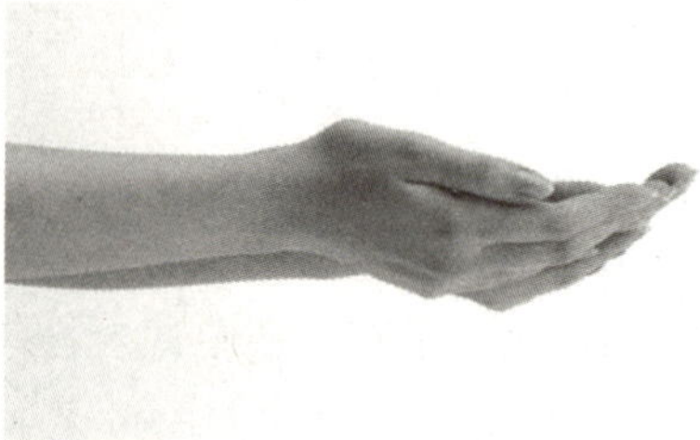

图4-17　手的修饰

1. 护手

（1）养成勤洗手的习惯，净手后及时涂上香脂或乳液。

（2）当用洗衣粉、洗涤剂等碱性液剂洗衣或清洗厨具后要及时清洗皮肤，后搽护手霜。

（3）睡觉时手上要涂洁手润肤水。

（4）外出时要带好护手用品。

2. 修甲美甲

指甲由硬角蛋白组成，表面光滑并富光泽，呈桃红色。指甲的保养首先要求人体必须摄入足够的蛋白质，如果营养缺乏，指甲会变脆、凹凸不平，或成为双重甲。除蛋白质外，维生素 A、B、D 等也不可缺乏。

保养指甲还应注意不要用牙咬指甲。修剪指甲的正确方法是：如果曾涂过指甲油，要先用棉花蘸上去光剂将旧的指甲油擦净。用指甲刀将指甲修剪成椭圆形，再用锉锉平滑。之后将指甲浸入肥皂水中，洗掉去光剂，并用软毛刷刷洗手指，清除指甲缝中的污物，最后用清水冲洗，用毛巾擦干，涂上指甲油。

3. 手掌手指的柔软灵活

要想让手显得美，就必须讲究手势的优美，而手势优美的关键在于手的柔软和灵巧。这就要靠平时注意手部的运动。一些很普通的手部运动，可以使手部柔软灵巧，而且增进血液循环，连同皮肤和指甲的颜色也会变得红润起来。

（1）弹钢琴。模仿弹钢琴的动作，把双手平放在台面上，柔和地向下压，然后每次举一个手指，尽量举高。做这种运动可使手轻快敏捷。

（2）举手。展开五指，高举双手过头，每次做 3 ～ 5 分钟。这种运动可使手防止和减少青筋显露。

（3）握拳伸屈。先握紧拳头，然后用力松开，尽量伸展五指。每天做一次，每次 3 ～ 5 分钟。这种运动可消除紧张，使手部柔软。

（4）放松手部。先把双手放在与肘弯相平的高度，然后放松手腕，让手有气无力地垂下来。每天做一次，每次 3 ～ 5 分钟。这种运动可以避免紧张，使手部无僵硬感。

（二）手臂也讲礼仪

1. 清洁

手臂礼仪最基本的要求就是清洁，其中首先要求保持双手、双臂的干净清爽；其次是对手臂的体毛要进行适当修剪；然后是对指甲的要求，指甲缝要干净，倒刺要修剪干净。

2. 不使用醒目甲彩

商务场合不适合使用亮丽醒目的甲彩，一般可选择无色、裸色、淡粉色的指甲油对指甲进行保护和渲染。

3. 不蓄长指甲

手指甲不宜过长，最好留两毫米，能起到保护好手指的作用就可以，不留很容易让硬物伤到手指，但是留太长容易生长细菌。有些人喜欢小指或大拇指留很长的指甲，这在国际商务活动中是不礼貌的。

4. 腋毛不外现

腋下的毛发应该经常修剪，若要着无袖衫裙则更应该注意裸露皮肤上的毛发。

二、下肢适当修饰及礼仪

（一）展示美腿美足

1. 清洁

每天都要仔细清洁腿部和足部，可以将两匙盐倒入一小盆温水中，把脚放入泡洗。而后浸入冷水中辅以酒精揉擦。每次洗脚后用刷子将脚后跟、脚趾、脚缝等部位刷干净。

腿部是全身较为干燥的部位之一，没有很多油脂腺，所以光滑度不够。特别在夏天，由于出汗较多，洗澡频繁，加之日光、热风的侵袭，会令腿部皮肤更干燥。腿部清洁完之后可涂些橄榄油，然后套个塑料袋，再浸入热水中，待毛孔张开后，营养成分便会被腿部肌肤吸收。毛巾擦干脚，涂上乳液，并抬高脚部，可令全身放松，缓解疲劳。

2. 按摩

要经常按摩双脚，从脚趾到脚跟都尽可能地按到。因为脚部有许多敏感而重要的穴位，按摩后会对身体有益，不但可以保养和健美脚部，还可令全身得以松弛。另外，在温水中加入几滴薰衣草油，浸泡双脚，也可消除脚部的疲劳。

3. 保养

脚部容易出汗，可用酒精轻擦，再扑些粉。其次应避免穿太紧或不透气的鞋子，最好不要经常穿太紧的连裤袜和靴子，也不要把腿部裹在合成纤维面料的紧身衣裤中，这些都不利于腿部的健康，令腿部的皮肤无法呼吸。在家时可以经常赤脚，既能使脚部获得足够的空气，又能健美脚部。

（二）腿脚也讲礼仪

1. 腿脚应清洁干爽

腿脚应该保持清洁与干爽，每天都应仔细清洁。若有脚气或汗脚，应勤快换洗袜子，经常对鞋子进行除味消毒，若在公共场合需换鞋，可先自备鞋套或一双干净袜子。

2. 选择合适的护甲油

商务场合不要使用亮丽醒目的色彩，那会使人更注意你的脚，宜用不发光的色调。如粉红或浅棕色。

3. 避免抖脚等不良习惯

商务场合要避免抖脚等不良习惯，以免发生礼仪故事中的事情。

任务五 香水礼仪

礼仪问题

Q5 在商务活动中，适合用哪种类型的香水？

A．香精 B．香水 C．淡香水

礼仪故事 14

精心用香，反失机会

前阵子，陈丽为应聘一家企业而将自己从头到脚武装一番：美发、耳环、新眼镜和一身职业套装，此外，她还专门花大价钱买了一支她自己很喜欢的香水，左喷右喷，配上全副装备看起来漂亮极了。

然而，适得其反，当她走进面试室时，面试官闻到她身上的香水浓得刺鼻，纷纷皱起了眉头，面试以无疾而终。

点评 这个故事告诫我们：在与人交往过程中，要懂香，要会选香，更要会用香，否则，适得其反，错失机会！

礼仪学堂

一、香水的构成及品种

（一）香水的成分构成

香水日益成为人们随身品，是否使用香水也成为礼仪素养的一种标志。在适当的时间，通过适当的手法，使用适当的香水是一个人具备高超礼仪修养的表现之一，也是拉近人与人交往距离的技巧之一。

香水主要由香精、酒精和水构成，香精是其中的核心部分。

（1）酒精：在香水中的含量为 75%～80%，为溶解香精的溶剂。它不仅可以适当地散发香气，同时也具有灭菌和促进人体表皮下血液循环的作用。

（2）水：在香水中的含量较少，它的存在可使香气挥发得更好，也可缓和刺激。

（3）香精则常需几十种甚至上百种香料，香料是决定香精香型和质量的关键。香料有天然香料和合成香料。

（二）香水的品种介绍

1．按味道分类

（1）花香型。花香型是一种重要的香型，尤其是在女用香水中，它是以单一花香为主体香料，玫瑰、茉莉、丁香、铃兰、康乃馨、晚香玉、风信子、香橙花、橙花、紫罗兰、香水草、栀子花等经过调合制成各种香基被广泛使用。

（2）百花型。这种类型的香水以几种花香的混合香气作为主体，比花香型复杂。

（3）现代型。这类香水以 C8—C12 脂肪族醛类的气味为其香气特点。具有很强现代气息的产品。（见图 4-18）

图4-18　现代香水

（4）清香型。清香型香水以绿色植物的青香气为主要特征，带给人清新自然之感。

（5）水果型。水果型香水是以水果的芬芳为特征，适用少女和小孩，常用的水果香型有草莓、芒果、番石榴等。

2. 按结构和香气持续的时间分类

（1）香精。浓度约为 15% ～ 25%，持续的时间可达 5 ～ 7 小时，气氛较浓郁，适合夜晚外出、晚会等隆重正式场合使用，国内少人用。

（2）香水。浓度约为 10% ～ 15%，持续的时间约 5 小时，适合白天会面或外出使用。

（3）淡香水。浓度约为 5% ～ 10%，持续的时间约 3 ～ 4 小时，是最常见最被广泛使用的，上班及日常使用都很适宜。

（4）古龙水。浓度约为 3% ～ 5%，持续的时间大约为 1 ～ 2 小时，一般适合在沐浴后或运动前使用。（见图 4-19）

图4-19　古龙水

3. 按使用者的性别来分类

图4-20　男士香水

（1）男性香水。（见图 4-20）

① 馥奇香型：具有香根草、烟草、皮革等的香气，属于传统香型。

② 东方香型：以麝香、檀香木为主调的香型，香气持久而含蓄。

③ 薰苔香型：用清新的佛手柑、西柚、紫苏等成分为初调或前调，用浓郁的檀香、橡苔等木香类做为中调，产生时而浓烈、时而清新的气味。

④ 自然香型。用柑果、木香和多种草香组成的香调，又添入了茉莉和丁香等花香。

（2）女性香水。一般的花香型、水果香型等香水都属于女性香水，清新自然。（见图 4-21）

图4-21　女性高档香水

4. 按照香水香料的提取来源分类

（1）植物型香水。香水师常从一些植物中提取香料来制造香水，常用的植物性原料包括：

① 玫瑰；②茉莉；③广藿香；④劳丹脂；⑤夜来香；⑥佛手柑油；⑦ 香脂。

此外，还有幽谷百合、紫罗兰、薰衣草、柠檬油、没药、奈若利橙花油、橘、乳香、波斯树脂、橡树苔、香鸢尾花油、檀香、零陵香豆、树藓、香子兰、香根等类型的植物型香。

（2）动物型香水。

① 龙涎香；② 麝香；③ 麝猫香；④ 海狸香。

二、香水用法及礼仪

（一）香水的使用方法

1. 涂抹法

一般将香水涂抹在耳后、脖颈、手腕等有脉搏跳动处，从而利用脉搏的微热帮助香水持续地散发。涂抹法中常见有“七点擦香法”。首先将香水分别喷于左右手腕静脉处，双手中指及无名指轻触对应手腕静脉处，随后轻触双耳后侧、后颈部；轻拢头发，并于发尾处停留稍久；双手手腕轻触相对应的手肘内侧；使用喷雾器将香水喷于腰部左右两侧，左右手指分别轻触腰部喷香处，然后用沾有香水的手指轻触大腿内侧、左右腿膝盖内侧、脚踝内侧，七点擦香法到此结束。

2. 喷洒法

在穿衣服前，让喷雾器距身体约 10 ～ 20 厘米，喷出雾状香水，喷洒范围越广越好，随后立于香雾中 5 分钟；或者将香水向空中大范围喷洒，然后慢慢走过香雾。这样都可以让香水均匀落在身体上，留下淡淡的清香。

（二）使用香水的礼仪

1. 提前半小时涂抹香水

由于香水具有前味、中味、尾香三个不同时段，在使用香水时一般应注意提前 30 钟到 40 分钟涂抹，避免前味的刺激香味引起他人的不适。

知识拓展

香水有分不同味段吗？

香水的香味在不同的时段有不同的味道，根据持续时间可分为前味、中味、尾香。① 香水喷洒后，前 30 分钟到 40 分钟称为香水前味或头香，这段时间的香水味道浓烈、具有较强的刺激性，粗糙的香水还能闻出明显的酒精味道。② 30 分钟后，香水的味道开始变得柔和，进入香水的中味或香体。③ 中味过后进入香水的后味部分，又叫尾香。这一段香水的本味开始消失，但余香还在。好香水的尾香持续的时间较长，一周以后还能闻出丝丝幽香。

2. 根据场合选择香水

（1）参加商务活动、国际活动、严肃会议时，不宜抹浓香型香水，宜用淡香水。

（2）在东方人多的地方，以涂抹淡香型香水为宜。

（3）工作时间切忌个性强烈的香水，应选择淡雅清香的香水。

（4）参加宴会时香水涂抹在腰部以下是基本的礼貌，因为过浓的香水会影响食物的味道，可能会减低食欲。

3. 适量使用香水

在喷洒香水时一定要注意用量，在会议室、办公室或公共场合，尤其是长时间处于一个相对固定的空间，若香水喷洒太多，会发出刺鼻的香味，从而弄巧成拙。也不要在全身各个部位都搽上香水，容易造成嗅觉障碍症，引起别人的反感。

4. 其他香水礼仪

探病或就诊时用淡香水比较好，以免影响医生和病人；进行户外活动、运动时都易流汗，汗水与香水味混合在一起总会让人敬而远之，这时要选用无酒精香水或运动型香水；品茶会、告别仪式等场合不适合用香水。

温馨提醒

爱默生：快乐是一种香水，无法倒在别人身上，而自己却不沾上一些。

礼仪演练

一、简答题

1. 仪容的概念是什么？它有什么重要意义和原则？
2. 在工作场合，我们应该化什么妆容？怎么化？
3. 为什么说洁面是美容的基础？
4. 你是什么脸型？结合脸型，为自己化一个参加面试的妆容，然后请大家评议。
5. 手臂及下肢礼仪应该注意什么？
6. 请你为自己选择一款合适的香水。

二、填空题

1. 仪容礼仪的构成主要包括：________、________、________、________的装饰礼仪等内容。
2. 发型选择的影响因素主要有________、________、________、________、________.
3. 化妆的步骤有________、________、________、________四步。
4. 香水的使用方法主要有________、________两种。

三、案例分析题

王小姐22岁，是一位刚参加工作不久的新员工，为了接待日本某集团的部分高层的到来，她花了两个小时的时间精心打扮自己。王小姐嫌自己眼睛不够大、不够迷人，就使用了美瞳，还化了浓浓的烟熏妆，打扮时髦。可她刚进入公司就被公关部经理请出："对不起，王小姐，你不能参加今天的商务活动！""为什么？"王小姐惊讶地问道。"你今天的打扮适合参加派对，不适合参加商务活动。"王小姐只好黯然离开。

问题：1. 王小姐究竟哪里没做好？

2. 如果你是王小姐，你会选择什么样的妆容参加本次商务活动？

四、实训

1. 实训要求

最好有多媒体教学系统，具备上网功能的实训室。

2. 实训过程

步骤一：教师根据任务书布置任务；

任务书

课前将学生分为5～6个学习小组，各小组完成以下任务：每组同学轮流当模特，其他同学做化妆师，分别完成化妆的各个步骤。有些组化职业妆，有些组化晚装，化妆结束后，进行小组展示。

（小组讨论完成以上的任务，并将讨论的结果写在书写卡片上或制作展示课件，便于下一步的展示。）

课堂随笔

步骤二：各小组分工并讨论完成以上任务；

步骤三：小组成果汇报和展示；

① 成果展示（模特走秀）；② 对内容进行讲解和分析。

步骤四：教师评讲。

① 教师对学生的行动进行点评（见下表）；② 对本项目相关知识内容进行总结。

（　　）班技能训练任务（　）评价表

被考评组别	被考评组别成员名单					
考评内容						
项目		分值	小组自评（20%）	组间互评（平均）（30%）	教师评价（50%）	合计（100%）
仪容	整体仪容	40				
妆容	男士妆容	30				
	女士妆容					
发式	男士发式	30				
	女士发式					
合计		100				

评分标准：

1. 整体仪容：发式、面容协调一致，有一定美感。

2. 男士妆容：整洁干净、神采奕奕。

3. 女士妆容：可根据不同场合化出不同的妆，工作妆要求淡雅。

4. 男士发式：干净、整洁，长短及发型符合礼仪要求。

5. 女士发式：能根据自身体态选择适合自己并与场合相吻合的发型。

礼仪自评

通过本项目的学习，我学会了

项目五

职业形象之言谈礼仪

何为言谈礼仪？言谈礼仪有何规范、原则、类型呢？在商务活动中，做好言谈礼仪有何技巧呢？有什么要注意的呢？在商务交谈中，你将如何避免交谈冷场呢？你了解言谈的禁忌吗？你知道赞美与拒绝别人的技巧吗？——让我们一起来探究项目五寻找答案吧！

任务一　认知言谈

礼仪问题

Q1　关于言谈礼仪，以下的说法哪个正确？

A．言谈礼仪只需注意表达，不需要注意倾听。

B．言谈礼仪在任何场所都是一样的。

C．言谈礼仪中倾听礼仪很重要。

礼仪故事 15

尼克松总统笔下的周恩来

前任美国总统尼克松在他写的《领袖们》一书中对周恩来做过评价。尼克松说："周恩来的敏捷机智大大超过我知道的其他任何一位世界领袖。这是中国独有的特殊的品德，是中国文明历经多少世纪发展后的精华结晶，他待人很谦虚但很沉着坚定。"周恩来的文明谈吐、礼貌举止和他令人折服的气质和风度，正是他那高尚的品德、宽阔的胸襟、超群的智慧、美好高尚心灵的生动体现。

点评　文明、礼仪是非常重要的，从表面上看，文明礼貌是外在的，而实际上外在的形式下蕴含着内在思想和情感。真正讲文明懂礼貌的人，是有着美好心灵的人，美好的语言来自于美好的心灵，这就是人们常说的"言为心声"、"形为内现"。

礼仪学堂

一、言谈的内涵

（一）言谈的概念

言谈礼仪是指靠言语、体态和聆听艺术构成的沟通方式，指两个或两个以上的人所进行的对话，是双方知识、阅历、教养、聪明才智和应变能力的综合表现。

（二）言谈的礼仪规范

言谈体现一个人的礼仪修养，要遵守一定的礼仪规范，主要有以下三方面。

1．态度端正

商务活动中的言谈，正确的态度应该是热情、诚恳、稳重、平易。

（1）热情。热情是言谈的基本要求，冷漠无情、无精打采、有气无力的言谈是没有感染力的，无法收到效果。

（2）诚恳。真挚诚恳是言谈的基本态度，以诚为本，诚心待人，才能取得听者的信任，虚伪做作，华而不实，都是不可取的。

（3）稳重。稳重是成熟的表现。只有稳重，才能给人安全感，增加可信程度，任何轻佻的语言、表情、动作都是应当避免的。

（4）平易。平易是与听话人拉近距离，不能傲慢无礼、狂妄自大、盛气凌人，神情专注是对人的一种尊重。谈话时要精力集中，不能左顾右盼，东张西望，也不能边说边做其他事情。

2. 内容适宜

谈话内容要根据交谈的实际情形而定。有明确话题时，谈话内容就要相对集中，不能东拉西扯，不着边际；没有明确话题时，则可以选择一些适当的话题，但必须是健康有益的，对方感兴趣的，令人愉悦的。而不能是一些低级庸俗的、耸人听闻的、荒诞离奇的、令人反感的。公务人员尤其不能说一些议论领导同事、拨弄是非的闲话。

3. 表达得体

用最恰当的言词和口吻表达意思，这就是表达得体。不同场合、不同对象、不同内容应当有不同的语气措词和语调声态。是慷慨激昂，还是语调低沉，是慢条斯理，还是加快语速，是措词严厉，还是用语平和，是直话直说，还是委婉含蓄，都要看具体情形。不管对象场合，不论谈论什么，都是一个腔调，也是不合适的。

二、言谈的原则

在实际的言谈对话过程中，要遵循以下四个原则才能真正做到具备良好的言谈礼仪。

（一）充分聆听的原则

充分聆听既是对讲话者的一种尊重，也是起码的礼节要求，同时，也是互动交流的基础。只有充分聆听才可以有根据地进行回应，也才会激发起讲话者的兴趣。

（1）要专注于听，又要专注于观察。

（2）要进行积极的参与和适时的回应。

（二）言语有度的原则

在言谈交流过程中，要注意言语有度。这种“有度”就是要实事求是，主要体现在“适时、适量和适当”。

（1）适时，即要求讲话的时机要合乎时宜，要相机而言，不可不分场合。要避免不该讲时讲话，该讲时又不讲话的现象。

（2）适量，即要求讲话的内容和长短要适量，时间宽裕可以多讲一些，讲细一点，时间不够，则应删繁就简，简明扼要，突出重点。

（3）适当，即要求讲话的内容要适宜，主题要恰当和明确。“言为心声”，说话时要尽可能把心中想要表达的意思清楚地表达出来。

（三）准确运用肢体语言的原则

肢体语言是人的一种情感表达方式，人们在交谈过程中，往往会情不自禁地挥臂、伸手、伸出手指和拳头等来辅助、增强、渲染语言表达的效果。

（1）要准确，不可引起误解，尽可能用一些大家公认、不会引起歧义的肢体动作。

（2）要适量，不可过多。

（3）要避免一些不礼貌的肢体动作。比如要避免频繁地看表、挠头，或者用手指指向他人的头部，无故拍打异性的肩膀等。

> **温馨提醒**
>
> 不同文化背景、不同社会阶层和不同年龄段的人有不同的肢体表达方式，甚至同一种肢体语言在不同的区域、文化和个体之间有不同的含义。

（四）避讳（隐私）的原则

由于风俗习惯、政治信仰等的不同，有些话题在交谈中提及或非常敏感，或容易引起反感，因此不宜将其作为谈话的内容，应该予以避免，这就是避讳。与此同时，现在很多人在初次见面之时不愿透露过多的个人信息，因此，应避免询问过多私人情况。

三、言谈的类型

（一）单向与双向言谈

1. 单向言谈

发表讲话，布置工作，进行演讲，都是单向言谈，按照事先准备的讲稿，或依照讲话的目的要求，在一定的范围发表讲话，要求说得有条理，有层次，一般是单向灌输，一气呵成，不停顿，不讨论，不交流，把要说的内容说完就结束。

2. 双向言谈

询问情况，回答问题，交流看法，进行谈判，会客寒暄等则是双向言谈，需要根据对象、场合和交谈进程，不断调整言谈内容，使交谈不断推进和深入。

（二）正式与非正式言谈

1. 正式言谈

在正式场合涉及公务内容的言谈都可以看作是正式言谈，它要求言谈庄重、严肃，有些甚至代表国家、政党的立场和机关单位的态度。

2. 非正式言谈

非正式言谈，则是一些非正式场合的言谈，在一些私下场合，会见客人的寒暄，相遇熟人的交谈，同事之间的闲谈，这类言谈则可以是自由、轻松和随意的。

（三）有声与无声言谈

1. 有声言谈

通过口头语言表达意思的，是有声言谈，包括语气措词、语速、语调等。

2. 无声语言

通过交谈时的动作、表情及距离来传达信息、表达感情，就是无声语言。

（1）动作包括头部、手部的动作，点头摇头，挥手握拳，都传达特定的信息。

（2）说话时的表情是常见的伴随体语，通过表情表达喜怒哀乐。微笑是被认为人类最美好的语言，是言谈时应该具有的基本表情。

（3）眼神也是一种重要体语，目光可以反映心理和情感的变化，传达重要的信息。

（4）言谈时还可以通过空间距离反映密切程度，要根据交谈双方的关系来确定，与亲友熟人和一般工作关系的人员的交谈距离就有所区别。

（四）直接与间接言谈

1. 直接言谈

与听者在同一场所进行面对面的交谈，是直接言谈。这种言谈要注意谈吐的仪表，要注意听者的反应。

2. 间接言谈

电话交谈则是间接言谈，则要注意遵守通话礼仪规范。

任务二　言谈礼仪技巧

礼仪问题

Q2　关于言谈礼仪，以下的说法哪个正确？

A. 言谈礼仪只需注意表达，不需要注意倾听。

B. 言谈礼仪在任何场所都是一样的。

C. 言谈礼仪中倾听礼仪很重要。

礼仪故事 16

约翰·卡尔文·柯立芝的“肥皂水”的技巧

前任美国总统约翰·卡尔文·柯立芝，他有一位漂亮的女秘书，工作中常因粗心而出错。一天，柯立芝看见秘书，便对她说：“今天你穿的衣服真漂亮，正适合你这样漂亮的小姐。”这句话出自总统口中，让女秘书受宠若惊。柯立芝接着说：“但也不要骄傲，我相信你同样能把公文处理得像你一样漂亮的。”果然从那天起，女秘书在处理公文时很少出错了。一位朋友得知后，便问：“这个方法很妙，你是怎么想出的？”柯立芝说：“这很简单，理发师给人刮胡子，他要先给人涂些肥皂水，就是为了刮起来使人不觉痛。”

点评 用“肥皂水”的技巧来处理人与人之间的冲突有什么可借鉴之处？斯大林说：“语言是人们用来交流思想、感情的手段、工具。通过掌握言谈的礼仪技巧，可提高我们的语言修养。”

礼仪学堂

一、选择合适的内容

（一）应选谈的内容

（1）选择一个大家都感兴趣的内容，并围绕这个话题开始交谈是社交场合中常需要面对的问题，在公众场合中选择合适的内容才不会失礼。

（2）只要在平时处处留心，就可以发现许多引人入胜的内容。

（3）宜选择格调高雅的、轻松愉快的、时尚流行的、对方擅长的内容可以成为良好的谈资。

温馨提醒

一般交谈时最简单的是谈天气，或从当时的环境找寻话题。还有一个中国人惯用的老方法：询问对方的籍贯，然后就所知引导对方详谈其家乡的风物，这几乎是一个万通万灵的不衰话题。

（4）与刚相识的人交谈宜从平淡处开口，而不要冒昧提出太深入或太特别的话题。

（二）应避免的内容

平时参加交谈，需随时注意观察人们的话题，哪些吸引人而哪些不吸引人，以便自觉地练习讲一些能引起别人兴趣的事情，避免引起不良效果的内容。

（1）不能打探讨论对方的隐私，包括收入状况、年龄、婚姻、健康、经历等。

（2）不便打听别人的收入与财产。

（3）不宜询问对方的年龄和婚姻状况。

（4）不要探听对方的隐私和忌讳。

（5）不能非议国家和政府。

（6）不能涉及国家和行业秘密。

二、训练言谈基本功

（一）言谈礼仪中的重要原则

1. 与人保持适当的距离

说话通常是为了与别人沟通思想，要达到这一目的，首先当然必须注意说话的内容，其次必须注意说话时声音的轻重，使对话者能够听清楚。这样在说话时必须注意保持与对话者的距离。说话时与人保持适当距离并非完全出于考虑对方能否听清自己的说话，另外还存在一个怎样才更合乎礼貌的问题。从礼仪角度来讲一般保持

一人的距离最为适合，既让对方感到有种亲切的气氛，同时又保持一定的“社交距离”。

美国西北大学人类学教授爱德华·T·霍尔博尔博士提出了广为人知的四个界域：亲密距离、个人距离、社交距离、公众距离。

（1）亲密距离：距离在45厘米之内，是人际交往的最小距离，适于亲朋、夫妻和恋人之间拥抱，但不适宜在社交场合，大庭广众面前出现。

（2）个人距离：其近段距离45～76厘米，适合握手、相互交谈；其远段距离76～120厘米，普遍适用于公开的社交场合，这段距离可以使别人自由进入这个交往空间交往。

（3）社交距离：主要适合于礼节性或社交性的正式交往。其近段距离120～210厘米，多用于商务洽淡、接见来访或同事交谈等。远段距离210～360厘米，适合于同陌生人进行一般交往，也适合领导同下属的正式谈话，高级官员的会谈及较重要的贸易谈判。

（4）公众距离：近段距离360～760厘米，远段距离760厘米以外，它适合于作报告、演讲等场合。

2. 恰当的称呼他人

（1）通称：同志，先生、女士、小姐，同学。

（2）常用称谓：姓+职衔（职务、职称）；姓+职业；老+姓；小+姓；姓+老。

（3）亲属称谓：大伯、大妈、大哥、大姐。

（4）尊称与谦称：尊称有您，尊、贵、大、贤、令、台；谦称有卑、敝、小、愚、贱、拙。

3. 及时肯定对方

温馨提醒

称呼他人时要注意因地而异、入乡随俗、搭配得当。

在谈话过程中，当双方的观点出现类似或基本一致的情况时，谈话者应迅速抓住时机，用溢美的言词，中肯地肯定这些共同点。赞同、肯定的语言在交谈中常常会产生异乎寻常的积极作用，会使整个交谈气氛变得活跃、和谐，陌生的双方开始产生了一致感，微妙地将心理距离拉近。当对方赞同或肯定己方时，己方应以动作、语言进行反馈交流。这种有来有往的双向交流，易于双方谈话人员感情融洽，从而为达成一致协议奠定良好基础。

4. 态度和气、语言得体

交谈时要自然，要充满自信。态度要和气，语言表达要得体。手势不要过多，谈话距离要适当，内容一般不要涉及不愉快的事情。

（二）在言谈中应掌握的技巧

在一切使人喜悦的艺术中，说话的艺术占第一位，只有通过它才能使被钝化的感官获得新的乐趣。谈吐礼仪是通过优化语言来提高表达效果的，这就是谈吐艺术。优化语言的具体方法可因人、因时、因地而异，其主要方法有：委婉法、幽默法、模糊法和暗示法。

1. 委婉——含蓄、智慧之光

委婉一种既温和婉转又能清晰明确地表达思想的谈话艺术。它的显著特点是：言在此而意在彼，能够诱导对方去领会你的话，去寻找那言外之意。从心理学的角度来看，委婉含蓄的话，不论是提出自己的看法还是向对方劝说，都能比较适应对方心理上的自尊感，使对方容易赞同，接受你的说法。

温馨提醒

同一种意思的两种表达方法，经常用在日常生活中。

① 谁？——哪一位？

② 不来！——对不起，不能来。

③ 不能干！——对不起，我不能做。

④ 什么事？——请问你有什么事？

⑤ 如果不行就算了。——如果觉得有困难的话，那就不麻烦你了。

2. 幽默——机敏、文化、修养的代表

幽默是在一定的语言条件下，通过语言反常组合来实现的，幽默和语言礼仪在目的和功能上是一致的。

有幽默感的人大都是知识修养高、机智、聪慧的人。要成为一个富有幽默感的人不是很容易，要有自信、乐观、豁达、积极向上的性格，要有真诚善良、成人之美的品质和丰富渊博的知识。但要记住：幽默是生活中的调味品而非食物。幽默多一分便成为油滑，少一分则成为做作。

3. 模糊——精明的交际语言

模糊性是语言的基本特征之一。在自然语言中，句子里会使用大量的模糊词，如汉语中的概数词上下、左右、前后、多少、多日、多次等，副词马上、非常、刚刚、永远、略微等。时间名词拂晓、白天、黄昏、深夜、现在、过去等都是模糊词。

4. 暗示——批评与提醒的最佳选择

暗示是一种信号化的刺激，表示“不公开地隐蔽地给人以启示”。从社会心理学角度来看，暗示是在无对抗的条件下用含蓄、间接的方法对人的心理和行为产生影响。暗示法是通过语言、行为或其他符号把自己的意向传递给他人，并引起反应的方法。如某处挂一标牌：此处放自行车将被放气拔气门芯。用幽默的语言暗示人们此处不能存放自行车。暗示法可以通过人的语言形式、表情来施授，也可以通过情境（视觉符号、声音符号）施授。暗示法是交际语言中很有效的技巧。

（三）在言谈中应把握的细节

在交谈中，语言必须准确，否则不利于双方之间的沟通。要注意的问题主要有以下几个方面。

商务礼仪实务

1. 发音要准确

准确是语言表达的首要要求，要把意思准确无误地表达出来，做到吐字清晰、措词准确、发音正确。读错字、念错字、口齿不清、含含糊糊都让人听起来费劲，而且有失自己的身份。在公共场合交谈时，应用标准的普通话，不能用方言，这也是尊重对方的表现。在一般交谈中，应讲中文，讲普通话。无外宾在场，最好慎用外语，否则会有卖弄之嫌。

2. 措辞要谦逊

在交谈中，说话的口气一定要做到亲切谦和，措辞要谦逊。平等待人，切忌随便教训、指责别人。措词的谦逊文雅体现在两个方面：对他人多用敬语、敬辞，对自己则应用谦语谦词即外敬内谦。敬语与谦语是相对的。因为一个会尊重他人的人必然是自谦的；反之一个狂妄自大的人，也决不会尊重别人。

敬语是表示恭敬和敬仰的词语，在使用时应注意下列几点。

（1）适用场合。敬语主要用于四种场合：正规的社交场合；会议、谈判等公务场合；和师长或身份、地位较高的人交谈；和陌生人打交道的时候。

（2）根据不同对象使用不同敬语。敬语的使用要有针对性，要先看对象，然后选用恰当的敬语。比如想问一位中国长者的年龄就可以说："您老高寿？""请问您老多大年纪了？"对平辈或年龄不太大的人则不适合如此发问，而应说："请问你多大年龄？"

（3）只有由衷地、真诚地对人尊重，才能在语气上表现出恭敬之情。也就是"要心有所存，才口有所言"。其实尊重他人就是尊重自己。人们互尊才会更好地和睦相处。谦语亦称"谦词"，与敬语相对，是向人表示谦恭和自谦的一种词语。使用谦语和使用敬语一样，两者都体现了说话者的文明修养。

知识拓展

你知道常用的谦语和敬语有哪些呢？

① 称呼尊长可用老先生、老同志、老师傅、老领导、老首长、老伯、大叔、大娘等。

② 称呼平辈可用老兄、老弟、先生、女士、小姐、贤弟、贤妹等。

③ 自谦可以用鄙人、在下、愚兄、晚生等。

④ 称姓名敬语可用贵姓、尊姓大名、尊讳、芳名（对女性）等。

⑤ 称年龄敬语可用高寿（对老人）、贵庚、尊庚、芳龄（对女性）等。

⑥ 称住处敬语可用府上、尊寓、尊府等。

⑦ 称见解敬语可用高见、高论等。

⑧ 称住处谦词可用寒舍、舍下、蓬荜等。

⑨ 称见解谦词可用愚见、拙见等。

3. 态度要诚恳

谈话中要给对方一个认真、和蔼、诚恳的感觉。因为说话时的态度是决定谈话成功与否的重要因素。谈话时交谈双方都互相观察注意着对方的表情、神态，反应极为敏感，稍有不慎就会使谈话不欢而散或陷入僵局。当别人遇到不幸时你去看望安慰，你的表情一定要同情、专注；别人有了成绩你去祝贺，你的表情就要真诚、热情、愉快。如果你三心二意、心不在焉就是失礼，会引起别人的反感。

4. 语言要礼貌

在交谈中多使用礼貌用语，是博得他人好感与体谅的最为简单易行的做法。所谓礼貌用语，简称礼貌语，是指约定俗成的表示谦虚恭敬的专门用语。

知识拓展

礼貌语有哪些呢？

初次见面，要说“久仰”。许久不见，要说“久违”。客人到来，要说“光临”。等待客人，要说“恭候”。探望别人，要说“拜访”。起身作别，要说“告辞”。中途先走，要说“失陪”。请人别送，要说“留步”。请人批评，要说“指教”。请人指点，要说“赐教”。请人帮助，要说“劳驾”。托人办事，要说“拜托”。麻烦别人，要说“打扰”。求人谅解，要说“包涵”。

三、声音素质要改善

声音在语言中的地位相当重要。语言情感的语音表现主要集中在有声语言上，以声传意，以声传情。谈吐礼仪要求人们在讲话时要用有魅力的声音，给人以美的享受。

（一）说话的音量要适度

1. 音量不宜过高

讲话时声音不宜过高，太大的音量容易成为交谈中气势逼人的角色，也容易让人反感。音量大到让人听清即可，明朗、低沉、愉快的语调最吸引人，放低声音比提高嗓门声嘶力竭地喊听起来让人感到舒适。所以语调偏高的人应该设法练习变为低调。

温馨提醒

在社交中，下述五句十字礼貌语必须经常运用，并且多多益善。

①您好。“您好”，是一句表示问候的礼貌语。

②“请”，是一句请托礼貌语。

③“谢谢”，是一句致谢的礼貌语。

④“对不起”，是一句道歉的礼貌语。

⑤“再见”，是一句道别的礼貌语。

2. 音量不宜过低

当然这要把握适度，声音太低太轻也不宜让人听清楚，那也不好，声音太小会显得不够权威，容易被人忽视。

（二）说话的语调要柔和

在社交场合中，一般以柔言谈吐为宜。在讲话时保持抑扬顿挫的音调，要让人觉得自己对正在交谈的话题很有兴趣。

尽可能避免粗厉尖硬的讲话，以理服人，而不是以声、以势压人。

商务礼仪实务

心平气和更能诚服于人。也不能用平淡、乏味的声音来交谈，这会让人有昏昏欲睡的感觉。

语言美是心灵美的语言表现。“有善心，才有善言”，因此要掌握柔言谈吐，首先应加强个人的思想修养和性格锤炼。

（三）说话的速度要适中

讲话时，要依据实际情况的需要调整快慢，讲话速度最好不要过快，应尽可能娓娓道来，给他人留下稳健的印象，也给自己留下思考的余地。说话也不能过慢，否则易使人失去耐心。

四、考虑言谈的场合

（一）办公室言谈礼仪

在办公室里与同事交往离不开语言，但是同样的目的，表达方式不同，造成的后果也大不一样，因此，在办公室说话一定要注意语言上的规范。

1. 不要人云亦云，要尽抒己见

一般来说，公司老板都会赏识那些有头脑和主见的员工。如果经常说别人说过的话，那么在办公室里就很容易被忽视了。有自己的头脑，不管在公司的职位如何，都应该发出自己的声音，应该敢于说出自己的想法。

2. 不要情绪语言，要和声平气

在办公室里与人相处要友善，说话态度要和气，要让人觉得有亲切感，即使是有了一定的级别，也不能用命令的口吻与别人说话。说话时，更不能用手指着对方，这样会让人觉得没有礼貌，让人有受到侮辱的感觉。

3. 不要当众炫耀，要谦虚谨慎

骄傲使人落后，谦虚使人进步。再有能耐，在职场生涯中也应该小心谨慎。

4. 不要互诉心事，要话及工作

在办公场合中，言行要事关工作，不能和别人倾吐苦水。自己的生活或工作有了问题，应避免在工作的场所里议论，不妨找几个知心朋友下班后另找地方好好聊。

（二）会议言谈礼仪

1. 会议发言人的礼仪

会议发言有正式发言和自由发言两种，前者一般是领导报告，后者一般是讨论发言。

（1）正式发言者，应衣冠整齐，走上主席台应步态自然，刚劲有力，体现一种成竹在胸、自信自强的风度与气质。发言时应口齿清晰，讲究逻辑，简明扼要。如果是书面发言，要时常抬头扫视一下会场，不能低头读稿。旁若无人。发言完毕，应对听众的倾听表示谢意。

（2）自由发言则较随意，应要注意，发言应讲究顺序和秩序，不能争抢发言；发言应简短，观点应明确；与他人有分歧，应以理服人，态度平和，听从主持人的指挥，

不能只顾自己。

如果有会议参加者对发言人提问，应礼貌作答，对不能回答的问题，应机智而礼貌地说明理由，对提问人的批评和意见应认真听取，即使提问者的批评是错误的，也不应失态。

2. 会议参加者礼仪

会议参加者应衣着整洁，仪表大方，准时入场，进出有序，依会议安排落座，开会时应认真听讲，不要私下小声说话或交头接耳，发言人发言结束时，应鼓掌致意，中途退场应轻手轻脚，不影响他人。

3. 主持人的礼仪

各种会议的主持人，一般由具有一定职位的人来担任，其礼仪表现对会议能否圆满成功有着重要的影响。

（1）主持人言谈应口齿清楚，思维敏捷，简明扼要。

（2）主持人应根据会议性质调节会议气氛，或庄重，或幽默，或沉稳，或活泼。

（3）主持人对会场上的熟人不能打招呼、寒暄闲谈，会议开始前，可点头、微笑致意。

五、善于倾听和问答

学会听别人说话，是社交中最容易做的事情，不过在现实生活中，这却是很多人最容易忽略的。在听别人讲话时，要学会做一个好的倾听者，也是社交礼仪中的一个重要方面。

（一）倾听的要点

（1）克服自我中心：不要总是谈论自己。

（2）克服自以为是：不要总想占主导地位。

（3）尊重对方：不要打断对话，要让对方把话说完。

（4）不要激动：不要匆忙下结论、急于评价对方的观点、急切地表达建议，不要因为与对方不同的见解而产生激烈的争执。要仔细倾听对方说些什么，不要反驳对方。

（5）尽量不要边听边琢磨别人下面将会说什么。

（6）不要有偏见或成见，这样很容易影响听别人说。

（7）不要使思维跳跃得比说话者还快，不要试图理解说话者还没有说出来的意思。

（8）注重一些细节：不要了解不应该知道的东西，不要做小动作，不要走神，不必介意别人讲话的特点。

（二）倾听的技巧

（1）要体察对方的感觉。一个人感觉到的往往比他的思想更能引导他的行为，愈不注意人的真实感觉，就愈不能彼此沟通。体察感觉，意思就是指将对方的话背后的情感复述出来，表示接受并了解他的感觉，有时会产生相当好的效果。

（2）要注意反馈。倾听别人的谈话要注意信息反馈，及时查证是否了解对方。不妨这样："不知我是否了解的话，你的意思是……。"一旦确定了你对他的了解，就要进入积极实际的帮助和建议。

（3）要抓住主要意思，不要被个别枝节所吸引。善于倾听的人总是注意分析哪些内容是主要的，哪些是次要的，以便抓住事实背后的主要意思，避免造成误解。

（4）要关怀、了解并接受对方，鼓励他或帮助他寻求解决问题的途径。

（三）倾听的秘密

（1）身体前倾，表示对谈话感兴趣。

（2）要"所答即所问"，这表示你在与人交流。

（3）适时加上自己的见解，以使给予和吸收两个方面平衡。

（4）以头部动作和丰富的面部表情回应说话者。

（四）倾听的禁忌

（1）对谈话内容漠不关心。

（2）只听内容，忽略感觉。

（3）无故打断对方的谈话。

（五）倾听的心得

（1）要让诉说者放松，在同一高度上，面对面的两个人坐下来，距离比一般的社交距离稍近些较好。

（2）倾听中，目光专注柔和地看着对方，适时给出回应，比如点头和"嗯"，表示正在专心倾听。

（3）没有听懂或弄清楚的地方要及时提出并沟通，以免造成误解。但不要喧宾夺主，更不要把话题扯开。

（4）在对方说完前不要急于发表观点，也不要提前在心中作出预判，尽量避免把对方的事情染上自己的主观色彩，耐心听完。

任务三　言谈注意事项

礼仪问题

Q3　如何合适地去赞美别人？

A．随时随地赞美别人。

B．及时地赞美别人。

C．对于任何人任何情况都用一样的语言赞美别人。

礼仪故事 17

陈毅劝父

陈毅任上海市市长时，干部实行供给制。为了不给国家增加负担，他想劝岳父回老家，但怕直接提出，老人产生误解，于是绕了个弯子，先问老人家共产党好还是国民党好。当老人说出国民党任人唯亲、一人得道、鸡犬升天时，陈毅道：“说得对，所以国民党要倒台……那您喜不喜欢您女婿也这样？”老人立刻明白了其中道理，决定回老家。

点评 这个故事告诫我们：在日常语言交际中，直言不讳、又准又快地交流信息固然不错，但实际生活是错综复杂的，简单爽快的语言有时不一定能达到预期的交际目的。相反，委婉含蓄的说法却能起到意想不到的效果。

礼仪学堂

一、避免交谈冷场

谁也不希望遇到冷场的尴尬，那感觉的确让人觉得很难受。这样的情况大多会发生在两个初次结识的人身上。如果惯用的方法都试过了，还是不可避免地陷入了沉默，那么可以尝试下用新闻和与你相关的事作为新的话题，把冷场的气氛彻底消散掉。甚至可以试着把对方想像成自己的一个朋友，用友好和微笑的态度重新开启话题，让对方也自然地放松下来。千万不要想着说了什么，而是要注意在怎么说，否则只会越来越紧张，语言的逻辑顺序也会跟着变得混乱。

如果觉得在这方面的确不在行，也可以尝试下以下方式。

（一）放慢语速

当谈到激动的时候，很容易越说越快，这样很容易说错话或思维跟不上语速，不如试着放慢语速，这样可以方便别人聆听你说的话，也能把你真正要说的话表达给对方，而不是硬塞给对方。

（二）声音洪亮

不要害怕大声说话，如果声音太小，只会让人觉得信心不足，或者不够引起别人的重视。

（三）要包含感情

说话时抑扬顿挫是吸引人倾听的最佳方式。用同一种语调且毫无感情的长时间说话，很容易让对方厌倦。

（四）使用停顿

放慢语速，然后在句子之间加上一点“掷地有声”的停顿，这样能够抓住对方的听觉和期望，对方会更仔细地听谈论的内容。

（五）使用肢体语言提升表达方式

适当的肢体语言可以让表达锦上添花，营造一种极具吸引力的气场。

二、言谈的禁忌

（一）与人谈话十忌

（1）打断别人的谈话或抢接别人的话头。

（2）忽略了使用概括的方法，使对方一时难以领会你的意图。而且语言乏味，拖泥带水，重复着没完没了的无味话题，并乐此不疲。

（3）注意力分散，使别人再次重复谈过的话题。

（4）连续发问，让人觉得过分热心和要求太高，以致难以应付。

（5）对待别人的提问漫不经心，使别人感被忽略和轻视。

（6）随便解释某种现象，轻率地下断言，借以表现自己是内行。

（7）避实就虚，含而不露，让人迷惑不解。

（8）不适当地强调某些与主题风马牛不相及的细枝末节，使人厌倦，感到窘迫。

（9）随意将别人还在兴趣当中的话题转移到自己感兴趣的方面去。

（10）将正确的观点、中肯的劝告佯称为是错误的和不适当的，使对方怀疑话中有戏弄之意。

（二）言谈中的避讳

世间没有十全十美的人。凡人皆有长处，也难免有短处。人总是有自尊心的，往往不愿别人触及自己的某些缺点、隐私、不愉快事等。因此，在人际关系中，讲话人须讲求避讳。对谈话对象涉及到一些敏感的、特殊的事情时，应多为对方着想。

（1）生理上的缺陷。说话时都要避开人的生理缺陷，不得已采取间接表达方式。如对跛脚人应客气说："你腿不方便，请先坐下。"

（2）家庭不幸，像亲属死亡、夫妻离异等。如果不是当事人主动提及，不宜唐突说起。

（3）人事的短处。在为人处事方面的短处、不体面的经历和现状，这些都是不希望他人触及的敏感点。

（4）入乡随俗。"入境而问禁，入国而问俗，入门而问讳。"这对于社交成败至关重要。

三、赞美拒绝技巧

（一）赞美别人

赞美别人，好像用一支火炬照亮别人的生活，也照亮自己的心田。赞美别人不仅有助于彼此之间友谊的发展，而且还可以消除人与人之间的怨恨，让人与人之间的相处变得更为融洽和谐。

虽然赞美是一件好事，但绝不是一件易事。赞美别人时如不能审时度势，不掌握一定的赞美技巧，即使是真诚的，也会变好事为坏事。因此，在开口前一定要三思而后行。这就要求做到以下五点。

1. 要学会因人而异

人的素质有高低之分，年龄有长幼之别，因人而异，突出个性，有针对性的赞美比一般的赞美能收到更好的效果。某些老年人总希望别人永远记得自己“想当年”的业绩与雄风，同其交谈时，可多称赞他引为自豪的过去；对年轻人不妨语气稍为夸张地赞扬他的创造才能和开拓精神，并举出几点实例证明他的确是前程似锦；对于经商的人，可称赞他头脑灵活，有生财之道；对于有地位的干部，可称赞他为国为民、廉洁清正；对于知识分子，可称赞他知识渊博、宁静淡泊……当然，这一切要依据事实，切不可虚夸，更不能阿谀奉承。

2. 要做到情真意切

几乎每个人都喜欢听赞美的话，但并非任何赞美都能使对方高兴。能引起对方好感的只能是那些基于事实、发自内心的赞美。相反，若无根无据、虚情假意地赞美别人，对方不仅会感到莫名其妙，更会觉得你油嘴滑舌、奸诈虚伪。例如，当见到一位其貌不扬的小姐时，却偏要对她说：“你真是美极了。”对方立刻就会认定你所说的是虚伪之至的违心之言。但如果着眼于她的服饰、谈吐、举止，发现她这些方面的出众之处并真诚的赞美，她一定会高兴地接受。真诚的赞美不但会使被赞美者产生心理上的愉悦，还可以经常发现别人的优点，而使自己对人生持有乐观、欣赏的态度。

3. 话语要具体详实

一个人业绩显赫的时候并不常见，所以，在交往中应对具体的事情具体分析，要善于发现别人哪怕是最微小的长处，并不失时机地予以赞美。要用具体详实的赞美来说明你对对方非常了解，对他的长处和成绩非常看重，让对方感到真挚、亲切和可信，这样你们之间的距离就会越来越近。如果只是含糊其辞地赞美对方，说一些“你工作非常出色”或者“你是一位卓越的领导”等空泛飘浮甚至有点夸张的话语，就会引起对方的猜疑，甚至产生不必要的误解和信任危机。

4. 赞美别人要适可而止

有效的赞美是要见机行事、适可而止，要真正做到“美酒饮到微醉后，好花看到半开时”。

当别人计划做一件有意义的事时，开头的赞扬能激励对方下决心做出成绩，中间的赞扬有益于对方再接再厉，结尾的赞扬则可以肯定对方的成绩，指出进一步的努力方向，从而达到“赞扬一个，激励一批”的效果。

5. 赞美别人要及时

俗话说：患难逢真情。不是要赞美那些早已功成名就的人，而是要赞美那些因被埋没而产生自卑感或身处逆境的人。他们平时很难听到一声赞美的话语，一旦被人当众真诚的赞美，便有可能振作精神，大展宏图。因此，最有实效的赞美不是“锦上添花”，而是“雪中送炭”。

当然，赞美的表达是有很多方式的。有时，一束赞许的目光、一个夸奖的手势、一个友好的微笑就能收到意想不到的效果。

做到了这五点，就能很容易地去赞美别人。

（二）拒绝别人

生活中难免会遇到这样的情况，亲人、朋友、同事有时会向你要求一些不合理的、超过你能力范围的事情，若拒绝了却担心别人会因此而不高兴，甚至会影响到日后双方的交往，无奈只好硬着头皮应承。然而，事后自己却会因此沮丧烦躁。

拒绝对方，当然会引起对方的不快。但是对于别人提出的要求，有时必须加以拒绝。那么，怎样才能尽量地把这种因拒绝而可能引起的不快控制在最低限度之内呢？这就需要在拒绝别人的时候，巧妙地说一些话，既能为自己开脱，也不会让别人难堪。

（1）寻找一个非个人的原因作借口，即推脱。

当一位同学约你晚上到另一位同学家去玩，你想到还有许多作业要做，实在不想去，你就可以说："真不巧，今天晚上爸爸要给我辅导作文，以后再说吧。"如果一位好朋友在你上晚自习的时候邀你一起去看电影，你当然不能去，怎么说呢？"我们班主任刚刚宣布任何同学自习时间都不能离开教室；我恐怕去不了。"这样就可以避免对方对你的责难。

（2）在拒绝别人之前，可以表明自己是心有余而力不足。

有人邀请你双休日去郊游，而你对这个时间早已作了安排，怎样拒绝他呢？"郊游？太棒了！我早就想和你一起好好到郊外玩玩了，可是……"由于你对没有答应他的要求表示了遗憾，他虽遭到拒绝，心里还是感激你的。

（3）学会通过诱导使对方否定自己提出的要求来达到拒绝的效果。

当拒绝别人时，通常要用最委婉、最温和的方式表达不同意见。必要时，要用委婉和坦诚的语气，向对方详细解释不能答应其要求的理由，而不是生硬冷淡的拒绝，因为那样只能伤害并有可能失去朋友。所以，面对这种"难题"，有时不得不使用谢绝的语言。

礼仪演练

一、简答题

1．如何在言谈中选择合适的内容？

2．倾听有什么技巧？

3．如何合适的赞美别人？

二、填空题

1．在倾听时，身体________则表示对谈话感兴趣。

2．与人交往时，________可以方便别人聆听你说的话，你也能把你真正要说的话表达给他们，而不是硬塞给对方。

3．言谈中的应避讳：________、________人事的短处、入乡随俗。

4．批评与提醒的最佳选择是________。

5．言谈中，自谦可以用________、在下、愚兄、晚生等。

三、案例分析

（一）朱元璋做了皇帝后，有一天，他从前的一位苦难朋友从乡下赶来找他，对他说:“我主万岁！当年微臣随驾扫荡芦州府，打破罐州城，汤元帅在逃，拿住豆将军，红孩儿当关，多亏菜将军。”朱元璋听他说得好听，心里很高兴。回想起来，也隐约记得他说的话里像是包含陈年往事，所以，就立刻封他做了大官。这个消息让另外一个苦朋友听见了，他也想讨个官做，于是就去找朱元璋。和朱元璋一见面，他就直通通地说:“我主万岁！还记得吗？从前，你我都替人家看牛，有一天，我们在芦花荡里，把偷来的豆子放在瓦罐里煮着。还没等煮熟，大家就抢着吃，把罐子都打破了，撒下一地的豆子，汤都泼在泥地里。你只顾从地下满把的抓豆子吃，却不小心连红草叶子也送进嘴里。叶子梗在喉咙口，苦得你哭笑不得。还是我出的主意，叫你用青菜叶子放在手上一拍吞下去，才把红草叶子带下肚子里去了……”朱元璋嫌他太不会顾全体面，等不得听完就连声大叫：“推出去斩了！推出去斩了！”

问题：以上案例给我们什么启示呢？

（二）中国人的热情是出了名的，两个熟识的人，不管在什么场合碰上，都少不了一番热情的问候，而用得最多的大概首推“吃了吗”这句，尤其在餐前餐后这句话的使用频率更是高了。两个人在洗手间门外碰上了，一人从里面出来，另一人正准备进去，忽见是熟人，两人也就热情地招呼了起来:“吃了吗？”“刚吃过了，你呢？”“还没呢，正准备去吃。”对话很快结束了，“吃了的”一脸轻松地往外走，“正准备吃的”一脸紧张地继续向里跑。

问题：以上案例告诫我们，日常言谈有什么事项是要注意的？

四、实训

1．实训要求

设备要求：桌子、椅子若干套；卡片三张（如下所示）

卡片一 选择一个你感到很幸福的话题（可以是你的生日，也可以是你生活中得到他人帮助的一段经历），向你的伙伴讲述两分钟

卡片二 当你的伙伴在讲话时用身体语言或打岔等表示你没有认真倾听对方讲话。

卡片三 通过你的手势、身体语言、应答或赞同表现出你对对方的讲话非常有兴趣，你是一位积极的倾听者。

2. 实训过程

步骤一：教师根据任务书布置任务；

任务书

课前将学生分为若干个学习小组，两人一组，面对面坐下，各小组完成以下任务：

1. 活动一：

（1）分别发给他们卡片一和卡片二，他们按卡片上的要求去做，并嘱咐他们不要让对方知道自己卡片上的内容。

（2）游戏进行两分钟后，持卡片一的同学将卡片交给自己的伙伴。

（3）将卡片三发给手中已经没有卡片的同学，请他们按新卡片上的要求去做。进行两分钟后，组织同学进行讨论。

2. 活动二：

讨论题目：（1）如何知道你的伙伴是否在认真倾听？

（2）你的伙伴是好的或不好的倾听者时，你有什么感觉，对方的表现对你的讲话有什么影响？

（3）你认为积极的倾听行为是什么？

课堂随笔

步骤二：各小组分工并讨论完成以上任务；

步骤三：小组成果汇报和展示；

每组派一名代表将小组讨论的结果向大家汇报和展示，展示内容：

① 成果展示（纸张或 PPT）；

② 对讨论题目进行讲解和分析。

步骤四：教师评讲。

① 教师对学生的行动进行点评（见下表）；

② 对本项目相关知识内容进行总结。

（　　）班技能训练任务（　）评价表

被考评组别	被考评组别成员名单					
考评内容						
考评标准	项目	分值	小组自评（30%）	组间互评（平均）（40%）	教师评价（30%）	合计（100%）
	参与讨论的积极性	10				
	任务进行的真实性	30				
	展示结果	20				
	团队的合作精神	10				
	讨论题目分析的准确性	30				
合计		100				

五、知识拓展／综合实训

方先生是某公司总经理，应邀参加一个交谊舞会，他应如何与其他人展开交谈？在交谈过程中应注意什么问题？

模拟活动情景角色。

A．总经理方先生

B．舞会主持人

C．某公司总经理赵先生

D．某公司副总经理钱女士

E．某公司营销总监孙先生

F．某公司业务经理李女士

全组讨论交谈时的正确礼仪及应该注意的问题。

礼仪自评

通过本项目的学习，我学会了

项目六

商务礼仪

在各种商务场合，应该如何借助商务会面礼仪与他人进行哪些商务会面呢？你懂得组织或参与洽谈会、展销会、发布会、赞助会、茶话会五种商务会务的基本程序和礼仪规范？你掌握商务谈判、签约、交接、开业、庆典五种商务仪式的礼仪规范吗？你清楚商务宴请的礼仪规范吗？对于商务馈赠的时机、场合及方式等礼仪规范及禁忌你知道多少？你参加过或者你掌握哪些商务舞会的种类和礼仪规范呢？—— 让我们来一起探究项目六寻找答案吧！

任务一 商务会面

礼仪问题

Q1 介绍他人时，下面哪种说法错误？（ ）

A. 把位尊者介绍给位低者 B. 把上级介绍给下级 C. 把男士介绍给女士

礼仪故事 18

这里没师傅，只有大夫

某高校一位大学生，用手捂着自己的左下腹跑到大学的医务室，对坐诊的大夫说：“师傅，我肚子疼。”坐诊的医生说：“这里只有大夫，没有师傅。找师傅请到学生食堂。”学生的脸红到了耳根。

点评 对于文化人称呼一定要明确，这样才能减少尴尬，这既能体现自己的文化水平，也表示了对他人的尊重。当然，作为医生也应该注意服务态度，讲究礼仪修养。对患者不当的语言应予以宽容，批评对方要采用委婉的语气。

礼仪学堂

一、迎送致意礼仪

（一）迎送礼仪的类型

在商务往来的各种活动中，商务伙伴之间的见面礼仪礼节有以下多种类型。

1. 见面迎送礼仪

见面迎送礼仪主要是指商务伙伴之间因为各种商务事务而需要互相直接见面而涉及的各种迎送礼仪。

（1）按迎送职场分：分为办公室迎送礼仪、单位大门口迎送礼仪、酒店迎送礼仪、车站迎送礼仪、机场迎送礼仪等。

（2）按迎送性质分：分为见面欢迎礼仪、道别欢送礼仪等。

（3）按迎送形式分：分为致意礼仪、介绍礼仪、称呼礼仪、名片使用礼仪、礼品馈赠礼仪等。

（4）按迎送致意方式分：分为握手礼仪、鞠躬礼仪、拥抱礼仪、拥抱贴面礼仪、双手合十礼仪、亲手礼仪、亲吻礼仪、挥手礼仪等。

2. 非见面迎送礼仪

非见面迎送礼仪主要是指商务伙伴之间因各种商务事务而必须互相沟通交流，但因没时间见面或借助信函后可不直接见面也能达到良好沟通效果而涉及的各种非见面迎送礼仪，主要是指各种书信（手写或印刷品）礼仪和电子信函礼仪，也属于柬书礼仪。

（二）迎送致意的主要礼仪礼节介绍

商务活动的迎来送往过程中，见面迎送致意的礼仪因距离的远近而不同。近距离时互相致意的礼仪有握手礼、鞠躬礼、抱拳礼、拥抱礼、拥抱贴面礼、双手合十礼、亲手礼、接吻礼、欠身致意礼、脱帽致意礼等；而远距离时的致意礼仪有挥手礼（见图 6-1）、招手礼、点头礼、脱帽致意礼。

图6-1 挥手礼

其中使用范围最广、最普遍的见面致意礼仪是握手礼。商务伙伴见面时除握手礼来互相致意外，还经常讲究互相之间的称呼礼、问候礼、介绍礼、名片使用礼。

1. 握手礼仪

握手，是指在商务活动中，商务伙伴之间通过互相握住对方的右手，以施行见面礼的礼节行为。中国人最常见常用，现已是一种传统的、运用最多的、国际通行的交际礼节形式。握手礼仪适用于人们在见面迎送、恭贺、感谢时相互表示友好、致意的一种常见礼仪。

（1）握手的礼仪规范。

① 脸带微笑、目光对视；

② 双方距离约一步远，两脚立正右脚在后，女性腿并拢，男士两脚分开可齐肩宽；

③ 上身稍前倾，肘关节微屈抬至腰部，互相伸出干净的右手，四指并拢、拇指张开互相对握并上下微摇三下，用力适中；

④ 握手时间在三秒钟左右，礼毕后松手。（见图 6-2）

图6-2 握手礼

（2）握手的顺序。一般原则是尊者先伸手，另一方后伸手。

当男士、年轻者、学生、下级、职务低者、资浅者、客人见到女士、年长（尊）者、教师、上级、职务高者、资深者、主人时，应当先行微笑致意问候，待后者伸出手之后，再趋前握手，以示对后者的敬重。

① 主客迎送有别。当客人来访时，主人应先伸手以示对客人的热烈欢迎；当客人告辞时，应等到客人先伸手、主人后伸手才合乎礼仪，否则有逐客的嫌疑。

② 多人互相握手。当出现多人见面时，最有礼貌的握手顺序应当是：先女士后男士，先长辈后晚辈，先教师后学生，先上级后下级，先主人后客人。

③ 朋友平辈之间。朋友和平辈之间谁先伸手不作计较，一般谁先伸手谁更为有礼。

（3）握手的禁忌。

① 贸然伸手；② 左手握手；③ 抓指尖式握手；④ 男士戴着帽子（军人除外）和手套同他人握手；⑤ 长久地握着异性的手不放开；⑥ 多人时交叉握手；⑦ 握手时目光他顾。

2. 称呼礼仪

是日常生活、社会交际以及商务活动中，人们与各种年龄、性别、身份的人互相交往和相处，无论新老朋友，一见面就必须以适当的方式互相称呼对方的一种见面礼仪。不同的国家、民族、地域有不同的称呼礼仪。

称呼别人的礼仪规范是：

（1）泛称——先生、小姐（或女士、夫人、太太）。

（2）尊称——称呼最高职衔。

① 称呼最高职务。如称呼对方“邓校长”、“王院长”等；

② 称呼最高职称。如称呼对方“金教授”、“仲博士”等；

③ 称呼最高军衔。对于军人，可以称呼其最高的军衔。如称呼对方“陈将军”。

3. 问候礼仪

（1）问好要有心——您好！显示出您对别人的尊敬。

（2）尽量使用敬语、雅语，才能营造出和谐的商务合作伙伴关系。

4. 介绍礼仪

介绍是人们在商务活动中相互结识的一种常见形式。有为他人做介绍和自我介绍两种。

（1）为他人做介绍：是指在社交场合，把同行者的简要自然情况和思想性格介绍给他人。为他人做介绍的一般原则是：尊重尊者，尊者具有优先了解权，应该被先称呼、后做介绍。

① 先将男士介绍给女士、年轻者介绍给年长者；

② 将资历浅者介绍给资历深者；

③ 将地位低者介绍给地位高者；

④ 将主人介绍给客人；

⑤ 将学生介绍给老师；

⑥ 将公司同事介绍给客户；（见图 6-3）

⑦ 将自己公司的同事介绍给别家公司的同行；

⑧ 将非官方人士介绍给官方人士；

⑨ 将本国同事介绍给外籍同事。

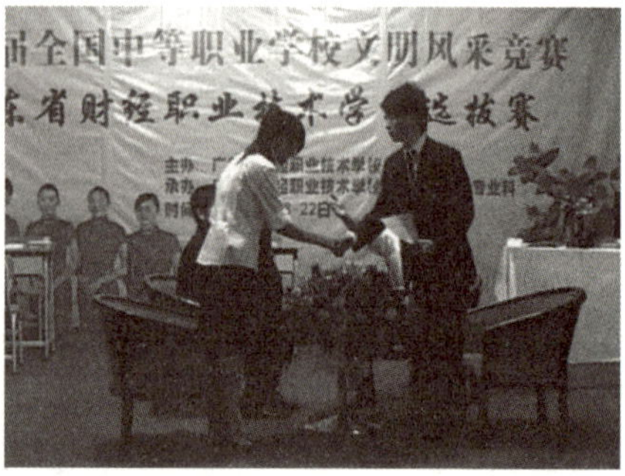

图6-3　为他人做介绍

为他人做介绍的礼仪规范是：

① 要恰到好处，掌握分寸，实事求是；

② 要口齿清晰咬准字音；

③ 以手示意要五指并拢、手掌伸平，脸带微笑，表情大方、自然；

④ 不可涉及别人的隐私，如家庭地址、婚姻、身体状况、年龄等；

⑤ 除了女士和长者外都应站起来；但在会谈或宴会等场合就略微欠身致意即可。

（2）自我介绍：是指把自己的相关情况主动告诉对方。

在初次见面、大型招待会或宴会上，在未被介绍或没有人为自己做介绍时，应该主动进行自我介绍。

自我介绍的礼仪规范是：

① 要表达清晰、风趣、真实、流畅，介绍有关自己的信息及与谈话相关的内容。

② 要实事求是，不可不停地自我表白甚至吹嘘，易遭别人反感或不信任。

③ 举止要庄重、大方，讲到自己时可将右手放在自己的左胸上，不要慌张。

④ 表情坦然亲切，眼睛应看着对方或大家。

5. 名片使用礼仪

（1）名片的功能。

名片是商务交往中经常用到的工具，名片一般用来表示名片持有人的身份，记载联系方式，方便初此见面时的相互认识以及将来的再次联络，同时有广告的作用。

（2）名片使用的礼仪规范。

① 选择出示名片的时机。初次见面时递送名片——这是最主要的名片递送场合。

② 使用递接名片的手法。当一方递送、另一方接收名片时，双方互相应该双手递、双手接；而在双方同时互相递接名片时应该右手递、左手接。（见图 6-4）

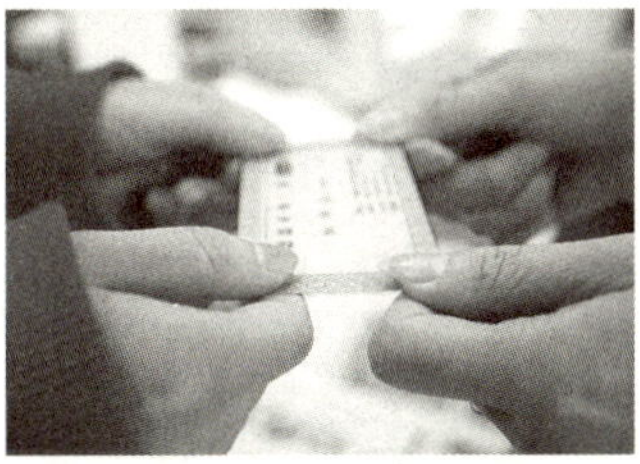

图6-4　名片使用礼

递送名片时，一定要使名片的正面朝上，字体要顺着对方能直接读到。

③ 掌握接收名片后的存放法。

妥善收放好名片是对对方的尊重。名片可放入上衣口袋里或放入名片夹中、手提包中。

（3）名片使用的注意事项。

① 名片最好放在衣袋或公文包的名片夹里，以便递送时不手忙脚乱。

② 准备充分的名片，以便够用，不造成不够用时的尴尬。

③ 把握好递交名片的最佳时机。

④ 赠送名片时应有所选择，切忌乱发一通。

⑤ 在人数较多的场合或聚会上，交换名片应在私下进行。

⑥ 若与外商交往，递送名片时应把印有外文的一面向上递给对方。

> **温馨提醒**
>
> 接过名片后，应点头致谢，真诚地说几句如“谢谢您”、“幸会”之类的客气话，并认真地看一遍名片，再读出对方的姓和最高职务或职称。

二、商务拜访礼仪

（一）拜访的概念

拜访，又称会见、接见、召见、拜会、拜见、访谈，是指前往他人的工作地点或约定场所，会晤对方。无论是公务往来还是私人交往，拜访都是常见的社交方式。（见图 6-5）

（二）拜访的类型

图6-5　拜访会谈

国际上，一般将拜访分为接见和拜会两种。我国不做区分，不管身份高低、主客之间的见面都统称拜访。

1．接见

凡身份高的人士会见身份低的人士，或主人会见客人，称为接见或召见。

2．拜会

凡身份低的人士会见身份高的人士，或客人会见主人，称为拜会或拜见。

（三）拜访的礼仪

1．有约在先

（1）预约时间。这是拜访礼仪中最重要的一条。公事最好约在上班时间，私事应约在非工作时间。一般要避开节假日、一天的早上太早或晚上太晚、用餐和午休时间。

（2）约定人数。宾主双方均应互通报会见的具体人数及各自的身份。一经约定，就不宜随意变更人员和数量。

2．准时赴约

图6-6　良好形象

约定拜访的时间后，必须遵守。如有特殊原因，应尽快打电话通知对方，诚恳道歉，并解释原因。

登门拜访时，要准时到达，既不要早到，让对方措手不及；也不要迟到，让对方等候。

3．登门有礼

（1）注意形象。拜访前要作适当的修饰，仪容仪表干净、整洁、高雅、庄重，仪态大方、神情自若。（见图6-6）

（2）先行通报。抵达主人办公室，先请其秘书去通报自己的到来。

（3）施礼问候。见面时，应主动问好，与对方握手；初次见面应略做自我介绍。

（4）举止有礼。就座时要谦让，未经允许，不得随意参观或乱动、乱拿、乱翻主人的个人物品。

（5）言语得体。使用敬语、谦语、雅语，直奔主题。

4．适时告退

一般性拜访应以一小时为限。初次拜会，不宜长于半个小时，即使主人挽留，也应果断离去。告别时，与主人握手作别，并表示感谢。

温馨提醒

敲门时，用食指轻扣两三下即可；摁门铃时，让铃响两三下即可。

三、商务接待礼仪

商务接待，是各种商务活动中最常见的礼仪活动。

> **温馨提醒**
> 拜访礼仪的核心原则是：客随主便、以礼待人。

（一）接待方的礼仪

1. 迎接宾客的礼仪

（1）要安排好身份对等者进行迎接。

（2）要挑选或培训好有文化素养的接待人员。（见图 6-7）

（3）要提前到达相应职场进行迎接。

（4）要安排迎宾的交通工具。

（5）要提前安排好宾客入住的酒店。

（6）要注意主宾见面时互施见面致意礼仪。

图6-7　友善相迎

（7）要做好引导宾客的礼仪。接待人员带领宾客到达目的地，应该有正确的引导方法和引导姿势，引导的手臂应该伸直，手势均为五指并拢地指向引导的方向。（见图 6-8）

① 在走廊的引导方法：接待人员在客人二三步之前，配合步调，让客人走在内侧。

② 在楼梯的引导方法：上楼时，应让客人走在前面，接待人员走在后面；下楼时，应由接待人员走在前面，客人在后面。

③ 在电梯的引导方法：接待人员先进入电梯，等客人进入后关闭电梯门；到达时，接待人员按“开”的钮，让客人先走出电梯。

④ 客厅里的引导方法：接待人员用手指示尊位，请客人坐下，看到客人坐下后，致点头礼后离开。

图6-8　指引有礼

2. 欢送宾客的礼仪

（1）要起身相送。接待人员须在宾客起身后方能起身话别，否则有逐客之嫌。

（2）要握手话别。在宾客先伸手后才能伸手与之告别，否则也有逐客之嫌。

（3）要欢迎再来。送别宾客时，要记得道出“请走好”、“再见”、“欢迎下次再来访”等内容，以示热情友好的欢送。

（4）要目送远离。接待人员欢送宾客可至门外、楼梯口、电梯口或小轿车旁。

（二）受接待方的礼仪

俗话说：礼尚往来。在商务接待活动的过程中，作为被接待方同时也必须有相对应的回应，也必须讲究相关的礼仪。

> **温馨提醒**
> 常言道：“迎人迎三步，送人送七八。”因此商务接待中，送客比迎客更重要。

1. 要准备好赠谢礼

在接受商务伙伴的接待前，可为对方准备好适当以示赠谢的礼物。

2. 要记得守时守信

商业活动中很重要的一条就是互相必须守时守信，就是注意相约的时间并按时赴约。

3. 要控制会面时长

商务人士注意工作计划和时间安排，会面应长话短说，完事即辞别，互不耽误时间。

4. 要举止稳重大方

被接待过程应认真倾听，举止稳重大方，讲话内容适当得体。

5. 要主动握手谢别

商务接待近尾声时，被接待方应主动起身伸手与接待方握别并衷心致谢。

四、商务派对礼仪

（一）派对的概念及类型

派对，就是商务人士之间提供的为了方便互相会面、交流沟通的一种特殊集会。

如今的派对，已经成为了大家之间方便工作、商务、交际、文化娱乐的重要组成部分。派对的类型包括有商务派对、时尚派对、约会派对和休闲派对等四种。

（1）商务派对：商务伙伴们为了方便商务沟通、合作而举行的派对。

（2）时尚派对：以张扬参加者个性化、时尚服装为主题的派对。

（3）约会派对：以促进参加者的交际、约会交流为主体的派对。

（4）休闲派对：重在休闲娱乐，娱乐的同时促进了参与者之间的友谊。

（二）参加派对的礼仪

1. 注意一定要守时

商务人士理当惜时如金，守时守约。若因临时有事而迟到须致歉。

2. 注意服饰要适当

商务伙伴之间参加各种派对的仪表服饰各不相同。

（1）商务派对，注重参加者着装的端庄优雅。

（2）时尚派对，注重参加者的大胆张扬、个人风格和品味。

（3）约会派对，注重参加者着装的个人魅力。

（4）休闲派对，注重参加者着装的自然随意，轻装上阵。

3. 注意修养和风度

商务人士参加派对一定要有修养和风度，特别是应该做到尊重女士、尊重长者，要主动自觉地尊重、照顾、帮助、保护女士和长者。

4. 注意要尊重主人

参加派对活动时，应尊重和体谅主人，主动向主人问好，可以主动自觉地帮助主人做一些力所能及的事情，而在派对结束后要向主人道别致谢才能告辞。

五、休闲运动礼仪

除了正规、大型隆重的商务会面，轻松的休闲运动也可作为商务会面的一种补充形式。

（一）休闲运动的类型

休闲运动式的商务会面有很多种类型，按照休闲运动类型的不同可以分为：球类运动会面、田径运动会面、健身房运动会面、滑雪运动会面、登山运动会面等休闲会面；球类运动又包括了高尔夫球、网球、保龄球、羽毛球、乒乓球、篮球、足球、毽球等。按照观看内容的类型不同分为观看体育比赛、观看文艺表演等休闲会面。

（二）休闲运动集会的礼仪

1. 参加球类运动集会的基本礼仪

（1）打高尔夫球的礼仪。打高尔夫球是一种户外运动，最大的特点是场地最大，是一项植根于大自然而又最亲近大自然的高档时尚的户外运动。（见图 6-9）

图6-9 打高尔夫球

① 要穿着专用的高尔夫球服。

② 要遵守约定顺序规则。

③ 要学会适时适度地与球友们进行友好的交流。

（2）打网球的礼仪。网球运动是一项优美而激烈的户外运动。打网球时应该讲究礼仪、遵守规则、保持风度、注意形象（见图 6-10）。具体礼仪为。

图6-10 打网球

① 穿着网球服和鞋。② 遵守网球规则。③ 忌擅用他人球拍。④ 适时交换场地。⑤ 球友间友好致意。

（3）打保龄球的礼仪。打保龄球是一种室内娱乐，运动遵循相应的礼仪。

① 穿着保龄球服和鞋。② 球员间互相礼让。

保龄球运动最讲究礼让，先来后到。按照规矩，要等到相邻球道，特别是右侧球道投球后再出手打球。

③ 忌走进球道。保龄球道上会涂抹专用油来减少球滚动的摩擦力，人若走在上面会非常危险，容易滑倒。

④ 取球动作规范（见图 6-11）。从回球机上取球时，要特别注意手不能对着机器的出口。

⑤ 球友间友好致意。

图6-11 打保龄球

（4）打羽毛球的礼仪。羽毛球运动越来越成为现代都

市生活中一种时尚流行的室内竞技运动。（见图 6-12）

① 自带专用球服、球鞋、球拍。

羽毛球运动者一般都穿着专用球服和球鞋，球拍有进攻型、有防御型，球线磅数也各有不同。

② 遵守羽毛球赛规则。

羽毛球运动分男女性的单打、双打和男女混合双打，要按照不同的规则来进行。

③ 要跟球友多交流、切磋球技。

图6-12　打羽毛球

（5）打乒乓球的礼仪。乒乓球是中国的国球，乒乓球运动是中国人特别钟爱的一种室内竞技运动。（见图 6-13）

① 最好穿着乒乓球服和鞋。

② 遵守乒乓球赛规则。

乒乓球运动讲究一定的规则，男女性的单打、双打等打法的规则各有不同，要注意按照不同的规则来进行。

③ 自带专用球拍。

图6-13　打乒乓球

乒乓球运动者一般对球拍很有讲究，每个人自备使用的球拍各有不同，有传统的横板、有直板，球拍的重量、胶皮的质量等也各有不同。

④ 球友及时交流。

乒乓球友之间应该借机互相进行沟通、交流、切磋球技。

2. 参加健身房运动集会的基本礼仪

（1）穿着运动服和鞋。

（2）听从健身教练指导。

（3）熟悉擅用健身器械（如图 6-14）。

（4）放下器械休息才交谈。

（5）停用器械保持原状。

图6-14　运动健身器械

3. 观看体育比赛的礼仪

（1）观赛者应注重个人礼仪形象。

（2）观赛者应提前进场按号就座，不争先恐后。

（3）观赛过程的言行举止要文雅。

（4）观赛应尊重裁判的裁决结果。

（5）观赛结束退场时应井然有序。

4. 观看文艺演出的礼仪

（1）入座：按票对号入座；如无座次，到现场了解情况后入座。

（2）守序：观演时不要谈话，不要大声咳嗽或打哈欠，更不能打瞌睡。

（3）禁烟：演出场所禁止吸烟，更不能嗑瓜子、吃零食。

（4）鼓掌：每个节目终了时，应报以掌声。忌对节目表示不满或失望。

5. 旅游观光的相关礼仪（见图 6-15）

（1）乘坐交通工具讲礼仪。

乘坐各种交通工具应购票后排队进站，按票对号入座，讲礼仪有礼貌。

① 若乘坐飞机，当持票上下飞机时，均有空姐站立在机舱门口迎送乘客，作为乘客应点头致意互问好；登机后对号入座，系好安全带，不大声喧哗，不吸烟，不乱扔果皮纸屑，保持机舱内清洁；自觉关闭移动电话和电子设备。

图6-15 航空礼仪

② 若乘坐火车，在火车上最好不吃刺激气味的食物，饮酒要适度，不大声喧哗，不乱扔果皮纸屑，不在禁烟车厢内吸烟。

③ 若乘坐公共汽车，应在规定地点候车，按顺序乘车，不强行上下；及时购票，接受查验；不携带危险品和有碍乘客安全的物品、动物等乘车；保持站内、车内环境卫生，不喧哗，不吸烟，不随地吐痰，不乱扔果皮纸屑；爱护车站、车内设施，不蹬踏座椅，不乱写乱画，不损坏公物；照顾老幼病残孕乘客，主动让座，不赤膊乘车。

（2）入住酒店讲礼仪。

① 预订酒店客房的礼仪。预定时要告诉酒店服务员准备哪天进住、共住几天、需什么样的房间、申请住房人姓名、房价、到达饭店的大概时间等信息。万一迟到了应尽快电话通知酒店；如果不需要房间则需及时打电话取消房间。

② 入住酒店的礼仪。先到酒店前台出示身份证或其他证件登记。到客房不随地吐痰、不乱画、不弄脏家具表层。要有安全意识，进出房间要随手关门，晚上睡觉时要检查房门保险链。淋浴时把围帘下部放在浴盆里面，才不会让水弄湿地板。洗澡后要拾弃掉发。洗发膏、牙刷、肥皂、信封信纸等可带走，但不能拿走毛巾、烟灰缸等酒店财产。尊重酒店客服人员。

（3）游览观光讲礼仪。旅游观光者应爱护公共财物。不能随意破坏公共建筑、设施和文物古迹、花草树木；不乱写、乱画、乱刻；不随地吐痰、随地大小便、污染环境；不乱扔果皮纸屑、杂物。尊重地方习俗与禁忌。拍照时留意是否有禁止拍照标志。注意安全，遵守交通规则。公众场合不吸烟。

任务二 商务会务

礼仪问题

Q2 关于茶话会，以下的说法哪个正确？

A. 茶话会就是边吃边聊天的集会。

B. 茶话会就是边喝茶边联系感情的集会。

C. 茶话会的重点不在于“茶”，而在于“话”。

礼仪故事 19

请柬发出后

某机关定于某月某日在单位礼堂召开总结表彰大会，发了请柬邀请有关部门的领导光临，在请柬上把开会的时间、地点写得一清二楚。

接到请柬的几位部门领导很积极，提前来到礼堂开会。却发现礼堂是开报告会，询问后才知道总结表彰会改换地点了。几位领导同志感到莫名其妙，个个都很生气，改地点了为什么不重新通知？一气之下，都回家去了。

事后，会议主办机关的领导才解释说，因秘书人员工作粗心，会议地点没联系和确认好，就自己写上并发了请柬，会前一天下午去联系，才得知礼堂早已租给别的单位用了，只好临时改换会议地点。但由于邀请单位和人员较多，来不及一一通知，结果造成了上述失误。尽管领导登门道歉，但造成的不良影响也难以消除。

点评 会议的前期准备工作应做好，要提前预定好会议的时间和地点，如有计划的变动，应及时关注并通知与会者。

礼仪学堂

一、洽谈会礼仪

洽谈会是商务伙伴之间洽谈生意的一种重要的商务活动。一个成功的洽谈会，既要讲谋略，又要讲礼仪。

（一）洽谈会东道主的礼仪

1．会前——充分准备

（1）提前通知宾客。东道主应提前两周通知宾客，并在会前一天再一次设法提醒宾客第二天参加洽谈会的时间和地点。

（2）提早布置会场——特别讲究座次礼仪。

① 双方洽谈。（见图 6-16）

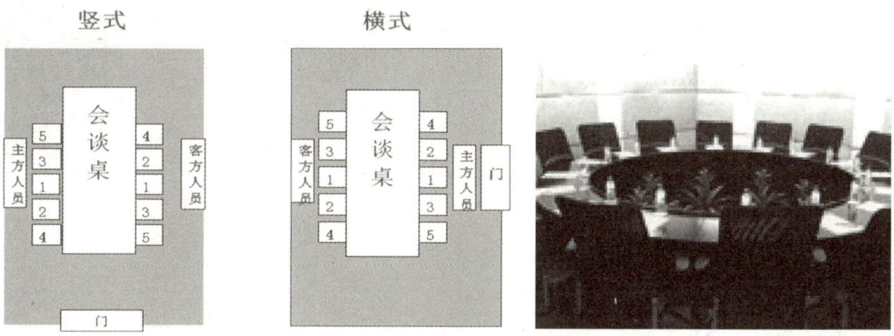

图6-16　双方洽谈方式

一般使用长桌或椭圆形桌子，会谈桌可朝着洽谈室的门横摆或竖摆，宾主分坐在桌子两侧。各方的主谈人员安排居中而坐。其余人员则遵循右高左低的原则，依照职位的高低自近而远地分别在主谈人员的两侧就坐。如果有翻译，可安排就坐在主谈人员的右边。

② 多方洽谈。按照国际惯例，一般要以圆桌为洽谈桌来举行圆桌会议。这样一来，尊卑的界限相对就被淡化了一些。就坐时，各方的与会人员尽量同时入场，同时就坐。东道主要引领客方人员就坐后，才能入座。

（3）讲究礼仪形象。东道主的接待人员应注重礼仪形象。仪容要求：男士发型长短适中、不留胡子；女士统一端庄、素雅的发型，化淡妆。仪表要求：统一穿着正统、简约、高雅、规范的最正式的礼仪服装或者单位制服。

（4）及时安排迎宾。东道主须安排适量接待人员及时接待来宾、提供现场周到的服务。

2. 会中——礼貌待宾（见图 6-17）

在洽谈会上，东道主要利用好礼仪这张王牌，迎送、款待、照顾对手，方可获得对方的理解、尊重和信赖，利于获得双赢的洽谈结果。

（1）按级按职待宾。洽谈会应做到同级接待、甚至破格接待。

（2）礼貌友善待宾。

图6-17　礼貌待宾

3. 会后——礼貌送宾

洽谈会结束时，接待人员应该保持热情、礼貌欢送来宾，尽量将宾客欢送出洽谈室，甚或欢送至小轿车旁边并为对方关上车门，目送宾客的车远离。

（二）参加洽谈会者的礼仪

1. 参会者应该讲究仪容仪表（见图 6-18）

（1）参会者的仪容要求：男士不准蓬头垢面，不准留胡子或留大鬓角。女士应选择端庄、素雅的发型，化淡妆。

> **温馨提醒**
>
> 东道主接待宾客应全程礼貌友善、言谈文明、仪态大方、动作规范。

（2）参会者的仪表要求：应穿着正统、简约、高雅、规范的最正式礼仪服装。男士应尽量穿深色三件套西装和白衬衫、打素色或条纹式领带、配深色袜子和黑色系带皮鞋。女士应尽量穿深色西装套裙和白衬衫，配肉色长统或连裤式丝袜和黑色高跟、半高跟皮鞋。

图6-18 参会者形象

2. 参会者讲究三大方针

（1）必须依法办事。

（2）必须礼敬于人。

（3）必须互利互惠、平等协调。

二、展销会礼仪

（一）展销会的概念

展销会，顾名思义就是展览或同时销售各种商品的商务集会，也叫展览会。（见图 6-19）

（二）展销会的分类

（1）按照展销会的性质，可以区分为销售型展销会和专题宣传型展销会。

（2）按照展品种类来分，可以区分为单一商品展销会和混合商品展销会。

（3）按照展销规模来分，可以区分为大型展销会、小型展销会和微型展销会。

（4）按照展销场地来分，可以区分为室内展销会和露天展销会。

（5）按照展销期限来分，可以区分为长期性展销会、周期性展销会和一次性展销会。

（三）参加展销会的礼仪

1. 注意努力维护企业整体形象

（1）参展商品（即展品）的形象。

① 展品的外观要完美无缺显独特；

② 展品的质量要优中选秀无瑕疵；

③ 展品的陈列要整齐美观有主次；

④ 展品的布置要突出主题吸眼球；

⑤ 发放的资料要图文并茂可联络。

图6-19 展销会现场

（2）工作人员的形象。

① 仪容：女士在淡妆不戴饰品、盘发；男士剃须面容清爽；

② 仪表：统一制服，或女士穿套裙、男士穿深西服，左胸戴胸卡。

温馨提醒

参展企业最好安排身穿色彩鲜艳的单色旗袍、胸披写有参展企业或其主打展品名称的大红色绶带的礼仪小姐专门迎送宾客。

2. 随时注意礼貌待人

展销会上，观众是上帝，工作人员应礼貌待人，热诚为观众服务。

（1）观众到来前：工作人员须各就各位，站立迎宾。不允许迟到、早退、无故脱岗。

（2）观众到来时：工作人员应微笑迎领问好“您好！欢迎光临！”然后热情引导和介绍展品。

（3）观众离场时：工作人员应欠身施礼，并道以“谢谢光临！”或“再见！”

温馨提醒

对极个别不守展览会规则而乱摸乱动、乱拿展品的观众，仍须以礼相劝，也可请保安协助，任何情况下都不许对观众动粗、打骂、扣留或非法搜身。

3. 注意善用解说技巧

展销会上的工作人员必须熟悉自己企业的展品，掌握一些沟通的基本方法和技能，善于运用解说技巧，及时而专业地向观众介绍或说明展品。

三、发布会礼仪

（一）发布会的概念

新闻发布会简称发布会，有时也称记者招待会，是一个社会组织直接向新闻界发布有关组织信息，解释组织重大事件而举办的公关活动。（见图 6-20）

图6-20 发布会现场

（二）发布会的礼仪

发布会的内容及其相关礼仪至少包括发布会的筹备、媒体的邀请、现场的应酬、善后的事宜四方面的内容。

1. 会前的筹备

（1）主题的确定。新闻发布会的主题大致分为三类：发布某一消息、说明某一活动、解释某一事件。

常见主题：企业开业、扩建、合并或者关闭，企业创立的周年纪念日、经营方针发生改变或推出新举措、新产品、新技术或者新服务面世等。

（2）时空的选择。选择时间：一般限制在 2 小时以内。选择地点：本企业本部门所在地、本次活动或事件所在地、影响巨大的中心城市等。

（3）人员的安排。新闻发布会必须安排好：主持人、发言人、接待人员。要注意形象，男士应穿深色西装套装、白色衬衫打领带、黑袜黑鞋；女士应化淡妆，发型庄重，穿单色套裙、肉色丝袜、黑色高跟皮鞋等，一般不宜佩戴首饰。

（4）材料的准备。新闻发布会必须准备的材料包括：发言提纲、问答提纲、宣传提纲、辅助材料。

2. 邀请媒体并协调好关系

（1）确定应邀请参加的新闻界人士。

（2）协调好主办单位与新闻界人士的相互关系。

3. 现场的应酬

（1）相互的配合。人员安排应分工明确，彼此支持。

（2）讲话的分寸。要提供新闻，语言要简明扼要，生动灵活，温文尔雅。

4. 善后的事宜

（1）了解新闻界的反应。

（2）整理保存会议的资料。

（3）若有不实报道可酌情采取补救措施。

四、赞助会礼仪

（一）赞助会的概念

赞助通常是指某一单位或某一个人拿出自己的钱财、物品，来对其他单位或个人进行帮助和支持的一种公关活动。为了扩大影响，商界在公开进行赞助活动时，往往会专门为此而举行一次一定规模的正式会议，这种以赞助为主题的会议，即为赞助会。

（二）赞助会的礼仪

赞助会礼仪，一般指的是筹备、召开赞助会的整个过程中所应恪守的有关礼仪规范。

1. 由受赞助方来承办

根据商务礼仪规范，赞助会通常由受赞助者出面承办，赞助单位给予适当支持。

2. 选择并布置好地点

赞助会的举行地点，一般选择在受赞助者的单位会议厅或租用的会议厅，主席台的正上方或是面对会议厅正门之处的墙壁上需悬挂一条大红横幅，用金色或黑色楷书写着“某某单位赞助某某项目大会”或“某某赞助仪式”的字样。

3. 邀请相关人士出席

邀请参加赞助会的人士，要数量合适且有充分的代表性，包括：赞助单位、受赞助单位双方的主要负责人及员工代表，政府代表、社区代表、群众代表以及新闻界人士。

4. 参会者讲形象讲礼仪

所有参与赞助会的各界人士须身着正装，修饰仪表，举止大方得。

5. 安排和控制好仪程

（1）由主持人宣布开始。

（2）奏唱国歌。

（3）赞助仪式。

① 赞助单位的代表出场，口头宣布其赞助的具体方式或具体数额。

② 受赞助单位的代表上场，双方热情握手。

③ 赞助方代表将标有一定金额的巨型支票或实物清单双手捧交给受赞助方代表。

④ 拍摄赞助和受赞助双方双手共同握着赞助的巨型支票或实物清单的合影。

（4）代表发言。

① 赞助单位代表发言；② 受赞助单位代表发言；③ 来宾代表发言。

（5）相关人士合影留念。

（6）妥善安排其他善后。

五、茶话会礼仪

（一）茶话会的概念

所谓茶话会，在商界主要是指意在联络老朋友、结交新朋友的具有对外联络和进行招待性质的、备有茶点且参加者不拘形式地自由发言的社交性集会。也有人将其简称为茶会。

意在借机与社会各界沟通信息、交流观点、听取批评、增进联络，为本单位实现“内求团结、外求发展”这一公关目标，创造良好的外部环境。

（二）茶话会的礼仪

茶话会礼仪特指有关商界单位召开茶话会时所应遵守的礼仪规范。

1. 确定好主题

茶话会的主题，特指茶话会的中心议题。一般有三类：一是以联谊为主题，这是平时所见最多的茶话会主题；二是以娱乐为主题；三是以某一专题为主题。（见图 6-21）

图6-21　茶话会

2. 确定并邀请来宾

茶话会的与会者，由主办单位围绕主题来邀请，主要包括本单位相关人士、单位的顾问、社会贤达、合作伙伴以及其他相关人士等五类。

3. 选择好时间和地点

（1）选时间。如辞旧迎新、周年庆典、重大决策前后或遭遇危险挫折之时。具体安排在每天 16:00 左右为最佳，在 10:00 亦可，时长控制在 1 ～ 2 小时。

（2）选场地。适宜举行茶话会的大致场地主要有以下五个方面。

① 主办单位的会议厅；② 宾馆的多功能厅；③ 主办单位负责人的私家客厅；④ 主办单位负责人的私家庭院或露天花园；⑤ 包场高档的营业性茶楼或茶室。

4. 准备好茶点和饮料

茶话会不上主食，只提供茶点和饮料。尽量选好的品牌，并兼顾各种口味，品种要适合，数量要充足。（见图 6-22）

5. 安排好与会者座次

（1）环绕式：不设立主席台，不明确座次的具体尊卑。

（2）自由式：常见于在室外举行的茶话会。

（3）圆桌式：一张大型的椭圆形会议桌或者数张圆桌。

6. 安排和控制好议程

（1）主持人宣布开始。

图6-22　精美的茶点

（2）主办单位的主要负责人讲话。

（3）与会者发言。

（4）主持人总结。

（5）主持人宣布结束。

任务三　商 务 仪 式

礼仪问题

Q3　关于商务签约礼仪，请判断以下的说法是否正确？

A．签字时，双方人员的身份应该对等。

B．剪彩时不许戴帽子，或戴墨镜，可以穿便装。

C．签字时各方陪同人员分主客两方各自以职位、身份高低为序，自左向右（客方）或自右向左（主方）排列站于签字者之后。

礼仪故事 20

最后一幅

曾经在比利时某画廊发生了这样一件事情：美国画商看中了印度人带来的三幅画，标价为 250 美元。美国画商不愿出此价，双方谈判陷入僵局，那位印度人被惹火了，怒气冲冲的跑出去，当着这位画商的面把其中一幅画烧了，美国画商看到这样的一幅画被烧了十分可惜，问剩下的那幅画卖多少价钱，回答还是 250 美元，美国画商又拒绝了这个价，这位印度人横下一条心又将其中一幅画烧了，美国画商当下只好企求他千万不要再烧最后一幅画了，当他再次询问这位印度人要卖多少价钱时，卖者说道：“最后一幅画能与三幅画卖一样的价钱吗？”结果，这位印度人手中的最后一幅画竟以 600 美元的价格成交了。

点评 这个案例说明，商界人士在进行洽谈时，洽谈者应当熟悉程序，学习洽谈策略和谈判的语言技巧，任何一方在洽谈中的成功，不仅要凭借实力，更要依靠对洽谈策略的灵活运用。在商务谈判中注意在这种场合说话的礼仪，不要失态，不要出语伤人。

礼仪学堂

一、商务谈判礼仪

商务谈判是重要的商务活动。一次成功的谈判，既要讲究谋略，更要讲究礼仪。

（一）商务谈判的概念

商务谈判，指的是谈判对象为了实现各自的经济利益，通过约见、接触与磋商，最终就某些性质的问题达成协议或者妥协的商务活动过程。商务谈判最终要力求达成“双赢”的结果。

（二）商务谈判的礼仪

1. 谈判前讲究礼仪

（1）谈判前必须布置好谈判的场所、安排谈判的座次（参考前面的洽谈会座次安排）。

（2）参加谈判者必须注重自己的礼仪形象。仪容整洁，仪表端庄仪态大方得体，并要准备好文明规范的言谈内容。

（3）准备好商务谈判相关的资料。

2. 谈判过程讲究礼仪

（1）谈判之初——设法营造良好的氛围。

谈判之初，留给对方的第一印象好坏会直接影响到整场谈判的气氛。因此，初见时应自然大方、言谈文明、举止规范，选好交谈话题、稍作寒暄、沟通感情、创造温和友好、轻松的谈判气氛、了解对方意图。

（2）谈判之中——用心礼貌磋商力求双赢。

这是商务谈判的实质性阶段，主要是报价、查询、磋商、解决矛盾、处理冷场。（见图 6-23）

图6-23 谈判进行中

报价——要明确无误，恪守信用，不欺蒙对方。在谈判中报价不得变换不定，对方一旦接受价格，即不再更改。

查询——事先要准备好有关问题，选择气氛和谐时提出，态度要开诚布公。言辞不可过激或追问不休，不宜随意打断对方，答完时要向解答者表示谢意。

磋商——讨价还价事关双方利益，应心平气和保持风度，求大同，存小异，发言措词应文明礼貌。

解决矛盾——要就事论事，保持耐心、冷静，不可因发生矛盾就怒气冲冲、甚至进行人身攻击或侮辱对方。

处理冷场——可暂时转移话题，稍作松弛。如果确实已无话可说，则应当机立断，暂时中止谈判，稍作休息后再重新进行。主方要主动提出话题，不要让冷场持续过长。

（3）谈后签约——规范签约立据双获利。（详见“商务签约礼仪”内容）

二、商务签约礼仪

（一）签约仪式的概念

签约仪式是组织与对方组织经过会谈、协商，形成某项协议或协定，再互换正式文本的仪式。它是一种比较隆重的活动，礼仪规范也比较严格。

（二）签约前的礼仪准备

1．要布置好签字厅

签字厅有常设专用的，也有临时以会议厅、会客厅来代替的。布置的总原则是要庄重、整洁、清净。一间标准的签字厅，应当室内铺满地毯。除了必要的签字用桌椅外，其他一切的陈设都不需要。

正规的签字桌应为长桌，横放在室内，其上最好铺设深绿色的台布并在桌上摆好签字人姓名牌和待签的合同以及签字笔吸墨器等物品。与外商签署涉外合同时，还需在签字桌上按照礼宾顺序插放有关各方的国旗。其后可摆放适量桌椅，签双边性合同时，可放置两张座椅供签字人就座，签署多边合同时，可以仅放一套桌椅，供各方签字人签字时轮流就座，也可为每一位签字人各准备一张座椅（见图 6-24）。

图6-24　签约中

2．确定出席签约仪式的人数

参加签约仪式的双方或多方的人数应大致相同。但为了表示签约的协议、协定或条约的重视，也可由更高或更多的领导人出席签约仪式。

3．要预备好待签的合同文本

签约仪式是一桩严肃而庄重的大事，签约前主办方应协同各方拟订好正式的、不再进行更改的待签标准文本。

4．要求签字人员讲究服饰礼仪

按照规定，签字人、助签人以及随员，在出席签字仪式时，应当穿着具有礼服性质的深色西装套装系单色领带、中山装套装，女士应穿西服套裙，并且配以白色衬衫和深色皮鞋。礼仪人员、接待人员，可穿工作制服或旗袍一类的礼仪性服装。

> **温馨提醒**
>
> 待签的合同文本，应以精美的白纸印刷而成，按大 8 开的规格装订成册，并以高档质地，如真皮、金属、软木等作为其封面，内容不得再更改。涉外合同文本须同时使用有关各方法定的官方语言或使用国际上通行的英文、法文。

（二）签约仪式的座次礼仪

（1）在签署双边合同时，客方签字人在签字桌右侧就座，主方签字人在签字桌左侧就座。双方的助签人应站立于各自一方签字人的外侧。

其他的随员可在己方签字人的正对面就座，也可列成一行站立于己方签字人的身后（见图6-25）。

图6-25　签约仪式上

（2）在签署多边合同时，一般仅设一套桌椅。各方签字人签字时，需依照有关各方事先同意的先后顺序依次上前签字。

（三）签约仪式的正式程序

1. 有关各方人员进入签字厅

签字仪式的正式开始，双方参加谈判人员都要出席，共同进入会场，相互致意握手，一起入座。

2. 签字人正式签署合同文本

每个签字人均应首先签署己方保存的合同文本，然后再交由他方签字人签字。这一做法被称为“轮换制”。

3. 签字人正式交换有关各方正式签署的合同文本

各方签字人应热烈握手，互致祝贺，并相互交换各自一方使用过的签字笔以示纪念。全场人员应鼓掌，表示祝贺。

图6-26　签约后举杯庆贺

4. 共饮香槟互相道贺

交换已签的合同文本后，签字人应当场喝一杯香槟酒，是国际通行的增添喜庆色彩的做法。（见图6-26）

5. 礼毕退场

主办方宣布仪式结束后，应让双方最高领导及宾客先退场，然后东道主再退场。仪式后，也可以安排与会者观看文艺节目、参观展览等。

温馨提醒

签约仪式不一定非搞不可，尽管它可以制造声势，增添影响。但是对于签字本身，却必须郑重对待、不可草草收场，商界人士对此必须切切注意。另外商务合同在正式签署后须经公证后才正式生效。

三、商务交接礼仪

（一）商务交接的概念

1. 概念

交接仪式，在商界一般是指施工单位依照合同将已经建设、安装完成的工程项目或大型设备，例如，厂房、商厦、宾馆、办公楼、机场、港口、车站、或飞机、轮船、火车、机械、物资等，经验收合格后正式移交给使用单位之时，所专门举行的庆祝典礼。

2. 意义

举行交接仪式的重要意义在于，它既是商务伙伴们对于所进行过的成功合作的庆贺，是对社会各界的答谢，又是各单位巧妙地利用时机，为各自提高知名度和美誉度的一种公关宣传活动。

（二）商务交接的礼仪

交接的礼仪，一般是指在举行交接仪式时所须遵守的有关行为和程序规范。通常，它具体包括交接仪式的准备、交接仪式的程序两方面的主要内容。

1. 交接仪式的准备

（1）来宾的邀请。一般应由交接仪式的东道主——施工、安装单位负责。交接仪式的出席人员应当包括：施工、安装单位、接收单位的有关人员，上级主管部门、当地政府、行业组织、社会团体的有关人员，各界知名人士，新闻界人士，以及协作单位的有关人员等。

（2）现场的布置。举行交接仪式的现场，称为交接仪式的会场。一般可将交接仪式的举行地点安排在已经建设、安装完成并已验收合格的工程项目或大型设备所在地的现场。有时，也可将其酌情安排在东道主单位本部的会议厅，或双方共同认可的其他场所。（见图 6-27）

图6-27　交接仪式

（3）物品的预备。包括：验收文件、一览表、钥匙和特色物品等。

2. 交接仪式的程序

（1）主持人宣布交接仪式正式开始。

（2）奏（或唱）国歌及东道主单位的标志性歌曲。

（3）由施工、安装单位与接收单位正式进行有关项目或大型设备的交接。

（4）双方代表发言。

（5）宣布交接仪式正式结束，随后安排全体来宾进行参观或观看文艺表演。

四、企业开业礼仪

（一）企业开业仪式的概念

1. 概念

开业仪式，是指在单位创建、开业，项目完工、落成，某一建筑物正式启用，或是某项工程正式开始之际，为了表示庆贺或纪念，而按照一定的程序所隆重举行的专门的仪式。有时，开业仪式也称作开业典礼。

2. 作用

（1）有助于塑造企业的良好形象，提高企业的知名度与美誉度。

（2）有助于扩大企业的社会影响，吸引社会各界的重视与关心。

（3）有助于将企业的建立或成就“广而告之”，借以为企业招徕顾客。

（4）有助于让支持过企业的社会各界共同分享成功的喜悦，进而为日后的进一步合作奠定良好的基础。

（5）有助于增强本单位全体员工的自豪感与责任心，从而为企业创造出一个良好的开端，或是开创一个新的起点。

（二）企业开业仪式的礼仪

开业的礼仪，一般指的是在企业开业仪式的筹备与实施开业仪式具体程序过程中所应遵从的礼仪惯例。通常，它包括两项基本内容：开业仪式的筹备和开业仪式的实施程序。

1. 企业开业仪式的筹备

（1）气氛热烈。这就是说要想方设法在开业仪式的进行过程中营造出一种欢快、喜庆、隆重而令人激动的氛围，而不应令其过于沉闷、乏味。

（2）经济节俭。这里要求主办单位勤俭持家，在举办开业仪式以及为其进行筹备工作的整个过程中，在经费的支出方面量力而行，节制、俭省。

（3）计划缜密。这里指主办单位在筹备开业仪式之时，要认真策划，注重细节，分工负责，一丝不苟。力求周密、细致，严防百密一疏，临场出错。（见图 6-28）

图6-28　筹备开业仪式

2. 企业开业仪式的实施程序

（1）必须做好舆论宣传工作。一是要选择有效的大众传播媒介提前广告宣传开业仪式举行的日期、地点、优惠政策、经营特色等。二是邀请有关的新闻界人士到开业仪式现场进行采访、报导，正面宣传树立企业形象。

（2）必须做好来宾约请工作。企业开业仪式应提前发出请柬邀请地方领导、上级主管部门与地方职能管理部门的领导、合作单位与同行单位的领导、社会团体的负责人、社会贤达、媒体人员等。

（3）必须做好场地布置工作。开业仪式多在开业现场正门之外或正门之内的大厅举行。可铺设红地毯，并在场地四周悬挂横幅、标语、气球、彩带、宫灯，摆放来宾赠送的花篮、牌匾、签到簿、企业的宣传材料、待客的饮料，音响、照明设备，以及其他用具、设备等。（见图 6-29）

图6-29　开业仪式现场

（4）必须做好接待服务工作。接待服务来宾须热情周到，分工负责。领导接待贵宾，礼仪小姐接待其他来宾。还应准备好停车场、休息室，安排好饮食等。

（5）做好礼品馈赠工作。

向来宾赠送的开业仪式礼品，应具有如下三大特征。

① 宣传性——可选用企业的产品，也可在礼品及

图6-30　开业仪式礼品

其包装上印有本企业的标志、广告用语、产品图案、开业日期等。

② 荣誉性——要使之具有一定的纪念意义，并且使拥有者对其珍惜、重视，并为之感到光荣和自豪。

③ 独特性——它应当与众不同，具有企业的鲜明特色，使人一目了然，并且可以令人过目不忘。（见图 6-30）

（6）做好程序拟定工作。

① 开业仪式的开场：即奏乐，邀请来宾就位，宣布仪式正式开始，介绍主要来宾。

② 开业仪式的过程：是核心内容，通常包括企业负责人讲话，来宾代表致词，启动标志等。

③ 开业仪式的尾声：宾主一行进行现场参观、联欢、座谈等。

温馨提醒

开业仪式只是一个统称。在不同的适用场合，会采用其他一些名称。例如，开幕仪式、开工仪式、奠基仪式、破土仪式、竣工仪式、下水仪式、通车仪式、通航仪式等。它们的共性，都是要以热烈而隆重的仪式，来为企业的发展创造一个良好的开端。它们的个性，则表现在仪式的具体运作上存在着一定的区别。

五、周年庆典礼仪

（一）周年庆典的概念

周年庆典，指的是一个企业纪念成立若干周年的重大庆祝活动，以及为此而举行的重要仪式。周年庆典，是各种庆祝仪式的统称，具有热烈、欢快、隆重的特色。

温馨提醒

在现代社会中，报纸、杂志、电视、广播等大众媒介，被称为仅次于立法、行政、司法三权的社会“第四权力”。

（二）周年庆典的礼仪

1. 确定周年庆典的出席者

需要精心确定好庆典的出席人员名单。

（1）上级领导。

（2）地方党政及上级主管部门的领导。

（3）社会名流。

（4）大众传媒。

（5）合作伙伴。

（6）社区关系。

（7）企业员工。

温馨提醒

鉴于庆典的出席人员甚多，牵涉面极广，故具体名单一旦确定，就应尽早发出邀请或通知，不到万不得已，均不许将周年庆典取消、改期或延期。

2. 接待周年庆典的来宾

需要精心安排好来宾的接待工作。热心细致地照顾好全体来宾，使来宾感受到主人真挚的尊重与敬意，并且想方设法使每位来宾都能心情舒畅。

3. 布置周年庆典的环境

精心布置好举行庆祝仪式的现场，力争给全体出席者留下好的印象。（见图 6-31）

温馨提醒

社区关系是指那些与企业共居于同一区域、对企业具有种种制约作用的社会实体。例如，企业周围的居民委员会、街道办事处、医院、学校、幼儿园、养老院、商店以及其他单位等。

4. 规范周年庆典的程序

拟定庆典的程序时，有两条原则必须坚持：一是时间宜短不宜长，以一个小时为其极限；二是程序宜少不宜多。

依照常规，一次庆典大致上应包括下述几项程序。

（1）请来宾就座，出席者安静，介绍嘉宾。

（2）宣布庆典正式开始，全体起立，奏唱国歌以及企业之歌。

（3）企业主要负责人致辞。

（4）邀请嘉宾讲话或致贺词。

（5）安排文艺演出。

图6-31　庆典现场

任务四　商务宴请

礼仪问题

Q4　中餐的餐桌是以右为尊还是以左为尊？

A. 没有区分的，都可以。

B. 以右为尊。

C. 以左为尊。

礼仪故事 21

你会用筷子吗？

有一天，两位女性朋友在一家中国餐厅用餐。一位是外宾名叫玛丽，另一位是中国人林小姐。“玛丽，你会用筷子吗？我还是帮你要一支叉子吧！”林小姐有点神气地说着。“不用啦！谢谢你的关心，我练习过筷子的用法，一定会用得很好的”。玛丽微笑了一下，满怀自信地回答。然后就伸手去拿放在桌上圆筒内的卫生筷子。或许外国人用筷子吃饭是一种新鲜事吧！连餐厅的老板都在注意玛丽。玛丽谨慎地撕开包装纸，用右手拿起筷子夹菜吃饭。但见她不但握筷子的手势优美，而且运用自如，也没出现用筷子翻菜肴的情形。总之，玛丽真的“很会用筷子”，连餐厅老板都很钦佩似地频频点头。反观林小姐这边，不是夹菜时夹得不顺，就是让含在菜里的汤汁滴在桌上，一样是使用筷子，没想到出洋相的却是中国人。

点评 林小姐很神气的问玛丽会不会用筷子，还打算帮玛丽要支叉子，谁知道玛丽虽是外国人，但她的筷子能运用自如，反之林小姐不但不怎么会用筷子，还没有注意用餐礼仪，最后成了个笑话。所以，我们作为中国人，一定要学会熟练地运用筷子，更要懂得用餐礼仪。

商务宴请是商务活动中常见的一种方式，通过宴请达成某种共识，拉近彼此距离。宴请形式有很多种，以下重点介绍常用的中餐、西餐、自助餐、品酒和品茶的礼仪。

礼仪学堂

一、中餐礼仪

中式饭菜是中国传统文化的一个重要组成部分。中餐不仅受到国内人士的喜爱，也受到外国友人的喜爱。（见图 6-32）

图6-32 热闹的宴会

（一）用餐方式

1. 根据用餐的规模划分

（1）宴会。正式宴会：隆重而正规的宴请，对于到场人数、穿着打扮、席位排列、菜肴数目、音乐演奏、宾主致词等要求严格。

非正式宴会：形式从简，偏重人际交往，不注重规模、档次。对穿着打扮、席位排列、菜肴数目不作过高要求，也不安排音乐演奏和宾主致辞。

（2）家宴：制造亲切、友好、温馨、自然的气氛。

（3）便餐：礼仪讲究最少。只要讲究公德、注意卫生、环境和秩序即可。

2. 根据餐具的使用划分

（1）分餐式：每人一份，最大优点就是既讲究了用餐卫生，又体现了用餐公平。

（2）公筷式：不必每人一份，但在取用主食、菜肴时，须借助公用餐具。

（3）自助式：由用餐者完全根据个人爱好自主选择。

（4）混餐式：又称合餐式。

（二）慎选用餐的时间、地点

1. 用餐时间的选择

中餐宴会依照用餐时间的不同，分为早餐、午餐、晚餐三种。

2. 用餐地点的选择

（1）要环境优雅。

（2）要卫生条件良好。

（3）要考虑交通便利。

（三）用餐的座次礼仪

中国饭桌上的座次是“尚左尊东”、“面朝大门为尊”。我国在正式场合一般都用圆桌，最少一桌，多则几十桌，每种情况都有具体的礼节要求。

1. 一桌

单设一桌时设在房间的中央，正对着门口，主人应靠门口而坐，主宾面门而坐，便于主人招呼客人。

2. 多桌（见图 6-33）

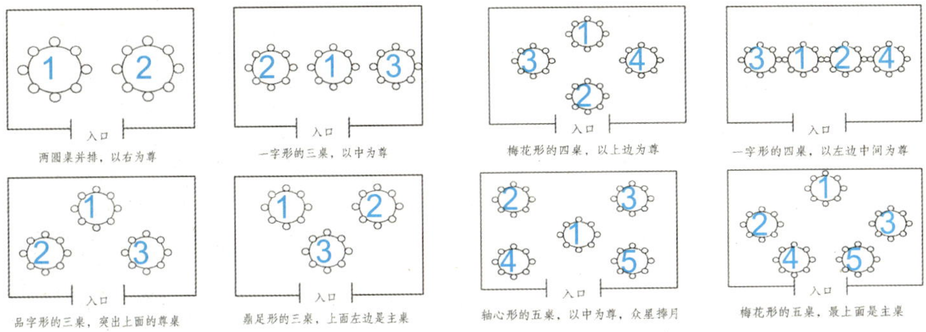

图6-33　多桌

不管两桌或多桌，桌子摆成什么形式，在排序时都是以中间为首，其次是左边，最后是右边，只要按照这个规则就能把座位安排得非常妥当。

> **温馨提醒**
>
> 依照国际礼仪，在餐桌上，男士应该以右手边的女士为服务对象，所以一般把女主宾安排在男主宾的右手边，如果桌上有夫妻同坐，则太太坐在先生的右手边。

（四）餐具的使用

常用的餐具有：筷子、汤勺、取菜盘子、调味盘、汤碗、茶杯、酒杯。

1. 筷子

（1）规范用法：握筷方式是用右手大拇指和食指相对，五指握在筷子三分之二处。用餐时，应先用公筷或汤匙将所需菜肴夹到自己餐盘中，再用自己的筷子慢慢食用。（见图 6-34）

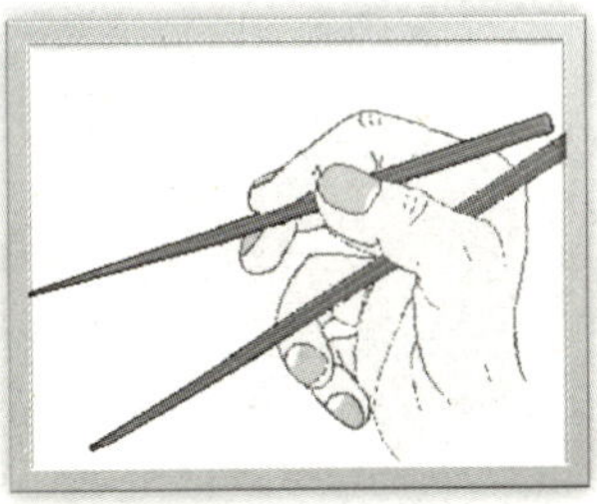

图6-34　规范的握筷方法

（2）用筷禁忌 。第一忌：忌迷筷，举筷子而不定；第二忌：忌翻筷，从碗底挑拣食；第三忌：忌刺筷，以筷当叉来使；第四忌：忌拉筷，持筷撕口中肉；第五忌：忌泪筷，用筷夹食带汤；第六忌：忌吸筷，用嘴吮吸筷子；第七忌：忌别筷，把筷子当牙签；第八忌：忌供筷，把筷竖插碗中；第九忌：忌敲筷，以筷击碗或桌；第十忌：忌指筷，持筷指人说话。

如果有骨头之类杂物，应用筷子放在嘴唇间将杂物夹好送至自己的碟盘中，不能直接吐在桌布上。

> **温馨提醒**
>
> 筷子语言：
>
> 请用筷——用餐时，主人为表示盛情，一般可说“请用筷”等筵语。
>
> 直筷——筵席中暂时停餐，可以把筷子直搁在碟子或者筷子架上。
>
> 横筷——将筷子横搁在碟子上，那是表示酒足饭饱不再进餐了。

2. 汤勺

（1）汤勺专用于喝汤，不宜用来进食，但可以与筷并用，帮助提取食物。

（2）用勺子取食物时，不要过满，盛汤时，应放下筷子再用汤勺。

（3）暂时不用勺子时，应放在自己的碟子上，不要把它直接放在餐桌上，或是让它在食物中“立正”。

> **温馨提醒**
>
> 与西餐喝汤持汤匙从自己一方由里向外盛汤的方式不同，中餐喝汤通常都持公用的大汤勺将汤从汤锅中盛至自己的小汤碗，然后端起汤碗用小勺或直接就着在碗口喝。

3. 碗

（1）不要端起碗来进食，尤其是不要双手端起碗来进食。

（2）食用碗内盛放的食物时，应以筷、匙辅助，切勿直接下手取用或用嘴吸食。

（3）碗内若有食物剩余时，不可将其直接倒入口中，也不能用舌头伸进去乱舔。

（4）暂且不用的碗内不宜乱扔东西。

4. 盘子

用来暂放从公用的菜盘里取来食用的菜肴的是食碟。用食碟时，一次不要取放过多的菜肴，更不要把多种菜肴堆放在一起，不好看，也不好吃。

5. 水杯

中餐中所用的水杯，主要供盛放清水、汽水、果汁、可乐等软饮料。

（五）点菜的礼仪

应等大多数客人到齐后将菜单供客人传阅、请他们来点菜。当然，主人要控制预算、做好饭前功课，选择合适档次的请客地点。客人一般不太好意思点菜，都会让主人来做主。

1. 点菜的规则

（1）看人员组成，人均一菜。

（2）看菜肴组合，有荤有素，有冷有热。

（3）看宴请的重要程度。

2．点菜可优先考虑的菜肴

（1）有中餐特色的菜肴。如宴请外宾时可点炸春卷、煮元宵、蒸饺子、狮子头、宫爆鸡丁等。

（2）有本地特色的菜肴。

（3）本餐馆的特色菜。

（4）主人的拿手菜——举办家宴时。

温馨提醒

点菜时记得征询一下桌上人的意见，特别是问一下“有没有哪些是不吃的？”或是“比较喜欢吃什么？”让大家感觉被照顾到了。

3．点菜考虑饮食禁忌

（1）宗教的饮食禁忌。

（2）某些食品有所禁忌。

（3）不同地区的饮食偏好不同。

（4）有些职业的特殊禁忌。

（六）上菜的顺序和方式

1．上菜的顺序

先上冷盘，后上热菜，最后上甜食和水果。多桌时要各桌同时上菜。

2．上菜的方式

一是把大盘菜端上，由各人自取。二是由服务员托着菜盘逐一放入每个人的食盘中。三是用小碟盛放，每人一份。

（七）用餐的礼仪

中国人一般都很讲究吃，同时也很讲究吃相。

（1）就座后用湿毛巾或小水盅擦洗手。

（2）用餐时要注意文明礼貌。

（3）入席后不能立即动手取食。

（4）用餐的动作要文雅。

（八）敬酒的礼仪

中国有一个比较特殊的传统，就是敬酒。

1．敬酒的顺序

一般按年龄大小、职位高低、宾主身份为序，按顺时针方向，或是从左到右、从右到左进行敬酒。

2．敬酒的举止要求

向集体敬酒时，要站起身来，面含微笑，手拿酒杯，面朝大家。

当主人向集体敬酒、说祝酒词时，所有人应停止用餐或喝酒。端起酒杯站起来，互相碰一碰。

3. 敬酒的注意事项

别人向你敬酒时，要手举酒杯到双眼高度，在对方说了祝酒词或“干杯”之后再喝。喝完后，还要手拿酒杯和对方对视一下才结束。

主人亲自向宾客敬酒干杯后，要回敬主人，和主人再干一杯。回敬时右手拿着杯子，左手托底，象征性和对方轻碰一下酒杯，酒杯杯底轻碰桌面，表示碰杯。

（九）斟茶的礼仪

（1）茶具要开水烫净。

（2）茶叶茶水要适量。

（3）端茶给客人要双手。

（4）添茶要先人后己。

（十）离席的礼仪

宴席酒会和茶会的时间大约都在两小时，宴会结束离席或中途离席要有礼貌、要致谢。

1. 中途离席

当要中途离开宴会酒会现场时，要悄悄地和身边的两、三个人打个招呼，要向主人说明并致歉、致谢后才离开。

2. 结束离席

当宴会准备结束，大家都准备离席了，一定要向主人致谢后才离开。

温馨提醒

中餐用餐时的礼仪禁忌

①忌大口进食；②忌张嘴咀嚼并发出“叭嗒”；③忌不就近夹菜而夹远处的菜；④忌喝汤时发出“呼噜”声；⑤忌只顾吃菜不跟他人交流；⑥忌不用公筷勺取菜舀汤；⑦忌用餐具指点别人；⑧忌边咀嚼边说话；⑨忌劝酒、猜拳、吆喝；⑩忌用牙签剔牙不遮掩。

二、西餐的礼仪

（一）基本礼仪

（1）提前预约。

（2）讲究仪表。

（3）敬重女性。

（二）座次礼仪

进入西餐厅后，由服务生带领入坐，不可冒然入位。

1. 就座礼仪

男士或服务生可帮女士拉开椅子协助入座，由椅子左侧入座，右侧离座；就座时腹部和桌子保持约一个拳头的距离。

2. 座次排列

（1）女士优先。

（2）距离定位。

（3）以右为尊。

（4）面门为尊。

（5）交叉排序。男女交叉排列，熟人和生人也交叉排列。

（三）餐具的摆放及使用礼仪

西餐餐具主要用刀、叉、匙、盘、碟、杯等，不同的菜肴用不同的刀叉，饮不同的酒要用不同的酒杯。其摆放法为：正面放着汤盘，左手边放叉，右手边放刀，汤盘前方放着匙，右前方放着酒杯，餐巾放在汤盘上或插在水杯里，面包奶油盘放在前方。（见图6-35）

1. 刀叉

刀叉，是餐刀、餐叉两种餐具的统称。

（1）刀叉的使用及区别。西餐进餐时一般以右手拿刀，左手拿叉。

图6-35　刀叉的摆放

（2）刀叉摆法的暗示。

① 暂停用餐的刀叉摆法是：刀右、叉左，刀口向内、叉齿向下，呈汉字的“人”字形状摆放在餐盘之上。它暗示的含义是：此菜尚未用毕。

② 用餐完毕的刀叉摆法是：刀口内向、叉齿向上，刀右叉左地并排纵放，或者刀上叉下地并排横放在餐盘里。它暗示的含义是：侍者可以连刀叉带餐盘一块收掉。

2. 餐匙

（1）汤匙。个头较大，通常它被摆放在用餐者右侧的最外端，与餐刀并列纵放。

（2）甜品匙或茶匙。个头较小，横向摆放在吃甜品所用刀叉的正上方。

温馨提醒

西餐桌上食物多数应用刀叉去取，只有小萝卜、水果、干果、糖果、炸土豆片、玉米、面包等可用手拿着吃。

3. 餐巾

（1）餐巾对服饰有保洁作用，也可用来擦拭口部。嘴里含有东西时，可用餐巾遮掩，以免失态。

（2）餐巾也有其暗示的含义：当女主人铺开餐巾纸时，暗示用餐开始，当女主人把餐巾纸放在桌上时，暗示用餐结束。如果就餐者中途离开位置，可将餐巾放在本人所坐的椅子面上；如果随意放在桌面上，就是暗示我不再吃了。

（四）上菜的顺序

西餐有正餐与便餐之分，二者的菜序也有很大区别。（见图 6-36）

1. 正餐的菜序

（1）开胃菜：有蔬菜、海鲜、肉食所组成的平盘。

（2）面包：吃面包时可涂上黄油、果酱或奶酪。

（3）汤：西餐有白汤、红汤、清汤等几种。

（4）主菜：主菜是西餐的核心内容，有冷有热，以热菜为主，热菜由鱼、虾或烤肉，配蔬菜。

（5）点心：吃过主菜后要上蛋糕、饼干、土司、馅饼、三明治等西式点心。

图6-36　西餐

（6）甜品：西餐中最常见的甜品有布丁、冰淇凌，被视为一道例菜。

（7）热饮：西餐用餐结束前，要提供热饮为红茶或咖啡，以帮助消化。

2. 便餐的菜序

开胃菜，汤，主菜，甜品，咖啡等。

（五）西餐的礼仪

1. 喝汤的礼仪

（1）西餐的汤分为清汤及浓汤，较正式的餐厅在供应清汤时使用椭圆形汤匙及汤杯，供应浓汤时使用圆形汤匙及宽口汤盘。

（2）拿汤匙的姿势是由内经外侧舀食。

（3）西餐喝汤时，不能发出声音。喝汤时，不可用嘴将汤吹凉，可轻轻摇动汤使其稍凉。

（4）食用完毕后把汤匙放在靠自己身前的底盘上，或是放在盘中。

2. 吃面包的礼仪

（1）西餐的软面包吃法是：先用两手撕成小块，再用左手拿来吃。

（2）吃硬面包时：可用刀先切成两半，再用手撕成块来吃。

3. 吃沙拉的礼仪

（1）沙拉盘放在主菜盘的左边。

（2）美国人通常将沙拉供应于主菜前，而欧洲人如法国人，通常将沙拉放于主菜后供应。

（3）沙拉用叉子吃，如菜叶太大，可用刀在沙拉盘中切割，然后再用叉子吃。

4. 吃鱼、虾、海鲜的礼仪

（1）食用龙虾时，应左手持叉，将虾尾叉起，右手持刀，插进尾端，压住虾壳，用叉将虾肉拖出再切食。龙虾脚可用手指撕去虾壳食用。

（2）吃鱼片以吃一片切一片为原则，可用右手持叉进食，或用鱼刀。

（3）食用全鱼时，宜先将头、尾鳍切下放在盘子一边，再吃鱼肉。

（4）去除鱼骨，要用刀叉，不能用手。

（5）吃完鱼的上层，切勿翻身，应用刀叉剥除龙骨再吃下层鱼肉。

（6）附带的柠檬片，宜用刀叉挤汁。

5. 吃肉类的礼仪

（1）牛肉可依自己喜好熟度点餐，但猪肉及鸡肉均为全熟供应。

（2）切牛排应由外侧向内。一次未切下，再切一次，肉的大小以一口为宜。

（3）嚼食肉时，两唇合拢，不要出声。嚼肉食勿说话或以刀叉比画。

（4）吃肉时宜切一块吃一块，勿将肉全部一次切小块，会导致肉汁流失，及温度下降。

（5）烤鸡或炸鸡，在正式场合用刀切好再用叉取食。

知识拓展

你知道牛排有不同的熟度吗？

三分熟：切开牛排见断面仅上下两层呈灰褐色，其间 70% 肉为红色并带有大量血水；

五分熟：切开牛排见断面中央 50% 肉为红色，带少量血水；

七分熟：切开牛排见断面中央只有一条较窄的红线，肉中血水已近干；

全熟：牛排为咖啡色乃至焦黄程度。

6. 吃水果和甜点的礼仪

（1）蛋糕及派、饼，用叉取食，较硬者用刀切割后，用叉取食。

（2）冰淇淋、布丁等，用匙取食。硬饼干小块的，用手取食。

（3）粒状水果如葡萄，可用手抓来吃。如需吐籽，应吐于掌中再放在碟里。

（4）多汁的水果如西瓜、柚子等，应用匙取食。

（5）西餐在吃完水果时，常上洗手盅，所盛的水只用来洗手指。

7. 喝咖啡及茶的礼仪

咖啡及茶中单宁酸可帮助消化。喝咖啡时，用食指和拇指端起来喝，不须端起咖啡底盘，勿以咖啡匙舀起咖啡去品尝是否够甜，喝茶或咖啡不要把汤匙放在杯子中。

8. 饮酒礼仪

（1）不同主菜配酒有异。

主菜若是肉类应搭配红酒，鱼类则搭配白酒。上菜之前，不妨来杯香槟、雪利酒或吉尔酒等较淡的酒。

（2）酒杯的拿法。

正确的握杯姿势是用手指轻握杯脚。为避免手的温度使酒温增高，应用大拇指、中指、食指握住杯脚，小指放在杯子的底台固定。用三根手指轻握杯脚。（见图 6-37）

图6-37 酒杯的拿法

（3）喝酒的方法。

喝酒时绝对不能吸着喝，而是倾斜酒杯，像是将酒放在舌头上似的喝。轻轻摇动酒杯让酒与空气接触以增加酒味的醇香。

（4）喝红酒的礼仪。

① 了解并熟悉酒庄名字和品牌。

② 注重红酒的年份。上品葡萄酒才可长存，一般最佳饮用时期只有三到五年。

③ 确认所点红酒，监控开瓶过程。

④ 品酒的三部曲：一看色二闻香三尝味。

> **温馨提醒**
>
> 西餐的礼仪禁忌
>
> ① 忌尊者未吃你先用餐；
>
> ② 忌满口食物时喝水；
>
> ③ 忌互不交谈只顾低头吃；
>
> ④ 忌交谈时挥舞刀叉；
>
> ⑤ 忌饮酒时一饮而尽；
>
> ⑥ 忌用餐结束时折好餐巾。

三、自助餐礼仪

（一）用餐形式

自助餐是一种由宾客自行挑选，拿取或自烹自食的就餐形式，很多人都喜欢这种无拘无束、自己动手、想吃就拿的就餐方式。

（二）用餐礼仪

在悠闲地享受丰盛的自助餐时，请千万别忘了以下的就餐礼仪。（见图 6-38）

图6-38　自助餐

（1）排队取菜。用餐者需自觉维护公共秩序，讲究先来后到，排队选用食物。取菜前先准备好一只食盘，轮到自己取菜时应用公用的餐具将食物放入自己的食盘之内，接着应该迅速离去。不要在繁多的食物前犹豫不决，让身后的人久等，更不应该挑挑拣拣，甚至直接用手或自己的餐具取菜。

（2）循序取菜。取菜顺序为：冷菜、汤、热菜、点心、甜品和水果。

（3）礼貌助人。

（4）每次少取。要遵守“多次少取”原则，允许多吃，不许浪费。

（5）安静进餐。

（6）送回餐具。用餐结束后将餐具送到指定之处。

（7）避免外带。这是所有自助餐的不成文规定，只准堂食，不准外带。

四、茶艺礼仪

中国的茶文化渊远流长，历史悠久，至今仍在全世界不断地发扬光大。茶艺是茶文化的精粹和典型的物化形式。茶艺礼仪，就是指在进行各种茶事活动中需要讲究的礼仪礼节。茶艺馆，因环境优雅、恬静，深受商务人士喜爱而成为商务伙伴品茗聊天、聚会沟通的场所。

图6-39　冲茶者服饰

（一）冲茶者的礼仪

（1）仪容要求面部清新健康，平和放松，微笑，不画浓妆，不喷香水，牙齿洁白整齐，发型要梳理整洁。

（2）仪表服饰要求整洁，淡雅，中式为宜（见图 6-39），袖口不宜过宽，服装和茶艺表演内容相配套。

（3）仪态要举止端庄，坐站走相优雅；不戴手饰，手指干净，指甲无污物，不涂指甲。女士手指纤小结实；男士手指浑厚有力。

温馨提醒

待客有五声：客来有问候声、客落座有招呼声、客在有致谢声、客在有致歉声、客走有道别声。

（4）语言要求规范、多用敬语、谦让语、郑重语。

（5）茶杯只能装满七分茶。

（6）奉茶讲究顺序为：先尊后卑、由近及远、先来后到或顺时针方向。

（7）敬茶时应从宾客的右后方上茶、杯耳朝外。

（8）客人喝完茶后，应及时为其续杯。

知识拓展

茶叶有哪些种类呢？

（1）以色泽及制作工艺分类——这是最常用的一种划分方法。

① 绿茶（龙井）（见图 6-40）：是不发酵的茶，具有香高、味醇、形美、耐冲泡等特点。花色品种之多居世界首位，是我国产量最多的一类茶叶，全国 18 个产茶省（区）都生产绿茶。

② 黄茶（见图 6-41）：属微发酵的茶（发酵度为 10 ～ 20m），代表品种有霍山黄芽、蒙洱银针。

③ 白茶（见图 6-42）：属轻度发酵的茶（发酵度为 20 ～ 30m），形状上完整的保留着白色茸毛。代表品种有白毫银针、白牡丹。

④青茶（乌龙茶）（见图 6-43）：属半发酵的茶 (发酵度为 30 ～ 60m)。叶片中间绿色、叶缘红色而称为绿叶红镶边。它有绿茶的鲜浓，又有红茶的甜醇。代表品种有铁观音、大红袍、冻顶乌龙茶。

⑤ 红茶（见图 6-44）：红茶属全发酵的茶（发酵度为 80 ～ 90m），形状为红叶，冲泡后形成红汤。红茶主要有小种红茶、工夫红茶和红碎茶三大类。代表品种有祁门红茶、荔枝红茶。

⑥黑茶（见图 6-45）：黑茶属后发酵的茶（发酵度为 100m），代表品种有普洱茶、六堡茶、湖南黑茶（渠江薄片金茶）。叶色呈暗褐色，压制成砖。

从全世界上来看，以红茶的数量最大，其次是绿茶，最少的是白茶。

图6-40 绿茶

图6-41 黄茶

图6-42 白茶

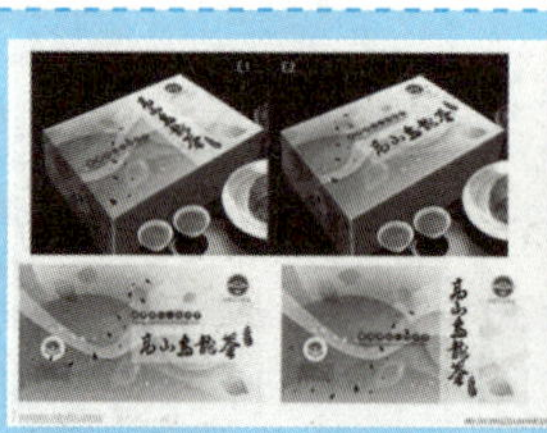

图6-43 青茶

图6-44 红茶

图6-45 黑茶

（2）以季节分类：分为春茶、夏茶、秋茶和冬茶。

（3）以是否加工再加工分类：分为药茶、花茶、天然营养保健茶等。

商务礼仪实务

（二）品茶者的礼仪

（1）仪容要整洁：仪容干净卫生，面部表情自然。

（2）仪表要得体：服饰应与年龄、形体、职业、环境相协调。

（3）仪态要优雅：行为稳重大方、坐站走相合适，交际距离适度，双手端茶接杯。

（4）语言要文明：品茗沟通用敬语，态度诚恳亲切、措词谦逊文雅、声音平和清楚。

（5）神态要谦恭：被奉茶时应起身双手捧接、道谢，或点头致意，或欠身施礼。

（6）品茶要得法：品饮时要先拿闻香杯闻香、后端品茗杯品茗慢咽。（见图 6-46）

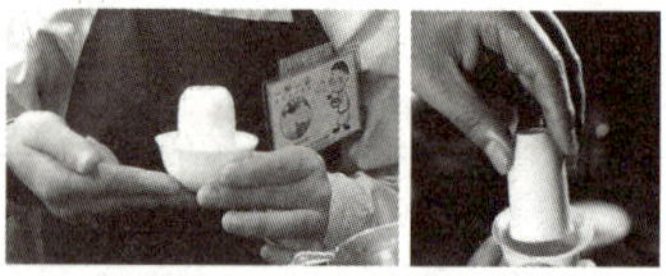

图6-46 闻香杯、品茗杯

知识拓展

何为“扣指礼”

扣指礼——别人给你倒茶时，你可以说声谢谢，还可以行扣指礼，也就是用右手拇指、食指、中指捏在一起，指尖向下，轻叩几下桌面表示谢意。扣指在南方和港澳台比较流行！（品酒时也可以用此礼）

（三）茶具的使用礼仪

（1）尽量以较少手指接触茶具，一般不宜五指抓住，多用大拇指、食指和中指来拿茶具。

（2）手指执姿要高雅。（见图 6-47）

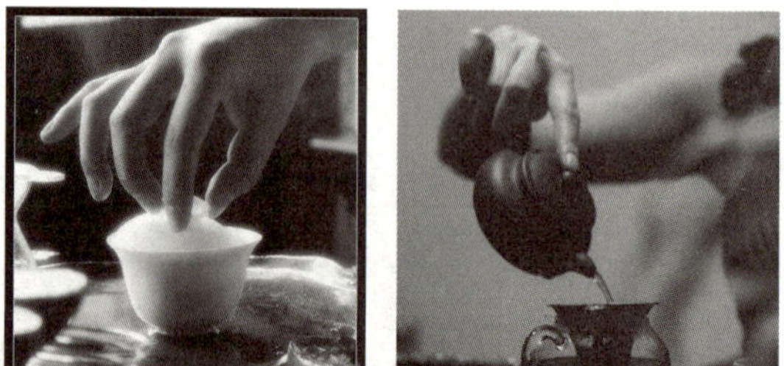

图6-47 手指执姿

（3）拿茶具时男女有别，男性要有力度，女性要轻柔。

知识拓展

如何选用茶具呢？（见图 6-48）

① 储茶用具：铝罐、锡罐、竹罐等，防潮隔热无味。

② 泡茶用具：茶壶（紫砂陶、陶瓷）。

③ 饮茶用具：茶杯茶碗，首选紫砂陶杯和陶瓷杯。

茶具要干净整洁，完整无损。一次性纸杯和袋泡茶是公务接待比较好的选择。节省，取放容易，效率高。

图6-48 茶具

任务五 商务馈赠

礼仪问题

Q5 关于商务馈赠礼仪，以下的说法哪个正确？

A. 送礼就要送最贵最好的。

B. 送礼物给上司当然是在大家面前送。

C. 对于违法的礼品，应委婉拒收。

礼仪故事 22

千里送鹅毛，礼轻人意重

唐朝贞观年间，西南回纥国是大唐的藩国。一次，回纥国为了表示对大唐的友好，派使者缅伯高带了一批珍奇异宝去拜见唐王。在这批贡物中，最珍贵的要数一只罕见的珍禽——白天鹅。

缅伯高一路上亲自喂水喂食，一刻也不敢怠慢。这天，缅伯高来到湖边，只见白天鹅伸长脖子，张着嘴巴，吃力地喘息着，他便打开笼子，让它喝个痛快。谁知白天鹅喝足了水，合颈一扇翅膀，“扑喇喇”一声飞上了天！只剩下几根羽毛，白天鹅飞得无影无踪。思前想后，缅伯高决定继续东行，他把鹅毛包好，又在绸子上题了一首诗：“天鹅贡唐朝，山重路更遥。沔阳河失宝，回纥情难抛。上奉唐天子，请罪缅伯高，物轻人意重，千里送鹅毛！”

缅伯高带着珠宝和鹅毛，披星戴月，不辞劳苦，不久就到了长安。唐太宗接见了缅伯高，缅伯高献上鹅毛。唐太宗看了那首诗，又听了缅伯高的诉说，非但没有怪罪他，反而觉得缅伯高忠诚老实，不辱使命，就重重地赏赐了他。

点评 这故事体现了送礼之人诚信的可贵美德，今天人们用“千里送鹅毛，礼轻人意重”比喻送出的礼物虽然微薄，却含有深厚的情谊。

礼仪学堂

一、商务馈赠的原则

> 温馨提醒
> “礼尚往来，往而不来，非礼也，来而不往，亦非礼也。”

馈赠作为社交活动的重要手段之一，受到人们普遍肯定。得体的馈赠，给交际活动锦上添花，给人们之间的感情和友谊注入新的活力。

（一）轻重原则——礼轻情意重

礼品有贵贱厚薄之分，有善恶雅俗之别。我们提倡“君子之交淡如水”，提倡“礼轻情意重”。

（二）时机原则

1. 时间的选择

时间贵在及时，超前滞后都达不到馈赠的目的。在传统节日、某些纪念日，以礼品相送会起到很好的效果。

2. 机会的择定

机会贵在事由和情感及需要的程度。“门可罗雀”时和“门庭若市”时，人们对馈赠的感受会有天壤之别。所以，对于处境困难者的馈赠更显真挚和高尚。

（三）效用性原则

同一切物品一样，当礼以物的形式出现时，礼物本身也就具有了价值和实用价值。

应视受礼者的物质生活水平，有针对性地选择礼品。

（四）投好避忌的原则

由于民族、生活习惯、生活经历、宗教信仰以及性格、爱好的不同，不同的人对同一礼品的态度是不同的，或喜爱、或忌讳、或厌恶等，因此要把握住投其所好、避其禁忌的原则。（见图6-49）

图6-49　送礼禁忌

二、商务馈赠的时机

（一）选择最佳时机

如：结婚、生子、乔迁、晋升、受挫、生病住院、表示感谢。

（二）选择具体时间

在商务交往中具体的送礼时间，一般说来，应在相见或道别时赠礼最为恰当，或者在开始谈生意前或结束时送礼；或者访问时一般在访问开始时或结束时送礼。

（三）控制好送礼的时限

一般以简短为宜，说明意图及礼品解释即可。

（四）注意时间忌讳

不必每逢良机必送，使礼多成灾。如对方刚做完手术尚未痊愈时不必送礼。

三、商务赠送的场合

（1）表示谢意敬意。

（2）祝贺庆典活动。

（3）祝贺开张开业。

（4）其他公关活动。

（5）适逢重大节日。

（6）探视住院病人。

（7）应邀家中做客。

（8）遭受不测事件。

四、商务馈赠的方式

（一）精心包装

精美的包装不仅使礼品的外观更具艺术性和高雅的情调，并显现出赠礼人的文化和艺术品位，还可以使礼品产生和保持一种神秘感。（见图 6-50）

图6-50　精心包装

包装时应注意以下事项。

（1）注意包装的材料、容器、图案造型、商标、文字、色彩的选择和使用，应符合政策法规和习俗惯例，不要违反受赠方的宗教、民族禁忌。

（2）注意色彩：如日本忌绿色，喜红色；美国人喜欢鲜明的色彩，忌紫色；伊斯兰教徒讨厌死亡象征的黄色，喜欢绿色等。

（二）选定合适的赠送方式

赠送礼物的方式可以分为三种：亲自赠送、托人赠送和邮寄运送。

1. 亲自赠送

亲自赠送是最为常见的赠送礼品的形式。

2. 托人赠送

就是委托第三方代替自己将准备好的礼品送达受礼者手中，礼品上最好附带着小卡片。

3. 邮寄运送

现在邮寄很方便，一至三天可送达，在包裹中附上一张卡片写清赠送礼品的缘由，并署名。

（三）赠送、接收礼品的礼仪

1. 赠送礼品的礼仪

赠送礼品时要举止大方，赠送时应起身站立，用双手将礼品递给对方同时可说一、两句客套话。（见图 6-51）

如果需赠送多人，最好先上级后下级、先长辈后晚辈、先女士后男士，按顺序进行。

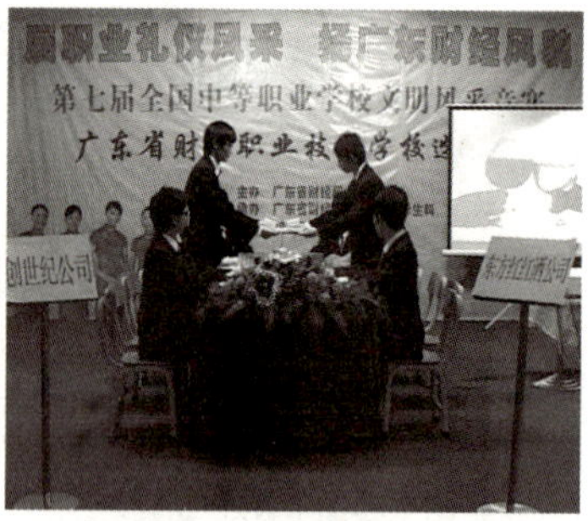

图6-51　赠送礼品

2. 接收礼品的礼仪

对于他人诚心相赠且非违法犯规之物，应却之不恭，大大方方地欣然接受。双手接过并致谢；征得送礼人同意，可当面打开，对礼物表示赞美。也可过后回寄感谢信。

3. 拒收礼品的礼仪

如果由于某种原因，不能接受对方的礼品，应及时在 24 小时内有礼貌地婉转地拒绝或将礼品退回。

4. 回赠

（1）记清所收礼品。

（2）选择适当的时机。

（3）选择适当的礼品。

可以选择的礼品包括：一是赠物，例如一束鲜花、一张卡片、一件纪念品，赠物时必须考虑是要突出礼品的纪念性、民族性、针对性还是文化差异性；二是赠言，例如书面留言、口头留言、临别留言、毕业留言等。

五、商务馈赠的禁忌

要尊重由于风俗习惯或民族差异等形成的禁忌。注意礼品的品种、色彩、图案、数目和包装等。

（一）涉外交往八不送

在与国外商务交往的过程中，涉及商务礼品馈赠时，必须注意以下八不送：

（1）不送较多数量的股票证券;（2）不送天然珠宝与贵重金属;（3）不送药品与营养品;（4）不送广告性、宣传性物品；（5）不送易引起异性误会的物品；（6）不送受礼人忌讳的物品；（7）不送涉及国家机密或商业秘密的物品；（8）不送不道德的物品。

（二）各国送礼的文化差异与禁忌

要遵守国家的有关规定，不能选违法违规的物品作礼品；不能选择私人用品作礼品。（其他详细的表述详见项目八和九。）

任务六 商务舞会

礼仪问题

Q6 关于商务舞会礼仪，以下的说法哪个错误？

A. 男性的舞会礼仪应热情主动邀请女伴。

B. 男性邀请遭拒绝后应不失风度。

C. 男性可以邀请有男友陪伴女士。

礼仪故事 23

邀舞缘何被拒绝

小张是一位很帅气的小伙子，穿着很讲时髦。一次，他买了一件很漂亮的大衣，正好周末本单位举行舞会，他便来到会场，只见人们都在翩翩起舞，小张兴致很浓，便邀请一位在座位里休息的女士跳舞，那位女士看了他一眼，很礼貌地拒绝了他，接着小张又邀请了两位女士跳舞，结果均被拒绝。这时，一位朋友来到小张身边，拍拍他说："小张，不能穿着大衣邀请女士跳舞，这是不礼貌的。"小张这才明白刚才为什么被拒绝。

点评 小张的大衣即使再漂亮好看也没用，反而引起他人的反感，因为男士是不能穿着大衣邀请女士跳舞的，这是对女士的不尊重。

舞会，是人们增进交往和友谊的一种社交活动，也是商务伙伴之间进行交流沟通的一种商务活动，一般是指交谊舞会。参加舞会，可以锻炼身体，陶冶情趣，结识朋友，扩大交际，沟通信息，是社交活动中一种集娱乐与交往为一体的方式。舞场，是高雅文明的场所，因此，参加舞会者必须讲究礼仪。

礼仪学堂

一、舞会的品类介绍

国际标准交谊舞，原来也叫舞厅舞、社交舞，现在也叫体育舞蹈，一般来说有十种，分为摩登舞和拉丁舞两大类，每大类各含五种，国际及我国的各级交谊舞比赛基本上都如此分类。以下简介十个舞种的主要特点。

图6-52 摩登舞

（一）摩登舞（见图 6-52）

摩登舞包括了以下五种舞。

1. 华尔兹

华尔兹也叫慢三、圆舞。舞步旋转性强，舞姿轻巧华丽、起伏飘逸，被誉为“交谊舞之皇后”。舞曲属三拍。

2. 维也纳华尔兹

维也纳华尔兹也叫快三。舞姿流畅优美，热烈欢快，是在慢三的基础上加快舞步，每分钟约 50 至 60 小节。舞曲也属三拍。

3. 探戈

探戈舞的舞姿刚劲潇洒，顿挫有力，多姿多彩，被誉为“交谊舞之王”。舞曲属四拍。

4. 狐步舞

也叫慢四，舞步比较讲究快慢结合，轻松而端庄。舞曲属四拍。

5. 快四

快四舞的舞步比较自由，舞姿轻松欢快。舞曲属四拍。

（二）拉丁舞（见图 6-53）

拉丁舞包括了以下五种舞。

图6-53 拉丁舞

1. 伦巴舞

伦巴舞被誉为“拉丁舞之魂”，比较讲究两胯的自然摆动。舞曲属四拍。

2. 恰恰舞

恰恰舞的舞姿活泼轻松，欢快潇洒，比较多锁步。舞曲属四拍。

3. 桑巴舞

桑巴舞的舞步轻松摇摆，悠然浪漫，充满活力。

4. 牛仔舞

牛仔舞也叫吉特巴、水兵舞。舞曲节奏强快，舞步自由轻快，讲究腰部、臀部的自然扭动，男女不断快速换位、旋转，气氛极其热烈。

5. 斗牛舞

斗牛舞模仿西班牙斗牛士的姿态，男子扮斗牛士，女伴好似斗牛士身上的披肩，舞姿挺拔洒脱，敏捷威武。

二、交谊舞的体态动作

（一）跳交谊舞的体态要求

（1）全身松弛状态下寻找一种头顶天花板的挺拔感觉。

（2）一种沿腰椎、颈椎直达头顶的纵向牵引效应。

（3）收腹展胸，背部平整，腰胯上拉，肩部下沉。

（二）跳交谊舞重心转移的关键

（1）无论向前向后向左向右，都以腰胯发力带动腿脚：脚随身动，身到脚到，身随胯动，胯到身到。

（2）只有脚随身动，才会产生龙（蛇）摆尾和行云流水般的效应。

（三）跳好交谊舞的五大核心

现代交谊舞有五大核心：节奏是舞魂，舞步是根本，舞姿显优美，展现是舞情，花步是水平。

（四）跳交谊舞的诀窍

跳舞有诀窍，力道最重要；轻领加柔带，随舞感觉好；

双臂作天线，接受舞信号；跟随无阻力，切勿推拉摇；

收紧下丹田，拉直身和腰；脚步滚动走，舞影处处娇。

三、组织舞会的礼仪

（一）布置好舞会的场地

交谊舞舞会的场地一般要求是椭圆形。正规的国际标准交谊舞比赛的场地面积的要求是长 23 米、宽 15 米。

在舞池里面跳舞的舞程线是逆时针方向，可以是直进、也可以是之字行的线路。

（二）参加舞会者的礼仪形象要求

1. 仪容整洁干净

参加舞会，容貌必须整洁干净，头发要梳理整齐，适度的化妆。参加舞会前最好先刷一次牙、洗一次澡，避免身上有汗味；最好身上洒点淡香水，让体味显得清香。

（1）女士仪容重点是美发（盘发或束发）和美容化妆。

（2）男士仪容重点是美发、护肤、祛味。

2. 仪表端庄大方

参加舞会，衣着穿戴要整齐、美观、大方、清洁，服饰要尽可能和环境融为一体，通常不允许戴帽子、墨镜，或者穿拖鞋、凉鞋、旅游鞋，也不可穿得过露、过透、过短、过紧。

（1）女士服装主要是连衣裙、大摆裙等裙装，或礼服、时装、民族服装或晚礼服，另加上适当的装饰品，配圆头封闭式高跟舞鞋。

（2）男士服装为西装 + 衬衫 + 长裤 + 皮鞋 + 领结或领带。

当然，如果能够更加专业的话，男士和女士都可以分别带上摩登舞和拉丁舞的不同服装和鞋子进入舞场，以备不同舞曲时可以换装。

四、参加舞会的礼仪

（一）邀请舞伴的礼仪

1. 基本常规

（1）舞会中邀请舞伴时，最好是邀请异性。

（2）通常讲究由男士去邀请女士，女士可以拒绝；女士也可邀请男士，但男士却不能拒绝。

（3）同性之人切勿相邀共舞。

（4）舞会上的第一支舞曲和最后一支舞曲讲究由男士邀自己的女伴共舞。

（5）舞会上一对舞伴只宜共舞一支曲子。接下来，需要通过交换舞伴去扩大自己的交际面。

（6）男士如果仅和妻子跳舞也是不礼貌的。如果有人把一位女士介绍给一位男士，这位男士就必须请她跳一次舞。

> **温馨提醒**
>
> 两位男士一同跳舞会给人关系异常之感，或意味着他们不愿向在场的女性邀舞、是对女性的不尊重。而两位女士一起跳舞，则等于是在说明："没有男士相邀"。

2. 邀舞方法

邀请他人跳舞应文明、大方、自然、礼貌。男士应主动走到女士面前，行鞠躬礼并微笑轻声说："想请您跳支舞，可以吗？"女方若点头表示同意，才由男士陪同并肩步入舞池。每曲音乐结束后，男士应将女士送到其原来的座位，待其落座后，说一声："谢谢，再会！"然后才离去。

3. 自选舞伴

以下八类对象，是自选舞伴之时最理智的选择。

第一类，年龄相仿之人；第二类，身高相当之人；第三类，气质相同之人；第四类，舞技相近之人；第五类，少人邀请之人；第六类，未带舞伴之人；第七类，希望结识之人；第八类，打算联络之人。

> **温馨提醒**
>
> 若在舞会上发现有人遇上异性的纠缠骚扰，最得体的做法是挺身而出，主动邀请被纠缠者跳一支曲子，以便"救人于水火之中"。

4. 邀舞顺序

（1）主人：在舞会的第二支舞曲开始，男主人应前去邀请男主宾的女伴跳舞，而男主宾则应回请女主人共舞。接下来，男主人还须依次邀请在礼宾序列上排位第二、第三的男士的女伴各跳一支舞曲。

（2）宾客：男宾应当依礼相邀以下女士共舞一曲：一是舞会的女主人；二是被介绍相识的女士；三是碰上的旧交的女伴；四是坐在自己身旁的女士。

（二）拒绝邀舞的礼仪

1. 拒邀的态度

在拒绝他人邀舞的请求时，态度要友好、自然，表现要彬彬有礼，切勿伤害对方的自尊心。别人邀请自己跳舞，是尊重自己的表现，千万别令其难堪或受伤害。被拒者要有自知之明，有台阶就下，不要自找没趣、赖着不走。在一曲未终了时，女士若已婉拒他人则不应同别的男士共舞。

2. 拒邀的托词

拒绝他人时，语言不宜强硬、粗鲁，应在说明原因时，使用委婉、暗示的托词。

（三）跳舞过程的礼仪

（1）注意上场、下场的规矩，给舞伴应有的尊重。

① 上场时，男士应主动跟在女士身后，让对方来选择跳舞地点。

② 下场时，男士应在舞曲结束后把对方送回原来的地方再离开。

（2）舞姿应当文明优美。

① 跳舞时，身体要端正。

② 通常为男士领舞。

③ 双方胸部应有30厘米左右间隔，以维护自知的人格尊严。

④ 跳舞时，男女双方表情要自然。

温馨提醒

拒绝邀请的六种托词

“对不起，已经有人邀请我了。”

“对不起，我累了，想单独休息一会儿。”

“对不起，我不会跳这种舞。”

“对不起，我不喜欢跳这种舞。”

“对不起，我不熟悉这首舞曲。”

“对不起，我不喜欢这首舞曲。”

温馨提醒

跳舞时的三禁忌

① 双方忌目不转睛地凝望对方。② 男士忌把女士的手捏得太紧，忌整个手掌全贴在女士的腰上；旋转时忌把女士拖来扯去，或是腿部过分伸入女方两腿之间。③ 女士忌把双手套在男士的脖子上，忌把头部主动俯靠在对方的肩上。

礼仪演练

一、简答题

1. 握手礼仪有哪些注意事项？
2. 中西餐的礼仪区别有哪些？请列举五点。
3. 拜访顾客前要做好哪些准备？
4. 商务谈判、签约要注意哪些礼仪？
5. 可以穿旗袍去参加舞会吗？为什么？
6. 你的客户生日，你将如何表示祝贺？送什么礼物合适？该怎样送出？

二、填空题

1. 握手的时间应控制在（　　）秒钟左右。
2. 按照电话礼仪的惯例，一般要由（　　）先挂电话，以示尊重。
3. 请列举出三个国际上常用的见面礼节有（　　）、（　　）、（　　）。
4. 上下楼梯的礼仪动作是：靠（　　）边上下楼梯。
5. 国际标准交谊舞的舞程线是（　　）方向。
6. 西餐礼仪讲究的（　　）手刀、（　　）手叉。
7. 展销会按照期限分为：（　　）、（　　）、（　　）。
8. 在商务场合与他人握手时，应该伸出（　　）手。

三、选择题

1. 下列递交名片不正确的一项是（　　）。

A．双手递送，正面朝向对方

B．由尊而卑的顺序依次递送

C．由近而远的顺序依次递送

D．单手将名片正面朝向对方送上

2. 称呼他人方法正确的是（　　）。

A．可以称呼对方的绰号以增加亲切感

B．使用夸张、高格调的称呼

C．姓名称呼一般适用于社交、公务场合

D．与众多人打招呼时先疏后亲为宜

3. 拒收他人赠送的礼品应（　　）。

A．讲明原因，婉言谢绝

B．礼品接受后再退还

C．可以拆启封口后再退还

D．可以用过之后再退还

4. 中餐宴会在排列座位时，一般正对着门的位置是（　　）。

A．主人

B．主宾

C．副主人

D．第二宾

5. 女士穿浅色西服套裙参加商务签约仪式时，应注意（ ）。

A．穿短袜

B．穿彩色丝袜

C．光腿

D．穿肉色长统丝袜

6. 馈赠他人礼品时，应注意（　　）。

A．礼品最好当面赠

B．不能表明送礼的原因和态度

C．不要重视包装

D．贬低自己的礼品，以示谦逊

7. 西餐刀叉的使用方式中，错误的是（　　）。

A．用餐结束，应将叉子正面向上，刀刃向外

B．刀口向内、叉齿向下，呈“八”字形摆放刀叉的含义是：此菜尚未用完

C．用餐中暂时离开时，要把刀叉呈八字型摆放，刀刃要面向自己

D. 西餐中忌将刀叉摆放成“十字”形

8. 在舞会上，如果女士已经答应和某人跳舞了，这时，又有人来邀请，那么，女士应该向对方说：(　　)。

A.“对不起，我想休息一会儿。”

B.“真对不起，我不会跳。”

C.“对不起，下一曲我请你。”

D.“对不起，有人邀请了，请等下一曲吧。”

四、案例分析

(一) 泰国某政府机构为泰国一项庞大的建筑工程向美国工程公司招标。经过筛选，最后剩下4家候选公司。泰国人派遣代表团到美国亲自去各家公司商谈。代表团到达芝加哥时，那家工程公司由于忙乱中出了差错，又没复核飞机到达时间，未去机场迎接泰国客人。但是泰国代表团还是自己找到了芝加哥商业中心的一家旅馆。他们打电话给那位局促不安的美国经理，在听了他的道歉后，泰国人同意在第二天11时在经理办公室会面。第二天美国经理按时到达办公室等候，直到下午三四点才接到客人的电话说：“我们一直在旅馆等候，始终没有人前来接我们。我们对这样的接待实在不习惯。我们已订了下午的机票飞赴下一目的地。再见吧！”

问题：运用所学的知识，请指出文中不符合商务礼仪的地方。

(二)“请问有人吗？”胡武来到办公室门口敲门。“进来！”办公室主任老李大声应了一声。见到来人，老李觉得很陌生，随口问：“你叫什么名字？有什么事吗？”胡武赶忙说：“我叫胡武，是南方化工厂副厂长、南方化工协会理事、南方化工研究会理事、南方化工开发公司经理，今天来这里是想……”老李皱了以下眉头：“哦？看你不象南方人嘛。”胡武说：“我是安徽人！”老李乐了，说：“哦，安徽人，听说你那里经常出来要饭的，是吗？”“唔……对不起，请问您这里卫生间在哪里？”胡武急忙说。

问题：这次拜访出了什么问题？请你把案例中的不足之处改正。

(三) 刘愧是某大学的高才生，毕业后分到一家外贸公司。不久，领导派他接待一位英国客户，在几天的观光游览中，刘愧凭借流利的英语和丰富的历史文化知识，赢得了客户的好感。

在正式的贸易会谈时，刘愧自恃与客户很熟，大模大样地坐在客户身旁，没有注意英国客户自带的翻译就在身后。公司领导向刘愧示意，但刘愧浑然不觉。领导只好命令刘愧坐回自己该坐的位置，众目睽睽之下，刘愧尴尬万分。

问题：在本次商务会谈中，刘愧犯了什么错误？请你告诉他应该怎样才是对的。

(四) 2005中国斯诺克公开赛决赛在北京海淀体育馆举行，现场1500多个座位座无虚席，第13局是决定胜负最关键的一局，此前以比分5∶7落后的亨德利瞄准击球准备反戈一击，而此刻一个意外发生了。在他击球一瞬间，闪光灯闪了一下，是正面冲他闪的，闪完之后，球打疵了，很明显，这样的比赛就是被这么一个闪光灯给毁了。

问题：观看体育比赛是否应该讲究什么礼仪？

五、知识拓展 / 综合实训

实训一

将学生分成若干小组，自设情境，每组一部分学生扮演来访团体成员，一部分学生扮演接待方成员，模拟演示以下情景：（1）在门口迎接客人；（2）引导客人前往接待室；（3）与客人搭乘电梯；（4）引见介绍；（5）招呼客人；（6）为客人奉送热茶；（7）送别客人。

在演示过程中要遵循称呼、问候、介绍、握手、名片递接、礼品馈赠等会面的有关礼仪规范，演示完毕后，可两组人员角色对调，再演示一遍，充分体会探访、接待的不同礼仪要求。

（　　）班技能训练任务（　）评价表

被考评组别		被考评组别成员名单				
考评内容						
考评标准	项目	分值	小组自评（30%）	组间互评（平均）（40%）	教师评价（30%）	合计（100%）
	得体地称呼交际对象	10				
	礼貌地进行自我介绍或为他人做介绍	20				
	规范地使用名片	10				
	恰当地选择礼品、互赠礼品	10				
	送鲜花符合礼仪要求	10				
	接待符合礼仪规范	20				
	拜访符合礼仪规范	20				
合计		100				

实训二

运用所学知识，分小组自编、自导、自演，谈判和签约等礼仪知识情景剧，以巩固所学的知识，检验学习效果。

[实训对象]：** 班学生

[实训器材]：桌、椅、服装及其他道具（剪刀、红绸、盘子等）

[实训地点]：教室

[实训要求]：礼仪情景模拟要求

1. 每 7 人一组，如需要可另请同学客串，但客串同学不记分。

2. 自己设定一情景，内容包括：称呼、介绍、握手、递接名片、走姿、坐姿、站姿、着装打扮、语言礼仪等内容。少一项扣 10 分。

3. 出场后先由同学介绍人物和剧情。

内容 分数	称呼 介绍	握手	递接 名片	走姿	坐姿	站姿	着装	语言 礼仪	编排	总体 印象	总分
小组	10	10	10	10	10	10	10	10	10	10	100
1											
2											

礼仪自评

通过本项目的学习，我学会了

项目七

职场礼仪

你想知道在办公室、酒店、飞机场、车站、商场等各种不同职场中的基本常识、礼仪规范及服务技巧吗？而当你作为上述职场中的宾客时、你又该讲究哪些礼仪呢？——让我们来一起探究项目七寻找答案吧！

任务一 办公室礼仪

礼仪问题

Q1 您认为拨打电话时谁挂断电话是最得体的？

A. 客户　　B. 拨打电话的人　　C. 上司

礼仪故事 24

不懂办公室礼仪

张玉是一家工厂的办公室文员。因为善于交际，张玉有很多朋友，朋友们下班后也总喜欢来找张玉玩，因为张玉在她们的眼中已经属于白领了，且可以在张玉有空调的办公室内聊聊天、看看报纸等。后来有一次老板从顺德跑业务后拿回厂里赶货，回到办公室时，遇到张玉和她的两个好朋友，不知为什么，张玉并没有将老板介绍给朋友认识，而是自顾自地干自己的活，而因为张玉没有介绍，她的两个朋友也没有和老板打招呼，虽然已停止了聊天、打牌，但坐在那里却不知所措，性格偏内向的老板也没主动向自己员工的朋友打招呼，气氛很尴尬。片刻后，两个朋友起身告辞，走时也没有向老板打招呼。事后，张玉就失去了这份工。

点评 张玉为什么会失去这份工作呢？最主要的原因是张玉不懂得一些办公应酬的基本礼仪，不懂得尊重老板，不懂得在外人面前树立老板的威信，因此她才会失去这份工作。

礼仪学堂

一、办公环境礼仪

现在，很多企业都是开放式的办公环境，往往一个办公室里摆放着几张办公桌，每张办公桌上都有至少两面的隔板形成一个个相对独立的小空间，这样不仅便于领导和员工之间的沟通交流，而且还形成一个共同的环境。

（一）办公室环境布置

办公室既是工作的地方，也是社交的场所。应给人以高雅、宁静的感觉。（见图 7-1）

图7-1　办公室

办公室气氛不要充满喜庆，也不要让人感到压抑。不要贴大明星的照片或挂历。可装饰些风景画、盆景、有特殊意义的照片、名人的字画、企业的徽标等，创造浓厚的企业文化气息和使宾主双方心情愉快地交流信息和情感的环境。

（二）办公环境整洁有序

（1）所有办公场所必须保持干净整洁，地面、墙壁、走廊应经常打扫，门窗玻璃、办公桌应擦洗得干净明亮。

（2）办公桌上只放些必要的办公用品，并且一定要摆放整齐，不得堆放无关用品，文件柜至少一个月清理一次。

（3）计算机硬件部分要保持整洁，键盘、屏幕擦拭干净，确保正常运转。

（4）不应在办公用计算机上安装与工作无关的软件（如聊天软件、游戏软件等）、桌面（屏幕）须保留原系统设置，工作时间一律不能用计算机玩游戏。

（5）服务场所应为纳税人准备笔、墨水、涂改液、印台等必要用品。

（6）所有办公场所月末进行一次大扫除。

（三）办公人员的礼节

1. 仪表端庄

办公人员要注意个人卫生的清洁，仪表整洁、大方。男女职员上班时要着职业装。发型要简洁，女士一般应略施淡妆，不露妆痕，工作时的形象应当传统、庄重、正规，切不可标新立异、奇装异服，更不可华丽妖艳。

2. 谈吐文雅

在办公室讲话声音要轻，不要高声呼叫同事或上级，无论对同事、上级或来访者，都应多用敬语。工作时间应尽量避免谈与工作无关的话题，不能说粗话，带脏字。面带微笑互问好，互道别。

3. 举止庄重

在办公室里，要注意行为举止庄重、自然、大方、有风度。走路时要身体挺直，速度适中，步子稳重，给人以正派、积极、自信的印象。坐姿要端正优美，女职员坐下时要注意双膝并拢。

二、办公相处礼仪

同事是与自己一起工作的人，与同事相处得如何，直接关系到自己的工作、事业的进步与发展。

（一）办公室相处的礼仪规范

处理好同事关系，在礼仪方面应注意以下几方面。

1. 见面要问候和称呼

在办公室里对上司和同事们都要讲究礼貌，不能由于大家天天见面就将问候省略掉了。“您好！林总！”、“早安！刘经理！”、“再见！黎小姐！”之类的问候语要经常使用，不厌其烦。

2. 要尊重上司和同事

一个人在社会上发展，要想让别人尊重自己，首先要学会尊重别人。同事关系不同于亲友关系，它不是以亲情为纽带的社会关系，亲友之间一时的失礼，可以用亲情来弥补，而同事之间的关系是以工作为纽带的，一旦失礼，创伤难以愈合。所以，处理好同事之间的关系，最重要的是尊重对方。

3. 物质上的往来应一清二楚

同事之间可能有相互借钱、借物或馈赠礼品等物质上的往来，但切忌马虎，每一项都应记得清楚明白，即使是小的款项，也应记在备忘录上，主动写借条给对方以提醒自己及时归还，以免遗忘，引起误会。

4. 对同事的困难表示关心

无论看到还是听到同事有困难，无论是大事还是小事，都应主动问讯。对力所能及的事应主动帮忙，尽力帮忙，这样，才会增进双方之间的感情，使关系更加融洽。

5. 对自己的失误或同事间的误会，应主动道歉说明

同事之间经常相处，一时的失误在所难免。如果出现失误，应主动向对方道歉，征得对方的谅解；对双方的误会应主动向对方说明，不可小肚鸡肠，耿耿于怀。

（二）办公室相处的禁忌

1. 不要大声说话

在办公区域尽量不要大声说话，走路时脚步放轻，以免打扰他人。

2. 不要没敲门就进入办公室

进入办公室前先敲门，经允许后再开门进入。先问好，“您好”“打扰一下”等。

3. 传阅文件不要出现散件

需传阅的文件应使用文件夹整理好；然后将文件夹双手递给领导，并简单说明文件内容。

4. 向领导请示汇报结束后不要径自离开

向领导请示、汇报工作结束后，应询问领导是否仍有交待，确认无事情后才轻步退出，随手关门。

5. 不要四个人以上并排行走

两人行，右为尊；三人行，中为尊；四人不能并排行。

6. 不要在背后议论同事的隐私

每个人都有隐私，隐私与个人的名誉密切相关，在背后议论他人的隐私，会损害他人的名誉，引起双方关系的紧张甚至恶化。

三、人际关系礼仪

没有人愿意和畏畏缩缩、不自信的人交往。如果不懂怎样和人交往，必将是孤立的。可以说，人际关系的好坏是决定人生成败的重要因素。所以，必须注重日常礼仪，随时随

地都给别人留下良好印象，说话有尺度，交往讲分寸，办事重策略，行为有节制，别人就很容易接纳你，帮助你，尊重你，满足你的愿望。

（一）人际礼仪规范

为了获得更好的交往效果，要注意以下一些礼仪规范。

1. 要及时沟通

人与人之间必须及时沟通，才能互相信任、消除彼此的误会和矛盾。在发生矛盾之前或产生苗头之后，双方最好坐下来进行冷静的交流，借以消除双方的误解或矛盾，避免出现恶语相向的局面。

2. 要言而有信

办公室人际交往中，如果言而无信，只是图了一时的方便和嘴上的痛快；长远地说，失去了别人的信任，就失去了最大的资本。因此，必须特别注意“言既出、行必果”。

3. 要互相关爱

每一个人都有遇到困难的时候，因此，每一个人都有帮助别人的时候，也有需要得到别人帮助的时候。应该提倡互相帮助、互相关爱，这样才能营造出和谐的办公氛围。

（二）人际礼仪禁忌

为了获得更好的交往效果，要注意以下一些礼仪禁忌。

1. 不要随便发怒

医学认为，发怒时容易伤及自己的肝脾，易发怒的人平均寿命明显低于不易发怒的人，更容易衰老，而且还会伤了彼此的和气。所以，遇事要冷静思考，学会“换位”思考，冷静地站在对方的角度考虑问题。

2. 不要恶语伤人

当对方脾气一触即发时，要临时回避，使对方找不到发泄对象，并逐步消火。回避并不等于“妥协”，而是给对方冷静思考的机会，同时也证明了自身的修养。

3. 不要流言蜚语

在背后流言蜚语的做法，不仅会伤害朋友或同事间的情谊，甚至会造成反目成仇的后果。所以人际交往不能干涉别人的隐私，不要传播小道消息，对别人的过失不要幸灾乐祸。

4. 不要开过分的玩笑

开玩笑是常有的事，但要适度。可以从几个方面来把握：性格开朗、大度的人，稍多一点玩笑，可以使气氛更加活跃。拘谨的人，少开甚至是不开玩笑。异性，特别是对于女性，开玩笑一定要适当。不要拿别人的姓名开玩笑或是乱起绰号。尊长、领导，开玩笑一定要在保持住对方尊严的基础上。

四、电话手机礼仪

无论是打电话还是接电话，都应做到语调热情、大方自然、声量适中、表达清楚、简明扼要、文明礼貌。

（一）拨电话前的礼仪

1. 要考虑什么时间拨打电话最合适

如果不是特别熟悉或者有重要事情的特殊情况，一般不要在早 7 点以前、晚 10 点以后打电话，也不要在节假日、对方单位的休息日、午餐和晚餐时，否则，有失礼貌，也影响通话效果。

2. 要预算好通话的时间

通话时间一般控制在 3 分钟之内。有必要的话，谈话时面前可放一个提纲。

3. 要准备好笔、记录本或纸

大多数人习惯用右手拿起电话听筒，建议改为左手持电话听筒、右手持笔准备边听电话边记录电话内容要点。（见图 7-2）

4. 若对方无人接听时应响够六声

如果打出电话，对方无人接听，要等铃声响了六七下再挂电话。

图7-2 边听电话边记录

（二）拨电话中的礼仪

1. 要先问候称呼对方再作自我介绍

当对方拿起听筒后，应当有礼貌地称呼对方，亲切地问候“您好！”。接着必须马上做自我介绍，主动报上自己的单位和姓名，并说出自己的目的，请受话人找人或代转时，应说“劳驾”或“麻烦您”。如果需要讲的内容较长或对方不在公司内，请先问一句：“现在与您谈话方便吗？”

2. 要注意控制讲电话的语音语调

打电话时虽然对方无法看到你的面容，但你的情绪仍会通过语音语调流露出来。所以，打电话时语调应平稳柔和、安详、清晰而亲切，面带微笑地与对方交谈。

3. 要注意讲电话时的语气

无论对方是多熟悉的同事，在谈工作时还是要注意说话语调要严肃，用语简练、规范、礼貌，要有职业意识。一来引起对方重视，二来不影响整个办公室气氛。

4. 如果按了电话免提要告诉对方

在办公室拨打电话时，有时候因手头上忙着一些事情，但是又有急事必须打电话给对方时，可能会打开免提拨打电话，这时一定要主动告诉对方，以免对方讲话时不慎讲了其他内容而尴尬。

（三）接听电话的礼仪

1. 听到电话铃响后三声之内接听电话

电话铃声响一声大约 3 秒种，就是必须在 10 秒内接起电话，即便电话离自己很远，听到电话铃声后，应用最快的速度拿起听筒，如果电话铃响了五声才拿起话筒，应该先向

对方道歉说："对不起，让您久等了！"，

2. 接到陌生号码来电时更应讲礼仪

如果对方没有进行自我介绍或者你没听清楚，就应该主动问："请问您是哪位？我能为您做什么？"

3. 接听电话过程中应该始终保持正确的姿势。

运用丹田讲话，不但可以使声音具有磁性，而且不会伤害喉咙。因此，保持端坐的姿势是必要的。此外，保持笑脸也能够使客户感受到你的愉悦。(见图7-3)

图7-3　正确的接听电话姿势

4. 接听电话必须记住要点

电话接听完毕之前，不要忘记复诵一遍来电的要点，防止记录错误或者偏差而带来的误会。

(四) 挂电话的礼仪

1. 挂电话前要询问对方是否讲话完毕

电话通话接近尾声准备挂电话前，要询问对方是否还有什么吩咐，这表示对对方的 尊重。

2. 挂电话前最好要记得道谢

每一次与别人的电话通话，特别是打电话给对方、或者对方帮忙转接电话等，最后记得道谢也是基本的礼仪。

3. 尽量礼让等对方先挂电话

无论是打电话和接电话都应该牢记让对方先收线。

如果两个人都在等对方先挂电话怎么办？总不能一直等下去，一般原则是先拨打电话的一方可以挂电话，通话结束 3 秒后就可以挂电话。

4. 挂电话动作要轻便尽量无声

在办公室使用的电话一般都是座机，通话结束时请轻放电话，否则那声响绝对会把你前面通话的良好印象都抹掉。

五、邮件往来礼仪

电子邮件在办公场合用得很多，和客户电话沟通后，很多时候，客户要求发电子邮件，那么发电子邮件时要注意什么呢？

(一) 电子邮件的架构

1. 标题

邮件的标题要准确简短扼要，能反映文章的内容和重要性，邮件不写标题最失礼，易被当垃圾邮件给删掉。

一封邮件尽可能只针对一个主题，不在一封邮件内谈及多件事情，以便于日后整理。可以适当使用大写字母或特殊字符，如"*，！"等来突显标题，引起收件人的注意，但记住不要随便使用"紧急"之类的字眼。回复对方邮件时，可根据回复的内容更改标题。

2. 称谓

称谓落款齐全，语言逻辑顺畅，附件不忘杀毒。称谓落款要齐全，写给谁的，谁写的落款要齐全，完整的一封邮件，这样才可以。

3. 正文

语言逻辑顺畅，邮件不要写太长，要逻辑顺畅，建议读者写邮件时标明一二三四五，说清楚，用最短的语言表述一个重要的事情，信息内容要清晰明确。

4. 附件

附件不忘杀毒，现在的病毒比较严重，首先保证给别人的文件没有病毒，不要给别人加一个附件同时把病毒也传过去了，这就太没有礼貌了。

（二）注意事项

发送电子邮件时，除了注意要填写清楚主题以外，还需要在发送前征得对方同意。在发送后，再与对方进行电话确认。

任务二　酒店宾馆礼仪

礼仪问题

Q2　哪一种问候最恰当？

A. “嗨！好久不见了。跟我来吧，让我拿两份菜单，找个位子给你们。”

B. “下午好，女士们。欢迎再次光临。是两位用餐吗？正好有一张靠窗的好位子，请随我来好吗？”

C. “下午好，我们很高兴再次见到这么可爱的女士在这里用午餐，我带您到那张靠窗的好位子去。请随我来。”

礼仪故事 25

您还要饭吗？

在某地一家饭店餐厅的午餐时间，来自台湾的旅游团在此用餐，当服务员发现一位70多岁的老人面前是空饭碗时，就轻步走上前，柔声说道：“请问老先生，您还要饭吗？”那位先生摇了摇头。服务员又问道：“那先生您完了吗？”只见那位老先生冷冷一笑，说：“小姐，我今年70多岁了，自食其力，这辈子还没落到要饭吃的地步，怎么会要饭呢？我的身体还硬朗着呢，不会一下子完的。”

点评　由此可见，由于服务人员用语不合规范，尽管出于好心，却在无意中伤害了客人，这不能怪客人的敏感和多疑。服务员的语言礼仪是特别重要的，要会说话，懂得说话，而且语句要表达清楚，这位服务员就因为前后表达不完整，导致客人的不满。我们可以这样说："先生，请问需要为您添饭吗？"或"先生，请问您用完餐了吗？"

礼仪学堂

一、门迎服务礼仪

门迎，有的酒店叫门卫，有的酒店叫迎宾员，在此统称为门迎，但不管怎么称呼，他们都是客人来到酒店见到的第一批人，门迎是酒店的"门面"，是酒店服务的第一个环节，是客人接触酒店的第一印象，是酒店的接待大使。

（一）在岗形象

门迎在岗时都是统一着装，穿戴整洁，站立要挺直。不可插腰、弯腿、靠物、走路要自然、稳重、仪表堂堂、目光炯炯。

（二）迎客礼仪

1. 客人到达酒店

这时，负责外车道的门迎应迅速走向汽车，待汽车停稳后，上前微笑着为客人将右侧车门打开，并将左手挡在车门上方，提醒客人注意不要碰头并向客人表示欢迎，讲敬语：先生／女士，您好，欢迎光临"。若车上有行李，要主动帮忙搬运行李，并提醒客人，不要把东西遗忘在车上。并携带行李引导客人到服务台办理相关手续。（见图 7-4）

2. 客人进入酒店

客人进店时，应主动为客人开门，并对客人说："欢迎光临 ×× 酒店"。

团体客人或重要客人来酒店时，应及时通知大堂经理做好迎接工作，并将团体客人的行李集中堆放，以免丢失。

图7-4　迎客礼仪

3. 客人有问必答

面对客人的提问，门迎应仔细倾听并立刻做出回答，遇到不知道或不懂的，还可以指引客人去服务台咨询。切忌一知半解，不懂装懂。

对于经常来酒店的客人，门迎要牢记客人的车辆号码和颜色，以便提供快捷的服务。

（三）送客礼仪

1. 引领客人离开酒店

客人离开酒店时，负责此工作的门迎应主动上前向客人打招呼，问候并代客人叫车，或把客人引导到方便上车的地方。

2. 欢送客人上车

待车停稳后，主动帮客人把行李装上车，并请客人核实行李数量，千万别有遗留。核实完后，替客人打开车门，请客人上车，待客人坐好后，再为客人关上车门，但不可用力去猛推，不可夹住客人手脚。

3. 目送客人离开

车辆即将开动，门迎躬身立正，站在车的斜前方一米远的位置，上身前倾15°，双眼注视客人，举手致意，微笑告别。可说：“再见”，“旅途愉快”，“一路平安”，“一路顺风”，“欢迎下次光临”等。

温馨提醒

遇上雨雪天，门迎应为没有带雨具的宾客打伞，送客人上车。（见图7-5）

图7-5 送客礼仪

二、前台服务礼仪

酒店前台，又称为总服务台，或称为总台、前台，它通常是设在酒店的大堂，负责的工作主要有客人订房、登记、客房状况控制、客人账务的结算与审核以及前台综合性业务管理。（见图7-6）

图7-6 酒店前台

（一）日常接待服务礼仪

1. 迎接礼仪

见到来访客人，不管是熟悉的还是不认识的，都应立刻停下你手头上的工作，起身迎接，轻轻点头并面带微笑，并问：“您好！请问贵姓？请问有什么可以帮到您？”（见图7-7）

图7-7 迎接礼仪

2. 接待礼仪

接待客人要注意以下几点。

（1）有客人未预约来访时，不要直接回答要找的人在或不在。而要告诉对方：“让我看看他是否在。”同时婉转地询问对方来意：“请问您找他有什么事？”如果对方没有通报姓名则必须问明，尽量从客人的回答中，充分判断能否让他与其见面。

（2）客人在大厅等待时，应该向客人提供饮料、杂志，如果可能，应该时常为客人换饮料。

（3）接待人员带领客人到达目的地，应该有正确的引导方法和引导姿势。

① 在走廊的引导方法。接待人员在客人二三步之前，配合步调，让客人走在内侧。

② 在楼梯的引导方法。当引导客人上楼时，应该让客人走在前面，接待人员走在后面，若是下楼时，应该由接待人员走在前面，客人在后面，上下楼梯时，接待人员应该注意客人的安全。

③ 在电梯的引导方法。引导客人乘坐电梯时，接待人员先进入电梯，等客人进入后关闭电梯门，到达时，接待人员按“开”的钮，让客人先走出电梯。

④ 客厅里的引导方法。当客人走入客厅，接待人员用手指示，请客人坐下，看到客

人坐下后，才能行点头礼后离开。如客人错坐下座，应请客人改坐上座（一般靠近门的一方为下座）。

（二）预订礼仪

1. 介绍

客人初次光临，应先向客人介绍酒店的基本情况，然后根据客人的喜好和要求，向客人推荐几款适合的房间，并说明酒店规定的最低限度下榻时间。

2. 报价

向客人报价，一般应从高价到低价，说明合理的税率以及一些额外服务或宜人环境应增补的费用，若是外宾应解释清楚合理的外汇兑换汇率比价。

3. 预订后

客人决定预订后，应立即为其办理相关手续。如客人不接受，则应向客人表示遗憾，并向客人询问清楚为什么不能接受预订，可建议客人做适当的修改；若客人无法更改的话，预订人员还可向客人介绍附近的酒店。

4. 特殊情况

若因某些特殊原因不能马上答复，不能让客人久等，应留下客人电话号码和姓名，等到查清之后再通知客人。

（三）咨询礼仪

若被咨询的是客人的房号，咨询员首先应问清来访者的身份与姓名及其与住店客人的关系等，然后打电话给被咨询客人的房间，客人表示同意后，才能让来访者进入楼层造访。如果客人正好不在房内，咨询员就应严格遵照保护客人隐私权的原则，不能随便将客人的房间号码告诉来访者，更不可以随便让来人进入房间找人。

三、客房服务礼仪

（一）住客的服务工作礼仪

为了使客人住得舒服、愉快，有“宾至如归”之感，日常的服务工作必须做到主动、热情、周到、细致。（见图 7-8）

1. 端茶送水

现在很多酒店的房间都有烧水壶、小冰箱、密码箱、吹风机等。客人喜欢冷饮，要随时补充冰箱饮料，以保证供应。

图7-8　客房的布置

2. 整理房间

按照客人的接待规格、要求和酒店“住房清扫程序”进行整理。上午要按照程序进行清扫，拉开窗帘、倒垃圾、换烟灰缸、换布巾、扫地板、擦家具和各种物品；补充房间的茶叶、文具用品和清扫、整理卫生间。

3. 委托代办服务

要认真、细致、及时、准确地为客人办好委托代办的服务事项，如洗衣、房间用餐、访客接待等事宜。

4. 安全检查

酒店首先应对客人的生命财产负责，确保客人的安全是客房部的一项极其重要的职责。如果因措施不力或工作疏忽，使客人的人身或财物受到损害，不仅酒店在经济上要受到损失，更严重的是酒店的声誉也要受到严重影响。因此，必须在每个服务环节上有安全措施。

（二）离店结束工作礼仪

1. 做好客人走前的准备工作

要了解客人离店的日期、时间、所乘交通工具的车次、班次、航次，所有委托代办的项目是否已办妥，账款是否已结清，有无错漏。

问清客人是否需要提前用餐或准备饭盒餐。早晨离店的客人是否需要叫醒，什么时间叫。最后还要问客人还有什么需要帮助做的事情。如果有的事情在本部门不能完成，应与有关部门联系，共同协作，做好离店的准备工作。

2. 定时的送别工作

结账人离开楼层时，要热情送到电梯口，有礼貌地说："再见"、"欢迎您再来"。要有服务员帮助客人提行李，并送至大厅。对老弱病残客人要有专人护送下楼，并搀扶上汽车。

3. 客人走后的检查工作

客人走后要迅速进入房间，检查有无客人遗忘的物品，如有应立即派人追送，如送不到应交总台登记保管，以便客人寻找时归还。同时，要检查房间小物品如烟灰缸或其他手工艺品有无丢失，电视机、收音机等设备有无损坏，如有应立即报告主管。

四、餐厅服务礼仪

（一）餐厅服务员必须遵守的礼仪

餐厅是宾客的用餐场所，餐厅服务员不但要掌握业务技能，还要遵守服务中的各种礼仪，使宾客不但吃得饱，还要吃得愉快。

1. 迎客

笑脸迎宾客，自然大方并亲切问候："您好，欢迎光临！请问一共几位？"如果是男女结伴而来，应先问候女宾，再问候男宾。对老幼残宾客，应主动上前照料。

2. 入座

根据宾客的情况把宾客引入不同座位。如重要宾客光临，应把他们引领到餐厅中最好的位置；夫妇、情侣就餐，应把客人引领到安静的角落位置；全家、亲朋好友聚餐，应把客人引领到餐厅中央的位置；对老幼残宾客应把客人安排在出入比较方便的位置。

3. 点菜

为宾客送上茶水，切忌用手接触茶杯杯口。适时主动恭敬地递上菜单，不能随意将菜单扔在桌上。顾客点菜时要耐心等候，不能催促，让宾客有考虑的时间。如宾客犹豫不决，服务员应当好参谋，热情介绍菜肴品种和特色。如宾客点的菜已经无货供应，应礼貌致歉，求得谅解。

4. 斟酒上菜

为宾客斟酒上菜要讲究程序。斟酒时手指不能触摸酒杯杯口，应按酒的不同种类决定斟酒的程度。倒香槟或冰镇饮料时，酒瓶应用餐巾包好，以免酒水滴落到宾客身上，上菜时手指不能碰及菜肴，每上一道菜要报菜名。

5. 就餐中

有儿童就餐，可给儿童加上小凳，方便儿童 入座。宾客的电话，应走近宾客轻唤，不能在远处高喊。如宾客不慎掉落餐具，应迅速为其更换干净的餐具，不能在宾客面前一擦了事。

6. 结账时

结账时，应把帐单放在托盘中，正面朝下递给宾客。宾客付账后，要致谢。宾客起身后，服务员应拉开座椅，并提醒宾客不要忘记随身携带的物品。帮助宾客穿大衣戴帽子，在餐厅门口与宾客友好话别:“再见，欢迎您再次光临。”等全部宾客离去后，再进行清扫，不能操之过急。

五、入住人员礼仪

不论是出差或旅行，都需要入住宾馆，但宾馆并不是家，它只是一个暂时租用的地方。所以有一些必要的规定和礼貌是需要注意的，这样才是有素养的表现。

（一）在前台

客人在前台接受接待时要告诉饭店服务员要什么样的房间，共住几天，申请住房人的姓名，并问清房价。如果是提前预订的，许多饭店都会在一定的时间内保留预订。万一比预订时间到达晚得多，为避免被取消预订，就要尽快用电话通知宾馆。相反，如果要取消房间，也需要及时打电话通知宾馆取消预订，宾馆就可以把房间租给别人了。

（二）在客房

1. 保持干净

因为客房并不是家里，所以对待租用的房间也有一个文明的问题。请不要随地吐痰，不要在墙上乱画，不要弄脏家具的表层，用完卫生间后要清理干净。

2. 请随手关门

住在外面，要有安全意识，进出房间要随手关门。到国外旅游时要特别注意，即使锁好了，也要再仔细检查一下，以免被盗。

（三）在大厅和过道

无论在大厅办理入住手续，还是结账，都要按顺序排队轮候，不能乱站乱挤或采取任性无理的态度。

宾馆里、客房外都是公共场所，与在街道上行走一样，不允许穿着睡衣或浴衣在走廊或大厅里转来转去。还应注意不要在大厅高声说话和吵闹。关门时要轻，不能在过道里乱跑。这些都是应该注意的礼仪。

（四）退房

为了节省时间，退房的人要早一点出来，因为退房结账的人可能比较多，需要排队等候。但有的酒店可以通过房间里的电视机来结账，有了这种服务项目，就能节省不少时间。

洗发膏、牙刷、肥皂、信封、信纸之类的小用品可以带走，但不能拿走毛巾或烟灰缸，这是酒店的财产。

（五）探访朋友

如果到宾馆探望朋友，须先打电话进房间，征得主人同意才上去。不能未经允许就上门敲门。进门前应先敲门，即便门是开着的，经允许后方可进入。

（六）关于小费

在国外，付小费是对服务人员表示赞赏和感谢。在中国，付小费不是一件很普遍的事，但以后也会越来越普遍，这也是一种礼貌。

任务三 车站礼仪

礼仪问题

Q3 司乘人员的下列哪种做法是得体的？

A. 遇到孕妇行动不便主动上前搀扶。

B. 遇到孕妇行动不便责怪其家人不陪同。

C. 在征得同意的情况下，主动热情帮助。

礼仪故事 26

良好的服务

在 2005 年 7 月的一次突发事故中，哈尔滨客运段有 18 趟列车受阻，晚点在 10 个小时以上的就有 7 趟。天津车队担当的大连临客，在开原站受阻 4 个多小时，4 号车厢的乘客情绪激动。车长受到围攻和谩骂，他在这节车厢向乘客鞠躬 30 多次，最终感动了乘客。为了保证餐饮的正常供应，每位服务人员在早晨只喝了一碗粥，并继续为乘客提供细致的服务，这种精神感化了大家，乘客主动帮助服务人员清理车厢卫生，还组织了义务宣传队，到各车厢宣传要文明乘车，最终列车安全到达目的地。

点评 从上述事件中我们可以看到在面对乘客的不满情绪和过激语言，服务人员除了代表铁路进行道歉外，还用良好的服务去稳定乘客情绪、化解矛盾。

礼仪学堂

一、车站大厅礼仪

车站服务人员主要包括服务台人员、售票员和检票员。服务人员按照规定统一着装，佩带工号牌等标志，衣帽整洁、修饰得体、精神饱满、仪表端庄。

（一）服务台服务

使用普通话或英语，热情解答旅客问询，为旅客提供车站运营信息、乘车须知、站内服务导向、站外换乘、汽车客运法规、受理旅客投诉等咨询服务，并及时做好与各岗位的信息沟通，为旅客解决疑难问题，提供简易救急药品、针线、宣传资料等。

（二）售票服务

微笑迎客，充分尊重旅客选择班车、班次的权利；提示购票人员主动申报是否带有符合规定的免票儿童。接收票款，执行三问三唱（问到达站名、乘车时间、购票张数，唱收、唱找、唱票）；不强制搭售乘车保险或其他商品。

（三）候车服务

车站应为旅客提供候车休息区域。候车区域的设施、设备应符合车站自身的等级要求，候车区域内的各种标志规范、准确、齐全、醒目。

（四）广播服务

车站为旅客提供检票通知、失物招领、旅客须知，向旅客宣传国家运输有关规定、安全、卫生及旅行常识等广播服务。广播时应用普通话，吐字清晰，音韵准确，声调语速适中。对班车晚点、班车临时停班等信息应及时、反复广播。

（五）检票员服务

准时到岗，站立迎客，疏导旅客有序检票上车；认真验看旅客所持有车票的时间、线路班次，不漏检、不错检、不检超员票；对超高儿童、超重行包做好补足票款的解释工作。

（六）辅助服务

车站根据自身条件，提供停车、住宿、餐饮和购物等服务。为客运车辆提供清洁、消毒、维修、检测、加油、配餐、卧具清洗等服务。

二、站台服务礼仪

一个优秀的站台人员给旅客的印象是什么？服装整洁、精神饱满、热情大方、业务精通。

（一）表情

站务人员的表情要友好，不要冷冰冰，要热情。微笑要得体，不要在旅客背后发笑，或者几个人聚在一起大声笑。注意眼神，不要盯着旅客、不要打量对方、不要斜视对方、不要窥探对方、不要扫视对方。

（二）手势

运用手势虽可以表情达意，但手势运用应规范和适度，以人一种优雅、含蓄、彬彬有礼的感觉。

手势不能过大，视场合而选择直臂、曲臂或横摆式动作；注意与面部表情和其他身体部分的动作配合掌心向上（见图 7-9）。

图7-9 手势

（三）乘务员的仪容仪表

1. 乘务员的头发

对头发的共性要求是无异味、无异物（头屑）、不染彩色头发。头发的长短要适度，男乘务员不能剃光头，长度不能多于 7 厘米，前发不要盖住额头，侧发不掩耳，后发不及领。女乘务员长发要扎起来。

2. 乘务员的面容

乘务员在进行面部修饰的时候一定要自然，既要讲究美观，更要讲究合乎情理。

3. 乘务员的着装

乘务员应统一着装，佩戴工号牌等标志，衣帽整洁、修饰得体、精神饱满、仪表端庄。

（四）乘务员行为规范

1. 标准站姿（见图 7-10）

采取标准站姿，会使人看起来稳重、大方、挺拔。

图7-10 标准站姿

2. 标准走姿

（1）步伐适度。乘务员在行走时，最佳的步伐是一脚之长。即男士每步 40 厘米、女士 36 厘米左右。

（2）速度均匀。对乘务员来讲，特定情况下速度可以有些变化，但标准应保持相对稳定不宜过慢或过快。一般乘务员每分钟行走 60 ～ 100 步都是比较正常的。

（3）身体协调。乘务员在行走时，身体各个部位之间必须进行完美的配合。行走时要脚跟先着地，双臂要在身体两侧一前一后自然摆动。

（4）步态优美。在行走时，膝盖和脚腕都要富于弹性，两臂自然轻松地前后摆动，男乘务员要有阳刚之美，昂首挺胸，步伐轻松而矫健。女乘务员则应显得温婉动人，体现其轻盈、妩媚的特质。

3. 标准坐姿

入座时，走到座位前面转身，要轻而缓，右脚后撤半步，从容不迫地慢慢坐下，然后左脚跟上与右脚并齐。女乘务员在入座前应用手把裙子向前拢一下。双手叠放在腿上（双腿叠放时：上腿紧贴下腿，脚尖朝下)，两脚平落地面。坐在椅子的三分之二处、不宜靠椅背。

4. 车厢内行走

(1) 车厢过道一般应靠右行。不要漫不经心，大摇大摆。

(2) 同向行：遇乘客时，宜主动站立一旁，让其先行。原则上走在他们的后边或左边。不得已要超过时，须先致歉意，再加紧步伐左侧超越。

(3) 相向行：对面遇乘客时，要微笑点头致意或问好，要礼貌让路。

三、投诉服务礼仪

(一) 投诉确认和处理

1. 听旅客说

旅客陈述完理由后，员工应对旅客陈述的过程进行进一步确认，必要时要做详细的投诉记录。在确认过程中，员工语气要亲和、表情要真诚，以鼓励旅客给予最好的配合。

2. 听员工说

在投诉处理过程中，如果需要与车站内部相关部门及人员进行核实时，应尽量避开旅客，一方面可以给旅客留出冷静的时间，一方面可以让员工根据具体情况留出充分时间考虑旅客解释口径，但注意不应该让旅客等待得太久。

3. 确认投诉，给出解释

无论是否是我方原因，员工要从旅客角度出发，做合理的解释或澄清。是我方原因，员工必须代表车站向旅客诚恳道歉，注意保持恰当的语气。如果是旅客的原因，也应该委婉地向旅客说明，不得对旅客表露出轻视、冷漠或不耐烦。

遇到暂时无法解决的投诉问题时，首先向旅客道歉，并表示目前还没法解决，可以将意见写在意见簿上，同时留下联系电话，在XXX（最长天数）内联系。

(二) 跟踪总结

投诉处理结果出来后，要通过电话及时告知旅客。旅客不满意时要尽量耐心解释；旅客满意时要向旅客道谢并及时总结。

四、其他服务礼仪

(一) 对乘客违规的处理

(1) 发现无票乘客，应耐心解释，按车站规定处理。

(2) 对超时、超程的乘客，应说明车站票务政策，补收票款。

(3) 发现乘客违规应及时劝止，采取正确方式适当处理；当遇蛮横不讲理的乘客时，及时与车站公安、执法机构联系，避免发生正面冲突。

(二) 乘客失物处理

(1) 专人管理、妥善保管。

（2）失主认领遗失物品时，核查无误后，做好登记、签认，然后将物品交还失主。

（3）三天后无人认领的或遗失物品为违禁品、危险品、机要文件及贵重物品时，应移交车站公安派出所。

（三）安全管理

（1）检查人员持证上岗，对每位进站旅客的行包及托运行李必须通过危险品检查仪检查，对收缴的危险品应登记记录。

（2）工作人员坚守岗位，严格检查制度，不出现漏检或脱岗等现象。

（3）售票处、候车大厅、停车区域等公共场所落实巡查制度，保证旅客候车秩序正常，消防设施完好；应急通道畅通。

（4）售票大厅、候车室、停车区域内禁止吸烟。

（5）对每一辆始发的营运客车必须进行相关设施的安全和技术例检，并做好记录。

任务四　机 场 礼 仪

礼仪问题

Q4　行李的重量以“(　　)”为单位，逾重行李的收费以“元”为单位。

A. 克　　B. 公斤　　C. 斤

礼仪故事 27

语言的魅力

在一个航班上空姐为旅客提供正餐服务时，由于机上的正餐有两种热食供旅客选择，但供应到某位旅客时他所要的餐食品种刚好没有了，我们的空姐非常热心到头等舱找了一份餐送到这位旅客面前，说：“真对不起，刚好头等舱多余了一份餐我就给您送来了”。旅客一听，非常不高兴地说：“头等舱吃不了的给我吃？我也不吃。”由于不会说话，空姐的好心没有得到旅客的感谢，反而惹得旅客不高兴。如果我们的空姐这样说：“真对不起，您要的餐食刚好没有了，但请您放心我会尽量帮助您解决”。这时，你可到头等舱看看是否有多余的餐食能供旅客选用。拿到餐食后，再送到旅客面前时，你可这样说：“您看我将头等舱的餐食提供给您，希望您能喜欢，欢迎您下次再次乘坐我们航空公司的飞机，我一定首先请您选择我们的餐食品种，我将非常愿意为您服务。”

点评 同样的一份餐食，但不同的一句话，却带来了多么不同的结果。这就是说话的艺术，作为一名合格的空姐，说话真是太重要了。

礼仪学堂

一、机场大厅礼仪

机场大厅往来的都是旅客，应设指示牌让乘客一目了然、快捷地找到自己的目标。另外应设咨询台和安排机场大厅巡逻人员。

（一）微笑礼仪

工作人员应用微笑给服务对象留下良好的心理感受，缩短双方的距离，形成融洽的交往氛围。微笑应自然大方，可伴随点头致意，给人以亲切、和善的感觉。

（二）语言礼仪

（1）与旅客交谈时，应保持着装整洁、端正，使用对方能够听懂的语言，注意语音、语速和语调。

（2）谈吐文雅，礼貌称呼，可在旅客姓名后加“先生”、“女士”等。交谈时使用敬语，常用的有“请”、“谢谢”、“对不起”等，尽量不使用民航专业词汇。

（3）应答旅客时，不可简单的回答“不知道”、“没有”、“不行”，应尽力帮旅客解决问题。

（4）严禁使用伤害感情、激化矛盾、损害形象的语言。如“我不管，问 ×× 人去”、“别啰嗦，快点讲”、“我还没有上班，等会再说”、“我要下班了，你快点”、“我刚才已经说过，你怎么还问”、“我就是这样的，你能把我怎么样”、“你去投诉好了”、“不知道”等。

二、柜台服务礼仪

候机楼问询处为旅客及其他顾客提供诸如航班信息、机场交通、候机楼设施使用等问询服务。（见图 7-11）

（一）服务语言

（1）接待服务对象热情周到，要使用“您好”、“请”、“对不起”、“谢谢”、“再见”、“请您稍等”等文明用语。例如：“您好，请问有什么可以帮到您？”

图7-11　候机楼问询处

（2）办理有关手续时，要使用“您要办什么”、“请稍候，我马上给您查询”、“对不起、该 ×× 飞机已经起飞了”、“对不起，根据 ×× 规定，您的 ×× 不能办理，请原谅”、“对不起，请重复一遍”、“请前往 ×× 候机楼等候登机”、“请您到 ×× 窗口办理登机手续”、“此事请与 ×× 部门联系”、“您的手续已办好，请核对”、“请保管好您的资料”、“您慢走，再见”等文明用语。

（二）服务态度

（1）要主动用起立、打招呼等方式接待服务对象，提倡微笑服务。

（2）旅客来咨询有关问题时，要主动热情、百问不厌、耐心解释，不准冷落、刁难、训斥和歧视。

（3）耐心听取旅客的意见，虚心接受批评，诚恳感谢提出建议，做到有则改之、无则加勉。

（4）旅客出现误解，出言不逊时，要保持冷静和克制，不能顶撞和训斥服务对象，更不能与之发生争执，做好政策的宣传和解释工作，并及时报告有关负责人，妥善地消除误会，化解矛盾。

（5）遇到不能办理的业务时，要向旅客说明情况，争取旅客的理解。

（三）注意事项

（1）接受多名旅客或顾客同时问讯时，3 次内作答。

（2）在岗期间不得使用电话闲聊，不擅自离岗。

（3）提供收费服务时，对外公示物价局批复的收费标准。

问询服务往往能直接解决旅客在旅行过程遇到的许多麻烦，或能为旅客解决问题指明方向。

三、登机服务礼仪

（一）查验客票

旅客乘坐飞机必须交验有效客票，承运人自办理值机手续至到达目的地的这段时间里，都有权查验旅客的客票。

（二）座位安排

安排好旅客座位，不仅是提高旅客服务质量、搞好旅客上下飞机秩序的保证，而且能有计划地安排飞机的载重平衡，确保飞行安全。

（三）收运行李

行李运输是随旅客运输而产生的，与旅客运输有着不可分割的关系。（见图 7-12）

（1）了解行李的内容是否属于行李的范围。

（2）了解行李内是否夹带禁运品、违法物品或危险品，是否有易碎易损、贵重物品或不能作为交运行李运输的物品。

（3）检查行李的包装是否符合要求；检查行李的体积、重量是否符合要求。

（4）行李过秤。

（5）免费行李额确定与逾重行李收费。

图7-12　收运行李

（四）值机柜台关闭

（1）航班离站前 30 分钟，停止接收旅客，清点乘机联和行李牌。

（2）航班剩余座位在没有特殊要求预留的情况下，可按规定妥善安排超售、未能按时中转或晚到的旅客。

（3）对迟到的旅客，在其客票的背面注明迟到的时间，然后替旅客办理改签或退票手续，在不影响航班正点的前提下，可根据现场情况，经值班主任同意后予以办理值机手续。

（4）在截止办理值机手续后，清点乘机联，准确无误后，填好业务交接单，上联交平衡人员，下联交行李装卸人员；旅客登机完毕后，上飞机与乘务人员当面交接旅客人数，待平衡人员交接完毕，飞机关上舱门后方可离岗。

（五）电子客票的值机手续

（1）值机人员可通过有效证件号码、电子客票票号或记录编号 PNR 等方式提取旅客的电子客票信息，并查看电子客票状态。

（2）核对旅客所持有效证件与电子客票信息是否一致，如不符，不予办理值机手续。

（3）值机员核对旅客信息正确后，再按正常操作程序办理值机手续，旅客凭登机牌和有效证件作为过安检的凭证。

（4）电子客票行程单不允许重复打印。

（六）安检

1. 安检人员必须熟练掌握相关法律法规

行业规定。安检人员解答旅客疑问时，切忌对相关规定不熟悉，解答时模棱两可，难以说服别人。必须要有法可依，有据可查，答案清楚明白。（见图 7-13）

图7-13　安检

2. 安全检查的程序

（1）行李物品检查：旅客进入机场大厅时首先将行李物品放入电视检测机的传送带上，工作人员通过电视荧光屏检查后贴上“XX 机场行李安全检查”的不干胶条。

（2）旅客证件检查：旅客办理完毕行李托运和登机手续后，将护照、机票、登机牌等交检查员核验并在登机牌上加盖安全检查印章。

（3）手提行李物品检查：将随身携带的手提行李物品放在电视监测机的传送带上，由检查人员通过荧光屏检查。如发现有异物，须由检查人员开包检查。

（4）旅客身体检查：旅客通过特设的探测门，进行身体检查。如发出报警声，还需用探测器再查，或重新返回，将可能发出报警声的钥匙、香烟、打火机等金属物品取出，直到通过时不再发出报警声为止。

四、空中服务礼仪

（一）加强仪表素养

1. 空乘仪表要整洁

仪表整洁的要求是整齐、干净、合体、规范。不得有破损、开线、褶皱、掉扣、过宽大或过紧小等情况，皮鞋光亮无灰尘。

2. 空乘仪容要适当

脸部及五官清洁干净，化妆方法正确，妆容大方符合职业要求，能掩盖自己的缺点，突出自己的优点。

3. 空乘仪态要优美

空乘接待中，站姿、走姿、坐姿、举手投足等姿势动作都要展示优美形象。

4. 空乘气质要高雅

空乘仪表除了纯粹的外在条件如相貌、身材、着装、化妆、姿态外，更重要的是内在的气质、修养和知识，并且需内外统一的体现于空乘的微笑、眼神、言行、姿势仪态、服务经验中，才能综合形成高雅的风度气质。（如图 7-14）

图7-14 空乘人员的仪表

（二）空中乘务员的服务方式要求

（1）与旅客交谈时，要面对对方，保持适当距离（45 ～ 100 厘米）。

（2）站姿端正，可采取稍弯腰或下蹲等动作来调节体态和高度。

（3）目光要平视对方的眼睛，以表示尊敬和正在注意听取对方的谈话。

（4）口齿清楚、简练明了、语气温和、用词文雅，给对方以体贴感、信赖感。

（5）掌握用词分寸和节制时间，避免使用专业术语，对国内旅客要使用普通话。

（6）不要打断旅客的谈话，要耐心倾听。

（7）切忌打听旅客的隐私，特别是外国旅客的年龄（多为女宾）、薪金收入、衣饰价格等。

（8）严禁与旅客嬉笑玩闹，更不要对旅客品头论足。

（9）在客舱、服务间讲话，声音要小、轻，不谈私事，避免影响旅客休息和客舱安静。

（10）为旅客发送物品时，应主动介绍名称，严遵发放原则：先左后右、先里后外、先宾后主、先女后男。

（11）对旅客提出的要求，能做到的应尽量满足，不能做到时，应耐心解释，不能怠慢。应允的事情一定要落实，不能言而无信；不能责备旅客。

（12）无意碰撞或影响了旅客，应表示歉意，取得对方谅解，在旅客下机时还应再次道歉。

（13）在机上遇到熟悉的旅客应主动打招呼问候，表示欢迎。

（14）对爱挑剔的旅客要耐心热情，避免发生口角，对举止不端的旅客，应镇静回避，必要时可报告空警、机长。

五、其他服务礼仪

（一）乘机手续不正常情况的处理

1. 旅客晚到

（1）在有空余座位和保证航班正点的前提下，可为晚到旅客办理乘机手续，并提供必要的乘机登记处至登机口的引导服务。晚到旅客的托运行李，如旅客同意可按免除责任的迟运行李办理。

（2）晚到旅客如未能成行，按旅客误机处理。

2. 漏撕乘机联

发现乘机联漏撕后，应立即查找出未撕乘机联旅客的姓名、座位号；尽快查找旅客并请到达站协助补撕。漏撕逾重行李票，参照上述漏撕乘机联的规定处理。

3. 误撕乘机联

发现乘机联误撕后，应立即查找出误撕乘机联旅客的姓名、座位号，必要时查找出旅客的单位、住址、联系电话等有关信息；待收到误撕乘机联后送交结算部门。在21天内未处理的误撕乘机联，应登记后送交结算部门。

（二）旅客拒绝登机

（1）旅客拒绝登机指旅客在办理乘机手续后至航班开始登机时或在旅客本人登机后拒绝乘机，自愿取消旅行。

（2）在登机前拒绝登机，应取出旅客的客票乘机联；找出并退还旅客的托运行李，收回行李牌识别联；修改旅客登记记录和随机业务文件，放行飞机；旅客客票按旅客自愿退票办理。

（3）过站旅客拒绝登机，按旅客自动终止旅行处理，未使用航段的票款不退。

（三）晕机旅客的服务

晕机旅客大多数有不愿让人知道的心理。因此服务中应主动观察，轻声询问，发现有晕机现象的旅客，应加以照顾。先请晕机的旅客松开领带，腰带和安全带，调整座椅靠背，为旅客打开通风器，打开清洁袋，及时送上温开水和毛巾，必要时在征求客人同意情况下，为其提供晕机药品。旅客呕吐时，不可嫌弃，应轻声安慰旅客，及时更换清洁袋，呕吐后及时送上温开水和毛巾，擦拭被弄脏的衣服，行李或毛毯。对晕机严重的旅客，应提供氧气。

任务五　商场礼仪

学习目标

Q5　客户购买了过期商品，应该怎么做？

A. 买了就算了，下次自己注意点。

B. 要求商场退货。

C. 要求商场退货，并赔偿损失。

礼仪故事28

你们的售后服务怎么样？

顾客：你们的售后服务怎么样？

门店导购员：您放心，我们的售后服务绝对一流。我们公司多次被评为“消费者信得过”企业，我们的售后服务体系通过了ISO9000的认证，我们公司的服务宗旨是顾客至上。

顾客：是吗？我的意思是说假如它出现质量问题等情况怎么办？……

门店导购员：我知道了，您是担心万一出了问题怎么办？您尽管放心，我们的服务承诺是一天之内无条件退货，一周之内无条件换货，一月之内无偿保修。

顾客：是吗？

门店导购员：那当然，我们可是名牌，您放心吧。

顾客：那好吧。我知道了，我考虑考虑再说吧。谢谢你，再见。

门店导购员：唔？……

点评 为什么顾客最终仍然没有兴趣继续话题呢？主要原因是门店导购员将对话的焦点放在自己而不是顾客身上。一方面，在没有弄清楚顾客问题的真相时（甚至有时候顾客的异议是假的），就给出了自以为是的答案，顾客没有感觉到应有的尊重，认为门店导购员回答得不够严谨。

礼仪学堂

一、商场环境礼仪

（一）创造良好的购物环境

良好的购物环境，可使顾客一走进商场就感受到和谐、优雅、亲切的气氛，即使是在无人售货的超级市场，顾客仍可以从良好的购物环境中，感受到服务礼仪的存在。

（二）营业场所的设计与布置（见图7-15）

图7-15 营业场所

现代化的商场，面积越来越大，楼层越来越高，因而自动滚梯的设置就十分必要。自动滚梯能顺利地把客流导向高层，减轻顾客的疲劳。

在商场中还应设有服务台。服务台的功能是为顾客解答问题，指导购物，并为顾客提供必要的服务。

商场的规模越大，顾客停留的时间就越长，顾客购物劳累的时候，需要有个地方休息一下。商场设置休息厅，可以给顾客提供小憩的机会。休息厅中备有桌椅，可以出售饮料、食品，提供诸如代存已购商品等服务。有些商场还开办了“娱乐城”吸引儿童玩耍，并代为顾客照顾儿童，使家长安心购物。

在设计商场购物环境的过程中，应处处体现出为顾客着想，为顾客提供热情、周到服务的宗旨，商场服务礼仪就是通过这些用心良苦的设计表达出来的。只有关心顾客，尊重顾客，才能沟通与顾客的感情，建立起企业的信誉。

二、导购服务礼仪

（一）迎宾

每天开门前两分钟，服务人员站立在各自工作岗位，目视前方、面带自然微笑，精神饱满，右手搭左手上，两脚略微分开，迎接开门后的第一批顾客。声调上扬使用服务用语："您好！欢迎光临"。

（二）办理会员卡

（1）当顾客提出需要办理会员卡时，服务人员微笑说："请出示您的有效证件如身份证及购物小票"，并根据顾客提供的证件填写申请单，立即予以办理。

（2）当会员资料输入后，服务台人员还须与顾客核对会员资料，并说："XX 先生（小姐或女士）、您的电话是 XXXXXX，地址是 XXXXXXX，对吗？"，与顾客核对后说："谢谢！"。

（3）会员卡制出后，连同身份证一起双手递给顾客，说："XX 先生（小姐或女士）、请您再核对一下，祝您在我公司购物愉快"。如有错误，应立即道歉，并说："对不起，请原谅，我马上为您修改"。修改后，重新列印一张给顾客，诚恳道歉说："给您添麻烦了，请原谅，祝您在我公司购物愉快"。

（三）咨询服务（见图 7-16）

1. 来宾找人

如来访人要找相关管理者，须电话联络管理者，应允后，再态度亲切、语气和蔼礼貌地告知其办公区域。

2. 广播寻人

当顾客与家人或朋友走散，至服务台请求帮助时，服务人员应问清顾客所要寻找人的姓名及等候地点，并安慰顾客耐心等待后在总机播放。如是学龄前儿童走失，服务人员应问清孩子的长相、衣着特征等，并告知保安请协助寻找。

图7-16　咨询服务

3. 询问卖场商品陈列位置

当顾客提出询问某商品的陈列位置时，服务人员应迅速回答顾客的提问，指出顾客所询问的方位及行走路线，并说："祝您购物愉快"。

（四）寄包服务

当顾客有大件物品需要在服务台寄存时，服务台人员应主动热情，脸带微笑说："您好！请问您的物品中是否有现金及贵重物品，如有请随身携带，以免发生意外，谢谢您的配合"。同时将寄包牌其中的一块扎在顾客的大件物品上，另一块双手交与顾客说："这是您的寄包牌，请保管好，谢谢！"。

（五）失物招领

（1）当顾客遗失的物品被送至服务台时，由总机广播。

（2）将顾客遗失物品记录在顾客遗失物品登记簿中。

（3）待顾客来认领物品时，须与顾客核对确认。

（4）领取失物时须出示身份证，并作好登记后再发放失物。

（六）开具发票

（1）当顾客告之需开具发票时，服务人员须说："请出示您的购物小票（或送货单），好吗？"

（2）如顾客需开礼品、餐费等卖场无销售商品名称时，服务人员须抱歉地说："对不起，税务部门有要求，不能为您开具，实在很抱歉，我们必须为您具实填写发票。"

（3）开完发票后，服务人员须将发票双手递给顾客，并说："请慢走"。

（七）发放赠品

（1）顾客要领取赠品时，须出示购物小票（或送货单），办理领取赠品手续。

（2）迅速完成发放登记手续，将购物小票双手递还给顾客。

（3）将赠品双手奉于顾客，并说："这是您的赠品，请拿好，欢迎再次光临"。

（八）接听服务热线

（1）接听电话语言技巧："您好！ ×××× 为您服务"。电话响了许久才接听时说："对不起，让您久等了，这里是 ×××× 服务热线？很高兴为您服务"。

（2）当顾客来电投诉时，请迅速记录，判断能当场处理的立即告之顾客处理意见，不能当场解决的，请记录顾客电话，依客诉处理流程处理。

（九）商品退换货（见图 7-17）

图7-17 商品退换服务

（1）顾客如需换货，服务人员应热情地说："请出示您的发票及物品，稍等片刻"。

（2）如可以帮顾客换货，迅速填写换货单，收回物品，并说："麻烦您至卖场按换货单上写的商品编码及品名拿取商品。对不起，给您添麻烦了"。

（3）当顾客所购商品须退货时，退换货中心人员须热情接待，耐心倾听，站在顾客立场迅速办理退货；不可办理退货时，向顾客做好解释工作。

（4）有条件的商场可在退换货中心设立休息椅，提供饮水机等，供顾客休息之用。

（十）顾客受轻伤

（1）当顾客在卖场受轻伤须做处理时，服务人员在接到通知后应立即将应急药箱带至现场并对顾客说："需要为您处理包扎伤口吗？"

（2）在顾客同意的前提下，迅速对顾客的伤口进行处理包扎，完成后说："请小心不要让其感染，对不起"。

三、销售服务礼仪

（一）迎宾

（1）看到顾客3秒内（以客为先）打招呼;（2）声音响亮清晰;（3）热情诚恳，微笑服务;（4）目光正视顾客；（5）注意自然运用身体语言（邀请的手势、礼让顾客通行）。

知识拓展

如何迎宾呢？

① 路过顾客身边的时候说："您好！"

② 发现顾客需要帮助的时候说："您好，需要帮忙吗？"

③ 看到顾客进来时应微笑地看着他说："欢迎光临"或"请随便看看"，并放下手中的工作。只有这样，才能令客人有倍受重视的感觉，让他们知道我们会随时为他们提供帮助。

（二）货品介绍

当发现顾客出现购买动机的时候，应该迅速出击，根据顾客的需要进行产品介绍。

知识拓展

顾客购物信号有哪些？

① 察看商品（面料、价格、洗涤方式等）;

② 寻找服务人员寻求帮助；

③ 和同伴讨论商品；

④ 在镜子前比划商品。

此时要求导购迅速行动上前，并礼貌询问："小姐/先生您好，请问有什么可以帮您的吗？"应该介绍产品面料、色彩、时尚元素、剪裁、特殊功能等。

（三）附加推销

当顾客购买一件产品后，再向他推销其他商品，更好的帮助顾客选择合适的产品，也可以创造更高的销售业绩。

（四）安排付款

当顾客确认购买后，需要和顾客确认商品，带领或指引顾客至收银台买单。在与客人确认过商品的尺码、颜色、件数后，带客人至收银台付款。

（五）状况用语

1. 遇到顾客抱怨时

遇到顾客抱怨时仔细聆听顾客的意见并予以记录，如果问题严重时，立即请主管出面向顾客解释。

2. 顾客抱怨买不到货品时

向顾客致歉，并且给予建议。

3. 不知如何回答顾客的询问，或者对答案没有把握时

遇到此种情况，应回答："对不起，请您等一下，我请店长（或其他主管）来为您解说。"

4. 顾客询问商品是否为新货时

以肯定、确认的态度告诉顾客："请相信我们一直以诚信第一为服务客户，我们也将出具相应的证明给予你检查"。

（六）送宾

无论顾客是否买单，都应让服务圆满完整，必须使用礼貌用语，如"谢谢光临，请慢走"，"欢迎下次光临！"等，让顾客宾至如归，产生再次购物的欲望。

四、收银服务礼仪

收银员是企业的一线员工，是直接为客户提供服务的人员，因此收银员的一言一行、一举一动都直接影响者客户对企业的印象，因此收银员服务礼仪规范对于企业来说是非常重要的。

（一）举止态度

（1）与顾客应对时，必须带有感情，而不是表现出虚伪、僵化的表情。

（2）当顾客发生错误时，切勿当面指责，应以委婉有礼的语言为顾客解说。

（3）收银员在任何情况下，皆应保持冷静与清醒，控制自身的情绪，切勿与顾客发生争执。

（4）员工与员工之间切勿大声呼叫或彼此闲聊，须要同事协助时，应尽量使用叫人铃钟。

（二）收银五部曲

收银员在工作时应随时保持笑容，礼貌待客，应将"您"、"请"、"谢谢"、"对不起"随时挂在口边，还有应遵循收银程序，一般称为"收银五部曲"。

（1）欢迎光临 / 您好！（当顾客走近收银台）

（2）请问您有会员卡（会员）积分卡吗？

（3）您好！总共 ×× 元。您好！一共收您 ×× 元，找您 ×× 元。

（4）是的 / 好的 / 我知道了 / 我明白了。（顾客在叙述事情或接到顾客的指令时，不能默不作声，必须有所表示。）

（5）谢谢！欢迎再度光临。（当顾客结束购物时，必须感谢顾客的惠顾。）

五、投诉处理礼仪

（一）认真倾听对方抱怨

首先不可以和客户争论，以诚心诚意的态度来倾听客户的抱怨。当然，不只是用耳朵听，为了处理上的方便，在听的时候别忘了一定要记录下来。

（二）分析原因

聆听客户的抱怨后，必须冷静地分析事情发生的原因与重点。经验不足的销售人员往往似懂非懂地贸然断定，甚至说些不必要的话而使事情更加严重。

销售过程中所发生的拒绝和反驳的原因，是千差万别的，而抱怨的原因也是同理的，必须加以分析。其原因可能是以下三种。

（1）销售人员的说明不够、没履行约定、态度不诚实等原因所引起的，尤其是不履行约定和态度不诚实所引起的投诉，很容易扭曲公司形象，使公司信誉受损。

（2）由于客户本身的疏忽和误解所引发。

（3）由于产品本身的缺点和设备不良所引起。这种情形虽然责任不在销售人员，但也不能因此避而不见

（三）找出解决方案

（1）如果是自己职权之外才能处理的，应马上转移到其他部门处理。此时，销售人员仍然必须负起责任，直到有关部门接手处理。

（2）解决方案应马上让客户知道，并且还需耐心和认真的向客户说明解决方案。客户同意解决方式后应尽快处理。处理得太慢，不仅没效果，有时会使问题恶化。

（3）为了避免同样的事情再度发生，必须分析原因、检讨处理结果，吸取教训，使未来同性质的客户投诉减至最少。

礼仪演练

一、填空题

1．两人行，______为尊；三人行，______为尊；四人不能并排行。

2．介绍他人或为他人指示方向时应该__________________。

3．人际交往中应注意电话的通话时间，一般来说，早上在______以后，晚上在______以前，以免干扰别人的休息，有午睡习惯的地方，也不要在中午打电话。

4．面对面的谈话、谈判、讨论时，眼睛要______对方。

5．接听电话铃响不 超过 ______。

二、简答题

1．办公室应注意哪些礼仪，与同事相处之道是什么？

2．酒店客房服务礼仪需要注意哪些事项？

3．在车站、机场中工作人员服务时有何共同点？

4．作为一名优秀的收银员需要具备什么礼仪？

三、实训

1．实训要求

最好有多媒体教学系统，具备上网功能的实训室；

2．实训过程

步骤一：教师根据任务书布置任务；

任务书

课前将学生分为若干个学习小组，分角色扮演，各小组完成以下任务：

1. 活动一：各小组通过模拟办公室、酒店、车站、机场、商场中某个情节的礼仪。

① 题目自命；

② 场景、对话、工具由各小组自己设计；

③ 要求有剧本、最好拍摄成片子。

2. 活动二：讨论并分析各行业中礼仪有何作用？

（小组讨论完成以上的任务，并将讨论的结果写在书写卡片上或制作展示课件，便于下一步的展示。）

课堂随笔

步骤二：老师根据评分标准评分。

内容 分数	题目 命名	场景 布置	工具 准备	走姿	坐姿	站姿	着装	语言 礼仪	编排	总体 印象	总分
小组	10	10	10	10	10	10	10	10	10	10	100
1											
2											

四、知识拓展 / 综合实训

1. 地铁现在已成为日常交通工具，那地铁工作人员需要讲究什么礼仪？
2. 商场的保安是商场的“警卫”，那商场的保安又该遵守什么样的服务礼仪？

礼仪自评

通过本项目的学习，我学会了

拓展篇

项目八

中国传统礼仪习俗

你知道我国有哪些重要的传统节日及礼俗的时间、特点吗？你知道我各国民族有哪些重要节日及礼俗来源、时间和特点吗？——让我一起来探究项目八寻找答案吧！

任务一 我国传统节日及礼俗

礼仪问题

Q1 我国人口最多的民族是（ ）。

A. 汉族 B. 壮族 C. 满族 D. 回族

礼仪故事 29

分鱼

依照某些地方的风俗，鱼是席中的主菜，压轴的大戏，瞩目的焦点。鱼此刻是凛然而不可侵犯的。必须是在座的最具权威者，方可享有第一筷的权利。领导大筷一挥，把鱼眼剔出来，呈送给主客，曰“高看一眼”；把鱼骨头剔出来，赠给另一位贵客，曰“中流砥柱”。然后，他分配鱼嘴巴，叫做“唇齿相依”，分配鱼尾巴，叫做“委以重任”，分配鱼翅膀，叫做“展翅高飞”，分配鱼肚子，叫做“推心置腹”。格外细心的领导还能一筷子找准鱼腚——好像鱼也有三围，分给座中不怎么得意的一位，此谓“定有后福”。

点评 在当今频繁的商务活动中，凡是涉及与领导、同事、客户交往，必然少不了商务礼仪。

礼仪学堂

中国的传统节日形式多样，内容丰富，是中华民族悠久历史文化的一个重要组成 部分。传统节日的形成，是一个民族或国家的历史文化长期积淀凝聚的过程，春节、元宵节、清明节、寒食节、端午节和中秋节等这些传统节日，无一不是从远古发展过来的，从这些流传至今的节日风俗里，还可以清晰地看到中国古代人民社会生活的精彩画面。

一、春节

春节就是指每年的农历正月初一。春节代表着新的开始与希望，春节是传统习俗中最隆重的节日。春节的习俗一方面是庆贺过去的一年，另一方面是祈祝新年快乐、五谷丰登、人畜兴旺，多与农事有关。

全国各地春节的主要习俗有。

（一）迎龙舞龙耍龙灯

迎龙舞龙为取悦龙神，保佑风调雨顺。龙灯一般由竹木、彩纸、布等扎成，节数为单数，长达数丈，节内能燃烛的称“龙灯”，不能燃烛的称“布龙”。

舞龙时，领舞者手持龙头，数十人举起紧连龙身的木棍紧随其后，整条龙在音乐声中按照规定的路线和队列奔跑，状如活龙。民间以此祈求风调雨顺、五谷丰登。

（二）舞狮子

舞狮源于镇慑糟蹋庄稼、残害人畜之怪兽的传说。乡民除了在新年期间舞狮，也在神诞或庆典上表演，以增加热闹的气氛。舞狮时的乐器主要为锣鼓，配以一定的节奏，常见于迎神赛会上作参神拜户时用，其意思是镇宅旺宅、鬼神降伏、合境安宁、五谷丰收。

（三）燃放鞭炮

《荆楚岁时记》曾经这样记载，正月初一，鸡叫头一遍时，大家就纷纷起床，在自家院子里放爆竹，来逐退瘟神恶鬼。

如今，无论是过年过节，还是结婚嫁娶，进学升迁，以至大厦落成、商店开张等，只要为了表示喜庆，人们都习惯燃放鞭炮。

（四）贴春联、挂年画

春联俗称“门对”、“春贴”、“对联”、“对子”、雅称“楹联”。它以工整、对偶、简洁、精巧的文字描绘时代背景，抒发美好愿望，是中国特有的文学形式。春联真正普及始于明代，与朱元璋的提倡有关。据清人陈尚古的《簪云楼杂说》中记载，有一年朱元璋准备过年时，下令每家门上都要贴一幅春联，以示庆贺。原来春联题写在桃木板上，后来改写在纸上。桃木的颜色是红的，红色有吉祥，避邪的意思，因此春联大都用红纸书写。

年画也是起源于“门神”。新年里，将年画贴在门上或挂在墙上。由古代贴门神演变而来，原为驱邪，后变成烘托新年热闹气氛和表达人们欢乐的情绪。旧时常挂“五谷丰登”、“五子登科”等，现代则常挂“月历牌”年画，内容有山水、花鸟、人物、书法等。

（五）拜年贺喜

拜年是人们辞旧迎新、相互表达美好祝愿的一种方式。古时“拜年”是正月初一家长带领小辈出门拜见亲戚、朋友、尊长，以吉祥语向对方祝颂新年。先祝福长辈健康长寿、万事如意。长辈受拜以后，要将事先准备好的“压岁钱”分给晚辈，卑幼者并须叩头致礼。贺年是平辈相互道贺。有些机关、团体、企业、学校，大家聚在一起相互祝贺，称为“团拜”。

（六）接神

接神的仪式在天地桌前举行，由全家中的年长者主持。传说诸神所居的天界方位不同，下界时来的方向自然也不同，至于接何神，神从何方来，要预先查好“宪书”，然后带领全家举香在院中按方位接神。如辛未年的《宪书》上指示:“财神正东、福神正南、贵神东北、喜神西南、太岁神西南等”。按方位叩首礼毕后，肃立待香尽，再叩首，最后将香根、神像、元宝锭等取下，放入早已在院中备好的钱粮盆内焚烧。焚烧时同燃松枝、芝麻秸等。接神时鞭炮齐鸣，气氛极浓烈。

随着社会的发展，接神、敬天等活动已逐渐淘汰，燃鞭炮、贴春联、挂年画、耍龙灯、舞狮子、拜年贺喜等习俗至今仍广为流行。

（七）年庆习俗

正月初一：不能动扫帚，否则会扫走运气、破财，假如非扫地不可，须从外头扫到里边。晚辈要拎着“虎头包”和水果到长辈家中“拜岁”。“虎头包”就是用草纸包住红枣、黑枣、桂圆、核桃等，每样一斤，再封上一张红纸。

正月初二：出嫁的女儿要在这一天携夫婿及子女回娘家，俗称“迎婿日”。回娘家的女儿要携带一些礼品和红包分给娘家的小孩，并在娘家吃午饭，但必须在晚饭前赶回婆家。

正月初三：过去这一天人们通常不会外出拜年，传说容易与人发生口角争执。不过这个习俗早已过时，因为现在人们难得春节团聚，对此已经淡化许多。

正月初四：因为逢双，不少人家会选择办喜事或者走亲戚。

正月初五：迎财神的传统一直保留至今，很多开店办厂的人天还没亮就会起来放鞭炮。

正月初六：一些商店酒楼正式开张营业，大放鞭炮的热闹境况丝毫不亚于除夕。

正月初七：被称为人日，过去官府在这一天不能处决罪犯，家长也不能在这一天教训孩子。

正月初八：被叫做谷日，如果这一天天气晴朗，则预示这一年稻谷丰收。

正月初九：民间习俗是玉皇大帝的诞辰，过去人们要举行盛大的祭天活动，祈求新的一年风调雨顺、平安健康。

正月初十：民间认为这一天是石头的生日，凡磨、碾等石制工具都不能动，甚至要祭祀石头。

正月十一：是岳父宴请女婿的日子。

正月十二至正月十五：人们开始准备庆祝元宵佳节，选购灯笼，搭盖灯棚。

二、元宵

即每年农历正月十五。元宵又称正月半、上元节、灯节。

全国各地元宵的主要习俗有以下几种。

（一）赏花灯

元宵赏灯始于东汉明帝时期，白昼为市，热闹非凡，夜间燃灯，蔚为壮观。夫妻、恋人常说“长久团圆”、“永不分离”的吉祥话，便会得到灯神的祝福。

（二）吃元宵

正月十五吃元宵，元宵即“汤圆”以白糖、玫瑰、芝麻、豆沙、黄桂、核桃仁、果仁、枣泥等为馅，用糯米粉包成圆形，可荤可素，风味各异。可汤煮、油炸、蒸食，有团圆美满之意。（见图 8-1）

图8-1　元宵

（三）猜灯谜

每逢农历正月十五，每家每户都要挂起彩灯，燃放焰火，后来有好事者把谜语写在纸条上，贴在五光十色的彩灯上供人猜。因为谜语能启迪智慧又迎合节日气氛，所以响应的人众多，而后猜谜逐渐成为元宵节不可缺少的节目。

三、寒食

在清明前一、二日，节日里严禁烟火，只能吃寒食。相传，春秋时晋公子重耳流亡在外，大臣介子推曾割股啖之。重耳做国君后，大封功臣，独未赏介子推。子推便隐居山中。重耳闻之甚愧，为逼他出山受赏，放火烧山。子推抱木不出而被烧死。重耳遂令每年此日不得生火做饭，追念子推，表示对自己过失的谴责。

因寒食与清明时间相近，后人便将寒食的风俗视为清明习俗之一。

四、清明

按农历算在三月上半月，按阳历算，则在每年四月五日或六日。此时天气转暖，风和日丽，“万物至此皆洁齐而清明”，清明节由此得名。

清明节是人们纪念先人，扫墓上香的日子。到先人墓地上献花，并除草植树，以表示对先人的纪念。

五、端午

端午原是月初午日的仪式，因“五”与“午”同音，农历五月初五遂成端午节。又称端阳、重午、重五。

一般认为，该节与纪念屈原有关。屈原忠而被黜，投水自尽，于是人们以吃粽子、赛龙舟等来悼念他。端午除纪念屈原，也为了“驱邪”，有喝雄黄酒、挂香袋、吃粽子（见图 8-2）、插花和菖蒲、斗百草、驱“五毒”等。端午这天，家中如有老人，切记要在早晨起床后赶紧向老人问安，并送粽子和面条给老人，祝他们健康长寿。

图8-2　粽子

六、乞巧

即每年七月初七晚上，又称少女节或七夕。七夕节是我国传统节日中最具浪漫色彩的一个节日，也是过去姑娘们最为重视的日子。相传，天上的织女嫁给了地上的牛郎，王母娘娘将织女抓回天庭，只许两人一年一度鹊桥相会。妇女们趁织女与牛郎团圆之际，摆设香案，穿针引线，向她乞求织布绣花的技巧。在葡萄架下，静听牛郎织女的谈话，也是七月七的一大趣事。（见图 8-3）

在这一天晚上，妇女们穿针乞巧，祈祷福禄寿活动，礼拜七姐，仪式虔诚而隆重，陈列花果、女红，各式家具、用具都精美小巧、惹人喜爱。

图8-3　七夕节

七、中秋

农历八月在秋季之中，八月十五又在八月之中，故称中秋。又称团圆节，秋高气爽，明月当空，故有赏月与祭月之俗。圆月带来的团圆的联想，使中秋节更加深入人心。唐代将嫦娥奔月与中秋赏月联系起来后，更富浪漫色彩。

全国各地中秋的主要习俗有有以下几种。

（一）拜月

每逢中秋圆月升起，在庭院、楼台，或屋前的禾坪对着月亮升起的地方，设大香案，摆上月饼、西瓜、苹果、红枣、李子、葡萄等祭品，其中月饼和西瓜是绝对不能少的。西瓜还要切成莲花状。在月下，将月亮神像放在月亮的那个方向，红烛高燃，全家人依次拜祭月亮，然后由当家主妇切开团圆月饼。切的人预先算好全家共有多少人，在家的，在外地的，都要算在一起，不能切多，也不能切少，大小要一样。

（二）祭月

据史书记载，早在周朝，古代帝王就有春分祭日、夏至祭地、秋分祭月、冬至祭天的习俗。其祭祀的场所称为日坛、地坛、月坛、天坛。分设在东南西北四个方向。北京的月坛就是明清皇帝祭月的地方。在中秋时节，对着天上又亮又圆一轮皓月，观赏祭拜，寄托情怀。

（三）赏月

拜过月后，一家人在外面赏月、吃东西。赏月是大人们的事，小孩子一般不会端端正正的坐在那里赏月，而是在皎洁的月色下追逐嬉戏，此时是他们的天堂。而吃东西则是有些讲究的。家长往往先让大家吃这些祭过月神的祭品。分吃过程，一方面接受了月神的赐福，另一方面履行了传统的祭祀文化。广东梅县人的说法是，吃了这些祭品更“乖”，吃了有福气，吃了会更吉利。（见图 8-4）

图8-4 月饼

（四）走月

皎洁的月光下，人们衣着华美，三五结伴，或游街市，或泛舟秦淮河，或登楼观赏月华，谈笑风生。旧时南京人“走月”还有一种特殊的祈盼之举：凡没生儿子的已婚妇女，要去游夫子庙，随后再跨过一座桥，相传即可有“梦熊之喜”（意生男孩）。

八、重阳

> **温馨提醒**
> 衣食以厚民生，礼义以养其心
> 元 · 许衡

即每年的九月初九。《易经》将“九”定为阳数，两九相重，故“重阳”。重阳时节，秋高气爽，风清月洁，故有登高望远、赏菊赋诗、喝菊花酒、插茱萸等习俗。唐人有“遍插茱萸少一人”的诗句。现在有些城市将重阳节定为敬老节。

全国各地重阳的主要习俗有以下几种。

（一）赏菊

重阳又称菊花节，赏菊也就成了重阳节俗的组成部分。明代，在《陶庵梦忆》中记载有："兖州绍绅家风气袭王府。赏菊之日，其桌、其炕、其灯、其炉、其盘、其盒、其盆盎、其看器、其杯盘大觥、其壶、其帏、其褥、其酒、其面食、其衣服花样，无不菊者夜烧烛照之，蒸蒸烘染，较日色更浮出数层。席散，撤苇帘以受繁露。"至今，重阳节期间，各大公园也仍组织大型菊展，并将菊缚扎成各类动植物，人物等造型，十分美观。

（二）登高

重阳最重要的节日活动之一，即是登高。登高所到之处，没有划一的规定，一般是登高山、登高塔。人们登高也不单是攀登而已，还要观赏山上的红叶野花，并饮酒吃肉，享受一番，使登高与野宴结合起来，更有吸引力。在广州，游客多于重阳登上白云山，饮酒赋诗，热闹非凡，影响至今。在上海，附近无山丘，便把沪南丹凤楼及豫园的大假山作为登高雅集之所，也很热闹。

（三）佩茱萸、簪菊花

重阳节有佩茱萸的风俗，因此又被称为"茱萸节"。茱萸是重阳节的重要标志。重阳节时人们还喜欢佩戴菊花。茱萸雅号"辟邪翁"，菊花又名"延寿客"。茱萸是一种可以做中药的果实，人们认为在重阳节这一天插茱萸可以避难消灾；或佩带于臂，或作香袋把茱萸放在里面佩带，称为茱萸囊，还有插在头上的。大多是妇女、儿童佩带，有些地方，男子也佩带。

（四）饮菊酒

菊花酒，在古代被看作是重阳必饮、祛灾祈福的"吉祥酒"。古时菊花酒，是头年重阳节时专为第二年重阳节酿的。九月九日这天，采下初开的菊花和一点青翠的枝叶，掺和在准备酿酒的粮食中，然后一齐用来酿酒，放至第二年九月九日饮用。传说喝了这种酒，可以延年益寿。重阳当日，亲友们三五相邀，同饮菊酒，共赏黄花，吟诗作对。

（五）吃重阳糕

重阳当日，除了饮茱萸、菊花酒，吃菊花食品之外，还有吃糕。在北方，吃重阳糕之风尤盛。重阳糕又称花糕、菊糕、五色糕，制无定法，较为随意，有"糙花糕"、"细花糕"和"金钱花糕"。粘些香菜叶以为标志，中间夹上青果、小枣、核桃仁之类的糙干果；细花糕有三层、两层不等，每层中间都夹有较细的蜜饯干果，如苹果脯、桃脯、杏脯、乌枣之类；金钱花糕与细花糕基本同样，但个儿较小，如同"金钱"一般，古时多是上层府第贵族的食品。

九、腊日

腊日通常在每年的最后一个月（腊月）举行，南北朝时腊日已固定在农历十二月初八。这是古代岁末祭祀祖先、祭拜众神、庆祝丰收的节日。全国各地有喝腊八粥、做腊八粥的习俗。（见图 8-5）

图 8-5　腊八粥

腊八粥是用八种当年收获的新鲜粮食和瓜果煮成，一般都为甜味粥，主要材料有白糯米、桂圆、糖，配料是莲子、银耳、红枣、百合、山药、豆类（绿豆、红豆等）。

十、除夕

即农历十二月三十日晚。一年的最后一天叫“岁除”，那天晚上叫“除夕”。除夕人们往往通宵不眠，叫守岁。

除夕当天，大家在打扫干净的屋里，摆上丰盛的菜肴，全家团聚吃“年饭”。此夜大家通宵不眠，或喝酒聊天，或猜谜下棋，嬉戏游乐，谓之“守岁”。零点时，众人争相奔出，在庭前拢火燃烧（古称“庭燎”，取其兴旺之意），并在这“岁之元，月之元，时之元”的“三元”之时抢先放出三个“冲天炮”，以求首先发达，大吉大利。此时，爆竹声、欢叫声响成一片，一派“爆竹声中除旧岁”的景象。

此外，还要贴门神、贴春联、贴年画、挂门笼，人们则换上喜庆色彩和带图案的新衣。压岁钱是必不可少的，要压在孩子的枕头下过夜；把家里的米缸装满，米缸盖上放个碗，装上南瓜、芋艿、年糕等，这叫做满米缸，象征来年丰衣足食。

任务二　各民族节日及礼俗

礼仪问题

Q2 “花衣银装赛天仙”形容的是（　　）族。

A. 苗　　B. 白　　C. 傣　　D. 壮

礼仪故事 30

筷子的故事

平时吃饭，家长会告诫小孩不要用筷子敲打碗盆。遇到家里请客吃饭时，尤其不可将筷子胡乱地敲打碗盆。这究竟是为什么?

有人以为这种礼仪规范是跟乞讨的忌讳有关的。就是说，只有乞丐讨食时才会用筷子敲打碗盆。这种解释比较流行。

事实上，还有另一种解释值得重视，古时候有所谓“蛊毒”之说，相传蛊是一种由人工培养的毒虫，人取百虫放入瓮中，经年打开看时，必有一虫将别的虫都食尽，这虫就叫蛊。

古人因此将毒害人而令人不自知，称为蛊毒。在用蛊的粉末放在食物里毒害他人时，为使蛊起作用，就要在下毒时边念咒语边敲打碗盆。因此，用筷子敲打碗盆就成了饮食中的大不敬。

点评 良好的礼仪习惯能更好地向对方展示你的价值，通过你的言行传达出尊重、友好、诚恳等情感信息。

礼仪学堂

一、汉族礼仪习俗

汉族是世界上人口最多的民族，是一个历史从未中断过的、历史悠久的民族。“汉”原指天河、宇宙银河，《诗经》云：“维天有汉”。华夏族称为“汉人”，始于汉朝。汉族是经过长期历史发展，同其他民族共同融合而成的。在中国历史上曾有过多次民族迁徙和融合，使汉族不断得以发展兴旺，逐渐成为中国人口最多、经济文化最发达的民族。汉族主要礼仪习俗有以下几种。。

（一）婚嫁习俗

婚嫁，旧时，汉民族的婚姻制度充满封建意识，从换贴到拜天地，均由“父母之约、媒妁之言”决定。汉族婚嫁大体有提亲、订婚、探话、结婚、典礼、回门六个过程。

（二）饮食习俗

作为汉族传统的古代宴饮礼仪，一般的程序是，主人发帖相邀，到期迎客于门外；客至，问候并带入客厅小坐，敬以茶点；带客入席，以左为上座。客人坐定，由主人敬酒让菜，客人以礼相谢。宴毕，带客入客厅小坐，上茶，辞别。

现代的斟酒上菜，也有一定标准。斟酒由宾客右侧进行，先主宾，后主人；先女宾，后男宾。酒斟八分，不得过满。上菜先冷后热，热菜应从主宾对面席位的左侧上；上单份菜或配菜、小吃先宾后主；上全鸡、全鸭、全鱼等整形菜，不能把头朝向正主位。

二、少数民族礼仪习俗

（一）蒙古族

蒙古族人民主要生活在我国北部内蒙古高原上，过着“逐水草而迁徙”的游牧生活，被誉为“草原骄子”。蒙古族主要有以下几种习俗。

1. 放五茶

蒙古人迎接贵宾，婚丧嫁娶，逢年过节，敬神祭祖，最隆重的礼节就是放五茶。放五茶主要指：献哈达、喝奶茶、尝鲜奶、摆羊背子、敬美酒。

（1）献哈达。主人迎送客人，晚辈谒见尊长，都要奉献哈达，这是表示对客人或长辈的崇高敬意和亲切的问候。当主人手捧哈达，躬身把哈达举过头，恭恭敬敬地递给客人后，便虔诚地下跪磕头。客人接到哈达，表示了谢意，恭敬地向主人奉还哈达后，主人又非常有礼貌地向客人磕头致意。

（2）喝奶茶。客人被邀请进蒙古包，主人先在红漆小桌上摆上黄澄澄的酥油、珊瑚状的奶酪、似饼薄厚的奶皮子，以及炒米、红糖、油炸食品。然后就拿着瓷质精细、图案艳丽的小碗，用小木勺舀进少量炒米，沏上滚烫喷香的奶茶，敬让客人畅饮。主人把洁白的鲜奶倒入银碗中，用双手递给客人后，客人即用右手无名指伸到银碗里蘸三次。第一次弹向天空，以示谢天；第二次弹到地上，以示敬神、祭灶；第三次则自己品尝。尝鲜奶表达了蒙古人祈求平安，祝愿牧业丰收的心愿。

（3）摆羊背子。摆羊背子是五茶中最隆重，最讲究，最壮观的项目。羊背子是蒙古族的“餐中之尊”。它是由羊头、羊身、肩骨、四条腿拼凑在一起，并按照一定地规格，摆放在长方形的木制红漆托盘里。进餐时，人人手持蒙古刀把整块肉切成小块，用手拿着吃。羊背子肥嫩，肉鲜味美。

（4）敬美酒。当羊背子端上餐桌后，主人便先从长辈或职务高的人开始依次敬酒，以表示对客人的欢迎和尊重。斟酒时，有时斟一银碗酒；有时用酒盅敬酒，但是均要求客人一饮而尽。喝酒时，主人还要为客人唱祝颂歌。有多少酒，便有多少歌。酒歌既是一种劝酒活动，又是对待客人的一种盛情。酒足饭饱，客人临别时，主人还要用歌声祝福客人吉祥如意、一路顺风。

2. 蒙古族的节日

那达慕大会，每年七、八月牲畜肥壮的季节举行“那达慕”大会，这是人们为了庆祝丰收而举行的文体娱乐大会。“那达慕”大会上惊险动人的赛马、摔跤，令人赞赏的射箭，有争强斗胜的棋艺，有引人入胜的歌舞，显示出草原民族独有的特色。（见图 8-6）

图8-6 “那达慕”大会

3. 蒙古族的禁忌

进入蒙古包前要把马靴放在门外。入包时，不能踩门槛。进包后，坐在包边。离包时，走原路。告别主人时，主人返回蒙古包后，再上车或上马。

主人献茶，客人应欠身用双手去接。睡觉时，脚不能伸向西北方。如包里有病人，门外右侧则缚一条绳子，绳子的一头埋在地下，表示主人不能待客。不能用烟袋或手指指人，不能在火盆上烤脚，蒙古族忌讳坐在蒙古包的西北角。蒙古族妇女坐月子，满月前不能进家串门，他们在门口做的标记是：生男孩的，门的右边挂着由哈达或棉布包裹的树枝（似弓箭）。倘是女孩，门的左边挂的是红布。严禁客人打骂狗。对拴有红布的牲畜，绝对禁止使用。参观宗教仪式时应注意：不要鲁莽介入；参观时不妄加评论，不喧哗、不模仿、不吸烟、不走动。

（二）回族

回族是回民族的简称。居住较集中的地方建有清真寺，由阿訇主持宗教活动，经典主要是《古兰经》，信徒称“穆斯林”。信奉伊斯兰教，故生活习惯也受到该教的影响。回族主要有以下几种习俗。

1. 回族的节日

回族民间节日开斋节，又称大开斋。每年希吉来历即伊斯兰历9月为斋月。凡回族男12岁、女9岁以上身体健康者都应封斋。解放后，国务院把开斋节定为回族的法定假日。（见图8-7）

图8-7　开斋节

封斋的人，在东方发白前要吃饱饭。东方发晓后，至太阳落山前，要禁止行房事，断绝一切饮食。快到开斋时，斋戒的男子大多数都要到清真寺等候。听见清真寺里开斋的梆子声后，就在寺里吃“开斋饭”。开斋时，若是夏天，有条件的先吃水果，没有条件的喝一碗清水或盖碗茶，而后再吃饭。斋月里，回族的生活安排得比平时要丰盛得多。一般都备有牛羊肉、白米、白面、油茶、白糖、茶叶、水果等有营养的食品。斋戒期满，就是回族一年一度最隆重的节日——开斋节。

2. 回族的禁忌

（1）饮食。在饮食上，回族人普遍吃牛、羊、驼等食草动物，不吃马、驴、骡、猪、狗肉，不吃动物血液和自死动物。尤其禁食猪肉。这和伊斯兰教的饮食思想有关。此外，回族人民还禁止饮酒。

（2）卫生情况。回族很讲究卫生，注意淋浴和洗涤。走进农村回族人清洁整齐的屋内，往往可看见门后房梁上，吊着一个水罐，下面有通下水道的浅坑，这里是人们经常沐浴的地方。平时洗脸、洗手，则用汤瓶，而不用脸盆。汤瓶又名洗壶，它最早从阿拉伯传入，现在城里的回族饭馆，也常挂着一块绘有“汤瓶”的清真木牌，以示这是清真饭店。

（三）苗族

苗族源于原始社会时代活跃于中原地区的蚩尤部落，信仰万物有灵，崇拜自然，祀奉祖先。苗族主要有以下几种习俗。

1. 苗族的服饰

苗族服装大多遍施图案，刺绣、挑花、蜡染、编织、镶衬等多种方式并用，在国际上享有盛名。苗族妇女大多佩戴手镯、耳环，胸前有大项圈及银锁，有的在项圈与银锁上还垂下长短不同的银质珠穗，显得华贵富丽。（见图8-8）

图8-8　苗族妇女服饰

苗族男子喜欢佩刀。生下男孩后，父母和亲友要准备 一块与孩子体重相等的铁埋于地下。以后，男孩的每年生日，将铁挖起来 锻打一次。孩子长到16岁时，将此铁打成苗刀，佩在身上。

2. 苗族的生活

青年男女之间第一次见面，按规矩首先应问清对方的姓。若双方同姓，以兄妹、姐弟相称，以礼相待，不能戏谑、对歌和跳舞。若双方不同姓，才可以戏谑和唱歌跳舞。

3. 苗族的节日

羊马节，流行于秀山县龙池、石堤一带。每年农历四月二十六至二十八日举行。届时，人们杀猪宰羊，请客送礼，隆重庆祝节日。

4. 苗族的禁忌

苗族讲究真情实意，非常热情，最忌浮华与虚伪。主人路遇客人不抢第一步，不走在前面；交谈中用敬语称呼；迎客要穿节日服装；对贵客要到寨外摆酒迎候；客人到家门，男主人要叫门，告知在家的女主人，女主人要唱歌开门迎客；在客人面前，女主人不登高上楼；宴会上以鸡、鸭待客为佳肴，尤以心、肝最贵重，要先给客人或长者，然后再分给众人享用，次序是先长后幼。客人不要称主人“苗子”，他们喜自称“蒙”;禁杀狗、打狗，不吃狗肉；不能坐苗家祖先神位的地方，火炕上三角架不能用脚踩；不许在家或夜间吹口哨；不能拍了灰吃火烤的糍粑；嬉闹时不许用带捆苗家人；遇门上悬挂草帽、树枝或婚丧祭日，不要进屋；路遇新婚夫妇，不要从中间穿过等。

（四）傣族

傣族自称“傣仂”、“傣雅”等。傣族主要有以下几种习俗。

1. 傣族的饮食

傣族人喜欢吃糯食，因此，用糯米做的黄米饭、年糕、糯米粑粑、米干、米线等食品，都颇有特色。其中最有代表性的是香竹饭。傣族人认为，糯米只有现吃现煮，才不失其原有的色泽和香味，因而不食或很少食用隔夜米，习惯用手捏饭吃。外出劳动者在野外用餐时，用芭蕉叶或众饭合盛一团糯米饭，随带盐巴、辣子、酸肉、烧鸡、喃咪（傣语，意为酱）、青苔松即可进食。

2. 傣族的节日

在每年傣历六月举行的泼水节是最盛大的节日。届时要赕佛，并大摆筵席，宴请僧侣和亲朋好友，以泼水的方式互致祝贺。现在，因泼水活动是傣历新年节庆活动的主要内容，这一活动深受各族人民的喜爱。（见图 8-9）

图8-9 泼水节

3. 傣族的禁忌

傣族人忌讳外人骑马、赶牛、挑担和头发蓬乱进寨子；进入傣家竹楼，要把鞋脱在门外，而且在屋内走路要轻；不能坐在火塘上方或跨过火塘，不能进入主人内室，不能坐门槛；不能移动火塘上的三脚架，也不能用脚踏火；忌讳在家里吹口哨、剪指甲；不准用衣服当枕头或坐枕头；晒衣服时，上衣要晒在高处，裤子和裙子要晒在低处；进佛寺要脱鞋，忌讳摸小和尚的头、佛像、戈矛、旗幡等一系列佛家圣物。不能随便大声喧哗。

（五）藏族

藏族主要分布在西藏自治区及四川、青海、甘肃和云南等省的部分地区。由于居住在高山地区，藏族的生活习俗多于高山环境有关，又信奉喇嘛教，故生活习惯也受到该教的影响。藏族主要有以下几种习俗。

1. 献哈达

哈达是藏族人民作为礼仪用的丝织品，是社交活动中的必备品。哈达类似于古代汉族的礼帛。 哈达也是藏族人交流和送礼的重要物品。无论婚丧嫁娶、民俗节庆、拜会尊长、迎送宾客、朝觐佛像、求情办事、新房竣工以及认错请罪等都有献哈达的习惯。献哈达是对对方表示纯洁、诚心、忠诚和尊敬的意思。（见图 8-10）

哈达可分为两种：一种是象征纯洁、吉利的白色哈达；一种是五彩哈达，颜色为蓝、白、黄、绿、红。蓝色表示蓝天，白色是白云，绿色是江河水，红色是空间护法神，黄色象征大地。它是献给菩萨或迎亲做彩礼用的特定礼物。

图8-10 献哈达

献哈达十分讲究。献哈达者应将哈达对叠再对折成四幅双楞，把双楞一边整齐地对着被献者，躬身俯首，双手奉献，表示恭敬。被献者也必须弯腰俯首，双手承接，表示回敬。切忌用一只手相送或一只手受礼。献哈达的方式也有许多区别：下级向上级，晚辈向长辈，或向活佛献哈达，应躬身低头，双手举哈达呈上或放在座位前的桌子上面或脚下，对方并不回赠哈达。这时的哈达，表示敬意和感谢；同辈平级献哈达，表示友好，应该献在对方手上，对方回赠哈达；上级对下级，长辈给晚辈赠哈达，表示亲切关怀和慈祥的爱意，可直接将哈达挂在对方颈上；如果是喜庆典礼，主人往往将所献哈达回赠给献者，并绕在他的脖子上；他人为自己献哈达时，应将身体微微前倾，恭敬地双手接过，然后绕过头顶挂在自己颈上，以示谢意。

在不同情况下代表着不同的意义。如佳节之日，人们互献哈达，表示祝贺节日愉快、生活幸福、身体健康；男女求婚时，先由中间人献哈达，如接受哈达则表示可以议婚，退回则为拒绝之意；婚礼上呈献哈达，意为恭贺新喜，祝愿新婚夫妇恩爱如山，白头偕老；迎送宾客时奉献哈达，表示对远方来客的热烈迎送和崇高的敬意；葬礼上献哈达，表示对死者的沉痛哀悼和对死者家属的安慰；佛法会上献哈达，向喇嘛和活佛敬献哈达，表示对喇嘛活佛的无限敬仰和信教的一片虔诚之心；到神佛前祈祷时献哈达，以示信佛者的虔诚和希望菩萨保佑，万事如意；在书信来往中，附上一条哈达，表示写信者感情的真诚和意愿的庄重；将钱物包在哈达里赠给演员，表示观众真诚的心意；拜会尊长敬献哈达，表示对尊长的敬重，祝愿幸福、长寿、吉祥如意；向对手献哈达表示想化干戈为玉帛，重归于好。

2. 磕头

磕头是西藏最常见的礼节，一般是朝佛像、佛塔、活佛磕头，也有对长者磕头。磕头有磕长头、磕短头和磕头三种。

在大昭寺、布达拉宫及其他宗教场所中，常常可以见到磕长头的人群。五体投地匍匐，双手前直伸。每伏身一次，以手划地为号，起身后前行到记号处再匍匐。虔诚之至，千里

不遥，坚石为穿，令人感叹。（见图 8-11）

图8-11 磕长头

在寺庙里，也有一种磕响头的磕头方法。无论男女老少，先合掌连拱三揖，然后拱腰到佛像脚下，用头轻轻一顶，表示诚心忏悔。

3. 敬酒茶

常见的为敬青稞酒、敬酥油茶。每逢到藏族朋友家做客，主人就会为来客敬酒。客人双手接过别人敬酒的酒杯酒碗后，先要用无名指蘸一点酒，连续三次弹向天空，祝“扎西德勒”后再喝，同时也是对敬酒者的感谢。喝酒时，客人必须先喝两小口，待第三次填满后一饮而尽，这就是约定俗成的三口一杯，藏语称为“松久霞达”。如若不然，主人就会很不高兴，或认为客人不懂礼貌，或认为客人瞧不起他。这种敬酒法是最常见和通用的，也是在藏族中敬青稞酒最基本的礼仪。

4. 藏族的禁忌

（1）两个久别重逢的朋友互相打招呼或聊天时，手不能搭在对方的肩膀上。

（2）不能跨过或踩在别人的衣服上，也不能把自己的衣物放在别人的衣服上，更不能从人身上跨过去。

（3）妇女晾衣服，尤其裤子，内裤不能晾在人人经过的地方。

（4）不能在屋里吹口哨或大声哭叫。

（5）家里人出远门，客人刚走，中午和太阳落山后及藏历大年初一不能扫地或倒垃圾。

（6）外人不能当着已故人亲属的面，提已故人的名字。

（7）今年该完成的活不能留在明年干，如捻毛线、织毛衣和地毯等。

（8）黄昏时，不能随便到人家里走，尤其家里有将分娩的孕妇或刚生产的产妇或重病人时，陌生人更不能去。

（9）过了中午以后，不能把家里的任何财产拿出去。

（10）到一个从来没有到过的大山及悬崖峡谷，不能大声喧哗。

（11）不能跨或踩吃饭的用具：锅、碗、瓢、盆等。

（12）家里有两个人同时出门，并且朝相反方向走，不能同时出家门，必须前后出门而且出门时间要隔开。

（13）妇女到晚上不能梳头和洗头，也不能披着头发出门。

（七）壮族

壮族是中国少数民族中人口最多的一个民族，是岭南的土著民族。新中国成立后，统称“僮族”，后来改为“壮族”。壮族主要有以下几种习俗。

1. 好客

壮族是个好客的民族，过去到壮族村寨任何一家做客的客人都被认为是全寨的客人，往往几家轮流请吃饭，有时一餐饭吃五、六家。平时即有相互做客的习惯，比如一家杀猪，必定请全村各户每家来一人，共吃一餐。招待客人的餐桌上务必备酒，方显隆重。敬酒的习俗为“喝交杯”，其实并不用杯，而是用白瓷汤匙。

客人到家，必在力所能及的情况下给客人以最好的食宿，对客人中的长者和新客尤其热情。用餐时须等最年长的老人入席后才能开饭；长辈未动的菜，晚辈不得先吃；给长辈和客人端茶、盛饭，必须双手捧给，而且不能从客人面前递，也不能从背后递给长辈；先吃完的要逐个对长辈、客人说“慢吃”再离席；晚辈不能落在全桌人之后吃饭。

2. 尊老爱幼

尊老爱幼是壮族的传统美德。路遇老人要主动打招呼、让路，在老人面前不跷二郎腿，不说污言秽语，不从老人面前跨来跨去。杀鸡时，鸡头必须敬给老人。路遇老人，男的要称“公公”，女的则称“奶奶”或“老太太”；遇客人或负重者，要主动让路，若遇负重的长者同行，要主动帮助并送到分手处。

3. 壮族的忌讳

（1）壮族人忌讳农历正月初一这天杀牲；有的地区的青年妇女忌食牛肉和狗肉；（2）妇女生孩子的头三天（有的是头七天）忌讳外人入内；忌讳生孩子尚未满月的妇女到家里串门。（3）登上壮族人家的竹楼，一般都要脱鞋。（4）壮族忌讳戴着斗笠和扛着锄头或其他农具的人进入自己家中。（5）火塘、灶塘是壮族家庭最神圣的地方，禁止用脚踩踏火塘上的三脚架以及灶台。（6）壮族青年结婚，忌讳怀孕妇女参加，怀孕妇女尤其不能看新娘。特别是怀孕妇女不能进入产妇家。家有产妇，要在门上悬挂枝条或插一把刀，以示禁忌。不慎闯入产妇家者，必须给婴儿取一个名字，送婴儿一套衣服，一只鸡或相应的礼物，做孩子的干爹、干妈。

温馨提醒

壮族是稻作民族，十分爱护青蛙，有些地方的壮族有专门的“敬蛙仪”，所以到壮族地区，严禁捕杀青蛙，也不要吃蛙肉。每逢水灾或其他重大灾害时，壮族都要举行安龙祭祖活动，乞求神龙赈灾。仪式结束后，于寨口立碑，谢绝外人进寨。

礼仪演练

一、简答题

1. 中国有哪些传统节日？

2. 少数民族有哪些礼仪习俗？

二、填空题

1. 我国传统习俗中最隆重的节日是________。

2. 元宵习俗有________、________、________、________、________等。

3.《易经》将“九”定为阳数，两九相重，故农历九月初九为“________”。

4. ________是傣历新年节庆活动的主要内容，这一活动深受各族人民的喜爱。

5. 磕头是西藏最常见的礼节，一般是朝佛像、佛塔、活佛时磕头，也有对长者磕头。磕头有________、磕短头和________三种。

三、案例分析

（一）孔融小时候聪明好学，才思敏捷，巧言妙答，大家都夸他是奇童。4 岁时，他已能背诵许多诗赋，并且懂得礼节，父母亲非常喜爱他。一日，父亲买了一些梨子，特地拣了一个最大的梨子给孔融，孔融摇摇头，却另拣了一个最小的梨子说："我年纪最小，应该吃小的梨，你那个梨就给哥哥吧。"父亲听后十分惊喜，又问："那弟弟也比你小啊？"孔融说："弟弟比我小，我也应该让给他"。孔融让梨的故事，很快传遍了曲阜，并且一直流传下来，成了许多父母教育子女的好例子。

问题：请问你从孔融身上学到了什么道理？

（二）很早以前，一个无恶不作的魔王霸占了美丽富饶的西双版纳，并抢来七位美丽的姑娘做他的妻子。姑娘们满怀仇恨，合计着如何杀死魔王。一天夜里，年纪最小的姑娘侬香用最好的酒肉，把魔王灌得酩酊大醉，使他吐露自己致命的弱点。原来这个天不怕，地不怕的魔王，就怕用他的头发勒住自己的脖子，机警的小姑娘小心翼翼地拔下魔王一根红头发，勒住他的脖子。果然，魔王的头就掉了下来，变成一团火球，滚到哪里，邪火就蔓延到哪里。竹楼被烧毁，庄稼被烧焦。为了扑灭邪火，小姑娘揪住了魔王的头，其他六位姑娘轮流不停地向上面泼水，终于在傣历的六月把邪火扑灭了。乡亲们开始了安居乐业的生活。从此，便有了逢年泼水的习俗。

问题：1. 请问这是傣族的什么节日？

2. 该节日有何特色？

四、实训

1. 实训要求

最好有多媒体教学系统，具备上网功能的实训室；

2. 实训过程

步骤一：教师根据任务书布置任务；

步骤二：各小组分工并讨论完成以上任务；

步骤三：小组成果汇报和展示；

每组派一名代表将小组讨论的结果向大家汇报和展示，展示内容：

① 成果展示（纸张或 PPT）；

② 对内容进行讲解和分析。

步骤四：教师评讲。

① 教师对学生的行动进行点评（见下表）；

② 对本项目相关知识内容进行总结。

任务书

课前将学生分为若干个学习小组，分角色扮演，各小组完成以下任务：

1. 活动一：各小组选定一个少数名族，通过网络等方式查询各少数名族相关资料并分角色展示民族特色。

①少数名族名字；②少数名族的礼仪及风俗；③少数名族的服装特色；④少数名族的分布地区等。

2. 活动二：讨论并分析各少数名族之间区别？

3. 活动三：模拟选定的少数名族的礼仪及风俗习惯。

（小组讨论完成以上的任务，并将讨论的结果写在书写卡片上或制作展示课件，便于下一步的展示。）

课堂随笔

（　　）班技能训练任务（　）评价表

被考评组别		被考评组别成员名单				
考评内容						
考评标准	项目	分值	小组自评（30%）	组间互评（平均）（40%）	教师评价（30%）	合计（100%）
	参与讨论的积极性	25				
	语言表达和沟通能力	30				
	内容	15				
	团队的合作精神	15				
	模拟公司设置合理	15				
合计		100				

五、知识拓展／综合实训

1. 说说中国各民族的结婚习俗？
2. 为什么玫瑰可以代表爱情？说说玫瑰数各代表的含义？
3. 请举例丽江、凤凰、九寨沟等名胜风景区居住着哪些少数民族？

礼仪自评

通过本项目的学习，我学会了

项目九

世界各地礼仪习俗

中国与美国、英国等其他国家都有商务往来，你了解其他国家的礼仪习俗吗？西方国家的传统节日是否于中国有异呢？西方国家主要节日礼仪习俗有哪些？世界四大宗教是什么呢？他们有什么相关的礼仪知识呢？——让我们一起来探究项目九寻找答案吧！

任务一　世界主要国家的礼俗

礼仪问题

Q1　关于涉外礼仪，以下的说法哪个正确？

A. 会见不同国家的客人都可以用握手礼。

B. 与不同国家的客人就餐都是左手拿碗、右手拿筷。

C. 与泰国客人会见要采用合十礼 。

礼仪故事 31

约翰逊访泰

20 世纪 60 年代，时任美国总统约翰逊访问泰国。在受到泰国国王接见时，约翰逊竟毫无顾忌地跷起了二郎腿，脚尖正对着国王，而这种姿势，在泰国是视为侮辱的，因此引起泰国国王的不满。更为糟糕的是，约翰逊在告别时竟然用得克萨斯州的礼节紧紧拥抱了王后。在泰国，除了泰国国王外，任何人都不得触及王后，这就使泰国举国哗然。约翰逊的举动产生了不小的遗憾，也成了涉外交往中的典型笑话。

点评　为什么约翰逊会闹出这样的笑话？——不同的国家对礼仪习俗有不同的要求，约翰逊在进行外交工作之前并没有做好相关的资料准备，所以闹出了这种国际笑话。

礼仪学堂

一、美国礼仪习俗

（一）礼仪规范

1. 服饰礼仪

在正式社交场合美国人穿戴比较保守，讲求西装革履。美国人崇尚自然美，不喜欢过份追求化妆效果。

2. 仪态礼仪

美国人以不拘泥小节著称，他们不喜欢沉默，即便跟大人物在一起。女子性情也很开朗，举止不拘谨。美国人的一些体态语言与我国等国家不同，比如用手指算数，习惯从食指开始向小指算。在美国，蹲着或敞开腿坐着都不雅观，甚至会引起误会。

3. 相见礼仪

美国人见面时常直呼对方名字，即便是初次相识。他们的平等观念强，尊重妇女，尊重个人，父母到孩子的房间去也必须先敲门。

4. 餐饮礼仪

美国人请客人吃饭时，先用电话邀约，客人接到邀请要给予回答，参加者一般提前5～10分钟到达。若迟到15分钟以上，应先给主人打电话。

5. 商务礼仪

美国商人喜欢边吃边谈，一般洽谈活动从吃早餐开始，晚上一般不谈生意或作重大决定。同美国人做生意，最重要的原则之一就是——必须表述清楚，不能模棱两可。

（二）礼俗禁忌

1. 颜色的禁忌

美国人忌讳黑色。因为它是美国主要用于丧葬活动的颜色，被视为不吉利的颜色。

> **温馨提醒**
> 美国人的姓名排列是名在前，姓在后，姓一般只有一个，名可以有一个或两个，妇女婚后随夫姓。口头称呼一般称姓。

2. 数字的的禁忌

美国的大多数人都忌讳数字“13”和“星期五”。

3. 交谈的禁忌

美国人忌讳打听别人的私事，在美国，询问他人的收入、年龄、婚姻、健康、籍贯、住址、种族是很不礼貌的；忌讳谈论政党之争、投票意向和计划生育等话题；与美国黑人打交道，忌讳提“黑”这个词。

4. 动物与图案的禁忌

美国人忌讳蝙蝠和黑猫这两种动物，他们认为蝙蝠是凶神恶煞之象，黑猫会给人带来厄运。

5. 食物的禁忌

美国人忌吃狗肉、猪肉、蛇肉、鸽肉，动物的头、足及内脏。

6. 送礼方面的禁忌

美国人忌讳给妇女送香水，化妆品或衣物。

7. 行为举止的禁忌

美国人忌讳随意训斥或打骂孩子；忌讳盯视他人和冲着别人伸舌头；忌讳用食指指点他人；忌讳穿着睡衣出门或会客，他们认为穿睡衣会客等于没穿衣服，是没礼貌的行为。

二、英国礼仪习俗

（一）礼俗规范

1. 以女士为尊

英国人十分注重礼节。讲文明、讲礼貌、尊重女性是英国世风的重要特点。英国男子提倡“女士第一”、“女士优先”。女士入室，男子要为她开门，请其先行；女士入座，男子要为其拉椅子；女士进屋或离开，男子要帮其穿鞋、脱外衣；外出乘坐车、船，男子要让女士先上，有空座则请女士先坐，并适时给予照顾；男女同路，男子走在道路外侧，以防止女士发生意外。

2．相见礼仪

英国人初次见面礼节简单，通常握手问好，不行拥抱礼。如果朋友相见，往往只作寒暄，连握手礼也免了。到别人家拜访做客，要先敲门，等主人说“请进”方可入内。进门后，男子要脱帽以示向主人致意；女士不必如此，但也要先向主人问好后再就座。

3．社交礼仪

英国人一般不邀请别人到家中做客。仅有一般交往的人们互不过问对方的年龄、工资、婚姻状况一类的个人问题。

英国人喜欢饮茶。请人饮茶能表示主人的敬意。按照习俗，他们向客人敬茶时，必须先把少许牛奶倒进茶具，接着冲以热茶，最后加一点糖。先倒茶后放牛奶，被认为是失礼和缺乏修养的行为。

英国人酷爱读报，他们以此躲避喧嚣的尘世和消除疲劳。即使在乘车上班的路上或在地铁车站，人们也多在读报。

在英国，朋友之间讲究送礼，但是礼品数量不能过多，档次不能过高，否则对方为避受贿之嫌不敢或不乐于接受。他们习惯在晚上赴宴或观看演出后，相互送些高级糖果、巧克力、名酒或者鲜花之类的礼品。

（二）礼俗禁忌

1．颜色的禁忌

英国人忌讳墨绿色，认为它是不吉利的颜色。

2．数字的的禁忌

英国人忌讳数字“3”、“13”和“星期五”的日期。

3．交谈的禁忌

（1）英国人忌讳谈论涉及政治、宗教、英王、王室以及英国各地区之间的矛盾。

（2）英国人忌讳询问家事或隐私，如职业、工资、年龄、婚姻和家庭状况等；忌讳称他们是“英国人”，尤其是英国商人，而应称之为“大不列颠人”，即要避免使用 ENGLISH（英格兰人）这个词，这样说是因为他们可能是爱尔兰人或苏格兰人。

（3）英国人忌讳用“厕所”一词，而常代之以其他词语，比如称女厕所为“女士室”，称男厕所为“男士室”。

4．动物与图案的禁忌

英国人忌讳黑猫、孔雀、大象等动物，认为黑猫是不祥之物；孔雀是祸鸟，连孔雀开屏也视为自我吹嘘；大象是蠢笨的象征。

5．食物的禁忌

英国人忌讳吃动物的头、足和内脏。

6．送礼方面的禁忌

英国人忌讳送百合花和菊花，认为它们是死亡的象征；忌讳送贵重礼物、涉及生活的服饰、香水和带有送礼人所在公司标志的广告物品。

7. 行为举止的禁忌

英国人行为举止“五条禁忌”：一是忌讳当众打喷嚏；二是忌讳用同一根火柴连续点三支香烟；三是忌讳把鞋子放在桌子上；四忌讳在屋子里撑伞；五是忌讳从梯子下面过。

三、法国礼仪习俗

（一）礼仪规范

1. 社交礼仪

与英国人和德国人相比，法国人在待人接物上表现是大不相同的。他们在人际交往中大都爽朗热情。善于雄辩高谈阔论，好开玩笑，讨厌不爱讲话的人，对愁眉苦脸者难以接受。

在世界上法国人是最著名的“自由主义者”。 他们虽然讲究法制，但是一般纪律较差，不大喜欢集体行动。与法国人交际，约会必须事先约定，并且准时赴约，但是也要对他们可能的姗姗来迟事先有所准备。

在人际交往中法国人所采取的礼节主要有握手礼、拥抱礼和吻面礼。（见图 9-1）

图9-1 吻面礼

2. 服饰礼仪

法国人对于衣饰的讲究，在世界上是最为有名的。所谓“巴黎式样”，在世人耳中即与时尚、流行含意相同。

在正式场合：法国人通常要穿西装、套裙或连衣裙，颜色多为蓝色、灰色或黑色，质地则多为纯毛。

出席庆典仪式时：一般要穿礼服。男士所穿的多为配以蝴蝶结的燕尾服，或是黑色西装套装；女士所穿的则多为连衣裙式的单色大礼服或小礼服。

温馨提醒

对于穿着打扮，法国人认为重在搭配是否得法。在选择发型、手袋、帽子、鞋子、手表、眼镜时，都十分强调要使之与自己着装相协调，相一致。

3. 餐饮礼仪

作为举世皆知的世界三大烹饪王国之一，法国人十分讲究饮食。在西餐之中，法国菜可以说是最讲究的。

法国人爱吃面食，面包的种类很多；他们大都爱吃奶酪；在肉食方面，他们爱吃牛肉、猪肉、鸡肉、鱼子酱、鹅肝，不吃肥肉、肝脏之外的动物内脏、无鳞鱼和带刺骨的鱼。

法国人特别善饮，他们几乎餐餐必喝，而且讲究在餐桌上要以不同品种的酒水搭配不同的菜肴；除酒水之外，法国人平时还爱喝生水和咖啡。

法国人用餐时，两手允许放在餐桌上，但却不许将两肘支在桌子上，在放下刀叉时，他们习惯于将其一半放在碟子上，一半放在餐桌上。

（二）习俗禁忌

1．颜色的禁忌

法国人忌讳墨绿色，这种颜色会使他们联想起当年侵占法国的德国法西斯军队。

2．数字的的禁忌

法国人忌讳数字“13”和“星期五”的日期；给法国妇女送花时宜为单数，但应避免“1”和“13”这两个数字。

3．交谈的禁忌

（1）法国人忌讳谈论政治矛盾、经济滑坡、种族纠纷以及科西嘉独立等敏感话题。

（2）法国人忌讳问别人的隐私。

（3）法国人忌讳称呼其“老人家”、“老先生”、或“老太太”，因为法国人忌“老”。

4．动物与图案的禁忌

法国人忌讳黑桃、仙鹤图案，他们认为黑桃图案不吉利，仙鹤图案是蠢笨的象征。

5．食物的禁忌

法国人忌讳吃无鳞鱼、肥肉和动物内脏。

6．送礼方面的禁忌

法国人忌讳送香水、化妆品给女人，因为它有过分亲热之嫌；忌讳黄色菊花，因为通常黄色的菊花被放在墓前吊唁死者。

7．行为举止的禁忌

法国人在公共场合忌讳挖鼻子、剔牙齿、掏耳朵；男子不能提裤子，女子不能隔着裙子提袜子。

四、德国礼仪习俗

（一）礼仪规范

1．见面礼仪

双方见面行握手礼，戴帽者要先脱帽再握手并报上自己的姓，但不必报名字。握手要坚定而短暂，要有目光交流。在德国，通常称呼先生、夫人、小姐。进行商务拜访，务必留下自己的名片，即使对方不在或没空接待，也应留意对方的职位，然后以这个职位来称呼对方。

在刚开始交往时，不要表现得太友好或热情。德国人往往需要一定时间来“热身”，不过一旦“热完身”，他们就会非常和蔼可亲、喜欢交际。有女士进入房间时，男士通常站立。两人并行时，右边为尊；三人并行时，中间为尊。就座时女士或职高居右。

2．衣着服饰

德国人注重形式，拘于礼节，商人喜欢穿三件套礼服，天冷时喜欢戴帽子，希望对方与他们一样穿戴。适宜的短上衣、颜色鲜明的运动夹克或长裤也是一种选择，但不适合正式场合，比较安全的做法，是模仿其他人的着装。

3. 餐饮习惯

德国人就餐时习惯先喝啤酒，再喝葡萄酒，不能颠倒了（见图 9-2）。允许在商务餐上适度饮酒，敬酒时要看一下其他人。在用餐时，不要谈论业务，比较合适的时间是餐前或茶后。德国人很喜欢吃中国菜。

图9-2　德国人的餐饮习惯

4. 送礼习俗

不要赠送过分奢侈的礼物，赠送的原则是小而精。威士忌、优质食品、高质量的纪念品都受欢迎。但不可送葡萄酒，因为此举被认为你嫌主人选酒的品位不高。德国人对礼品包装很讲究，但忌讳用白色、黑色和咖啡色包装纸，也不用彩带扎礼品。

应邀到德国人家里作客，通常的礼物为鲜花，但不要包装。注意花束为单数，5 支或 7 支即可。切不可送玫瑰花，因为这表示你暗恋着女主人。鲜花中，德国人最喜欢矢车菊，视之为国花。

（二）礼俗禁忌

1. 颜色的禁忌

德国人忌讳以茶色、红色、深蓝色和黑色作物品包装色的，因为这些颜色均是不吉祥的颜色。

2. 数字的的禁忌

德国人忌讳数字“13”和“星期五”的日期。

3. 交谈的禁忌

（1）德国人忌讳谈论涉及纳粹、宗教与党派之争的话题。

（2）德国人忌讳直呼他们的名字，宜称其全称或仅称其姓。

（3）与德国人交谈，要单刀直入，不要漫无边际的闲聊。

4. 动物与图案的禁忌

在服饰和其他商品的包装上禁用纳粹（“卐”）或类似的符号“卍”。

5. 食物的禁忌

（1）德国人忌讳吃羊肉、鱼、虾、核桃等。

（2）德国人吃鱼的刀叉不得用来吃肉和奶酪。

（3）同时饮用啤酒与葡萄酒时，忌讳先饮葡萄酒，后饮啤酒。

6. 送礼方面的禁忌

德国人忌讳送红玫瑰，他们认为红玫瑰代表浪漫的爱情，它只能送给妻子、未婚妻或恋人。

7. 行为举止的禁忌

（1）与德国人交谈时，不可把手插在口袋里，这样会被认为无礼。

（2）德国人纪律严明，时间观念强，在商务谈判或约会时迟到，就会引起他们对你的不信任。此外要注意，不要把约会安排在星期五下午。

（3）德国人忌讳在食盘堆积过多的食物。

（4）德国人忌讳用餐巾扇风。

五、日本礼仪习俗

（一）礼仪规范

1. 社交礼仪

日本人通常以鞠躬作为见面礼节。在鞠躬的度数、时间的长短、次数等方面还有其特别的讲究。行鞠躬礼时手中不得拿东西，头上不得戴帽子。日本有时还一面握手一面鞠躬致敬。一般日本妇女，尤其是日本的乡村妇女，只是鞠躬（见图 9-3）。

温馨提醒

在日本乡村民间，送别亲友往往还会向对方行跪礼或摇屐礼。妇女所行的为跪礼，即屈膝下跪，男子所行的摇屐礼，手持木屐在空中摇动。

图9-3 日本的鞠躬礼

日本人与他人初次见面时，通常都要互换名片，否则即被理解为是不愿与对方交往。

在交际场合，日本人的信条是“不给别人添麻烦”。因此，忌讳高声谈笑。但是在外人面前则大都要满脸笑容。日本人认为这是礼貌。

2. 餐饮礼仪

日本人在用餐时，有“忌八筷”之说：其一，是忌舔筷；其二，是忌迷筷，即不准拿着筷子在饭菜上晃来晃去；其三，是忌移筷，即不准夹了一种菜又夹另一种菜，；其四，是忌扭筷，即不准将筷子头反过去，吞在口里；其五，是忌插筷，即不准将筷子插在饭菜里，或是把它当作叉子，叉起饭菜吃；其六，是忌掏筷，即不准用筷子在饭菜里扒来扒去；其七，是忌跨筷，即不准把筷子跨放在碗、盘之上；其八，是忌剔筷，即不准用筷子当牙签用。

（二）礼俗禁忌

1. 颜色的禁忌

日本人忌讳绿色和紫色，认为绿色是不祥的象征；紫色是不牢靠的颜色。

2. 数字的的禁忌

日本人忌讳带“4”和“9”的数字和三个人合影。因为在日本，“4”与“死”是同音，日本的医院都没有 4 号、14 号、24 号等带“4”的病房和病床，认也不愿意躺在带“死”字的病房或病床等死；“9”与“苦”的发音相似，是谐音；日本人认为三个人合影，中间的人被左右夹着，是不幸的预兆。日本商人还忌讳 2 月和 8 月，因为这两个月是营业淡季。

3. 交谈的禁忌

日本人忌讳询问对方的年龄、收入、婚姻等个人隐私；忌讳谈论对方身体的肥瘦、个子的高矮之类的话题；在交际场合，忌讳高声谈笑。

4. 动物与图案的禁忌

日本人忌讳用金色的猫、狐狸、獾作图案，他们认为这些动物是“晦气”、“贪婪”和“狡诈”的化身。

5. 食物的禁忌

日本人忌讳吃肥猪肉和猪的内脏，还有的人忌吃羊肉和鸭。

6. 送礼方面的禁忌

（1）日本人忌讳荷花、菊花。认为荷花仅用于丧葬活动；菊花是日本皇宫的标志，忌讳赠送。

（2）日本人忌讳送带花盆的花，因为“根系土中”与“卧床不起”相似。

7. 行为举止的禁忌

日本人忌讳邮票倒贴，因为这是绝交的表示。

六、加拿大礼仪习俗

（一）礼仪规范

1. 社交习俗

加拿大人社交习俗总的特点可能用这样几句话来概括：

加拿大人很友好，性格坦诚心灵巧；

平易近人喜幽默，谈吐风趣爱说笑；

枫叶极为受崇敬，视为友谊与国宝；

白雪物别受偏爱，生活为伴离不了；

白色百合为丧花，“十三”、“周五”惹烦恼。

在生活细节上有如下特点：

加拿大人生活习性包含着英、法、美三国人的综合特点。他们既有英国人那种含蓄，又有法国人那种明朗，还有美国人那种无拘无束的特点。他们热情好客、待人诚恳。

2. 礼节礼仪

加拿大人在社交场合与客人相见时，一般都惯行握手礼。亲吻和拥抱礼虽然也是加拿大人的礼节方式，但它仅适合于熟人、亲友和情人之间。

> **温馨提醒**
>
> 加拿大与大不列颠、欧洲其他国家以及其南面的邻国——美国，保持紧密的联系。其居民中大部分讲法语。有两件鲜为人知的事实：加拿大是世界第二大国；它是美国最大的贸易伙伴。

3. 交谈礼仪

在谈话中不要偏袒分裂主义——把加拿大分成讲法语和讲英语的两个国家。加拿大人以自己的国家为自豪，反对与美国作言过其实的比较。谈到肯定成绩的事例并对加拿大人民及其国家给予好评是最受欢迎的。

4. 饮食习惯

加拿大由于历史的原因和人种的构成因素，生活习俗及饮食习惯与英、法、美相仿。其独特之处是他们养成了特别爱吃烤制食品的习惯。这主要是受地理环境寒冷的影响。他们在餐具使用上，一般都习惯用刀叉。他们极喜欢吃家乡风味烤牛排，尤以半生不熟的嫩牛排为佳。他们习惯饭后喝咖啡和吃水果。加拿大人在饮食嗜好上有如下特点。

（1）主食：以米饭为主。

（2）副食：喜欢吃牛肉、鸡肉、鸡蛋、沙丁鱼、野味类等；以及西红柿、洋葱、青菜、土豆、黄瓜等新蔬菜；调料爱用蕃茄酱、盐、黄油等。

（3）制法：对煎、烤、炸等烹调方法制作的菜肴偏爱。

（4）中餐：喜爱中国的苏菜、沪菜、鲁菜。

（二）礼俗禁忌

1. 颜色的禁忌

加拿大人忌讳黑色和紫色，认为它们是不吉利的颜色。

2. 数字的的禁忌

加拿大人忌讳“13”和“星期五”，认为“13”是厄运之数，“星期五”是灾难的象征。

3. 交谈的禁忌

（1）加拿大人忌讳插嘴打断对方的话题或与对方争执。

（2）加拿大人忌讳谈论宗教、种族矛盾、魁北克省要求独立等话题；也忌讳谈及死亡、灾难方面的话题。

4. 食物的禁忌

加拿大人忌讳吃肥肉、动物内脏、腐乳、虾酱、鱼露以及其他一切带有腥味、怪味的食物。

5. 送礼方面的禁忌

加拿大人忌讳送白色的百合花，因为它会给人带来死亡的气氛，人们习惯用它来悼念去世的人。

6. 行为举止的禁忌

（1）加拿大人忌讳就餐时吸烟、吐痰、剔牙；忌讳打破盐罐和打碎玻璃，他们认为这是不祥之兆。

（2）加拿大人忌讳铲除积雪，白雪在加拿大人的心目中有崇高的地位，并被视为吉祥的象征和避邪之物。

七、印度礼仪习俗

（一）礼仪规范

1. 社交礼俗

图9-4 向长辈行礼

印度人相见应递英文名片，英语是印度的商业语言。主客见面时，都要用双手合十在胸前致意。口中念着："纳玛斯堆"（梵文："向您点头"，现在表示问好或祝福）。晚辈在行礼的时候弯腰摸长者的脚，表示对长辈的尊敬（见图9-4）。男子不能和妇女握手。许多家庭妇女忌讳见陌生男子，不轻易和外人接触。但如果邀请男士参加社交活动时应请他们偕夫人同来。一般关系的男女不能单独谈话。

印度人是用摇头表示赞同，用点头表示不同意。人们用手抓耳朵表示自责；召唤某人的动作是将手掌向下摆手指，但不能只用一个指头；指人时也要用整个手掌，不能用一两个指头。

到印度庙宇或家庭做客，进门必须脱鞋。迎接贵客时，主人常献上花环，套在客人的颈上。花环的大小长度视客人的身份而定。献给贵宾的花环既粗又长，超过膝盖。给一般客人的花环仅到胸前。妻子送丈夫出远门，最高礼节是摸脚跟和吻脚。

2. 餐饮习惯

用右手拿食物、礼品和敬茶，不用左手，也不用双手。就餐的时候，印度人最忌讳在同一个容器里取用食物。也不吃别人接触过的食物，甚至别人清洗过的茶杯，也要自己再洗涤一遍后才使用。 喜欢分餐进食，注重菜品酥烂，一般口味不喜太咸，偏爱辣味。主食以米饭为主，对面食中的饼类也感兴趣。

不吃菇类、笋类、木耳。信奉印度教和锡克教的人，忌讳吃猪肉、牛肉。他们一般不喝酒，因为喝酒是违反宗教习惯的。但有喝茶的习惯，方式是"舔饮"，也就是把奶茶盛在盘子中，用舌头舔着喝。印度人最不喜欢吃大荤，吃素食的人较多，等级越高，吃荤越少。喜欢中国的粤菜、苏菜。

（二）礼俗禁忌

1. 颜色的禁忌

印度人忌讳白色，习惯用百合花作悼念品。

2. 数字的禁忌

印度人视"1"、"3"、"7"为不吉祥数字。

3. 交谈的禁忌

和印度人交谈，要回避有关宗教矛盾、和巴基斯坦的关系、工资等话题。

4. 动物与图案的禁忌

印度人忌讳弯月图案。

5. 食物的禁忌

印度人奉牛为神圣，忌讳吃牛肉。

6. 送礼方面的禁忌

印度的荷花为祭祀之物，忌讳将它作为礼物和图案；习惯百合花作悼念品，所以忌讳送百合花。

7. 行为举止的禁忌

印度人忌讳用澡盆给孩子洗澡，认为是“死水”，是不人道的行为。

八、韩国礼仪习俗

（一）礼仪规范

1. 社交礼仪

在社交礼仪上，韩国一般不采用握手作为见面的礼节。握手时讲究使用双手，或是单独使用右手。在晚辈、下属与长辈、上级握手时，后者伸出手来之后，前者须先以右手握手，随手再将自己的左手轻置与后者的右手之上。在韩国，妇女和小孩一般情况下不和男子握手，以点头或是鞠躬作为常见礼仪。

在称呼上多使用敬语和尊称，很少会直接称呼对方的名字。要是对方在社会上有地位头衔的，韩国人一定会屡用不止。

2. 服饰礼仪

社交场合中，大部分韩国人会讲英语，对讲日语的人没有好感。在韩国，穿衣上不会过于前卫，是庄重保守的。男子一般上身穿袄，下身穿宽大的长档裤，女子一般是上穿短袄，下穿齐胸的长裙（见图9-5）。

图9-5　韩国女士礼服

3. 餐桌礼仪

（1）与长辈一起用餐时，长辈先动筷子后晚辈才能动筷。

（2）勿把汤匙和筷子同时抓在手里，使用筷子时把匙放在桌子上。不要把匙和筷子搭放在碗上，不要端着饭碗和汤碗吃饭。

（3）用汤匙先喝汤或泡菜汤之后，再吃别的食物。饭和泡菜汤、酱汤及汤类用汤匙吃，其他菜用筷子夹。

（4）韩国人平时使用的一律是不锈钢制的平头儿的筷子。中国人、日本人都有端起饭碗吃饭的习惯，但是韩国人视这种行为不规矩。而且也不能用嘴接触饭碗。圆底儿带盖儿的碗“坐”在桌子上，没有供你手握的把。再加上米饭传导给碗的热量，不碰它是合情合理的。至于碗盖，可以取下来随意放在桌上。既然不端碗，左手就一定要听话，老实地藏在桌子下面，不可在桌子上“露一手儿”。右手一定要先拿起勺子，从水泡菜中盛上一口汤喝完，再用勺子吃一口米饭，然后再喝一口汤、再吃一口饭后，便可以随意地吃任何东西了。这是韩国人吃饭的顺序。

（二）礼俗禁忌

1. 数字的的禁忌

韩国人忌讳数字“4”，认为“4”是个不吉利的数字，因为“4”在朝鲜语中发音，拼音与“死”完全相同，他们在喜庆的场合和节日期间避免说出“4”字，主人总是以“1”、“3”、“5”、“7”等数字来敬酒，布茶。军队、医院、餐馆、旅馆、楼层、门牌、房子等均不用“4”来编号。

2. 交谈的禁忌

韩国人在交谈时，忌讳说“师”、“私”、“事”等字，因为，它们的发音与“死”同音；忌讳南北分裂、韩美关系、韩日关系等话题；忌讳称他们为“朝鲜人”，而宜称为“韩国人”。

3. 食物的禁忌

韩国人忌讳吃羊肉、鸭肉和肥猪肉。禁止捕食喜鹊和虎，因为喜鹊为国鸟，老虎为国兽，也禁止捕食熊、野猪等动物。

4. 送礼方面的禁忌

韩国人的民族自尊心很强，反对崇洋媚外，倡导使用国货。在赠送礼品时，最好选择是鲜花、酒类和工艺品，最好不是日本货。

5. 行为举止的禁忌

韩国有男尊女卑的讲究，进入房间时，女人不可以走在男人的前面，女人须帮助男人脱下外套，坐下时，女人要主动坐在男子的后面。不可以在男子面前高声谈论。

九、新加坡礼仪习俗

（一）礼仪规范

1. 服饰礼仪

新加坡不同民族的人在穿着上各有自己的特点。新加坡男子头戴一顶“宋谷”无边帽，上身穿无领宽大袖子的上衣，下身穿纱笼长及足踝，马来人女子上衣宽大，下身穿长纱笼（见图 9-6）。华人妇女多穿旗袍。新加坡政府部门规定职员在工作时间不准穿奇装异服。

图9-6 新加坡人民族服饰

2. 相见礼仪

新加坡人与客人见面时，在交际场合一般都施握手礼。男女之间握手比较恰当的方式是等女士先伸出手来，男士再行握手。马来人先用双手互相接触，再收回来的手放到自己的胸部。

3. 餐饮礼仪

米饭是新加坡人的主食，他们有时也吃包子但不喜吃馒头。在用餐前有洗手的习惯，因为马来人吃饭一般用手抓食物。当地人普遍爱好饮茶，他们常以茶水招待客人，华人喜欢饮意为财运亨通的元宝茶。

4. 仪态礼仪

新加坡人处处体现着对他人的尊重，举止很文明。他们坐时端正规矩，双脚并拢，如果双脚要交叉也只是把一只腿的膝盖直接叠放在另一只腿膝盖上。新加坡人站立时体态端正，双手不会放在臀部，他们认为那是发怒的表现。

5. 商务礼仪

到新加坡从事商务活动最好是在每年的3月到10月，这样就可以避开圣诞节和华人的新年。当地工商界人士讲英语，见面时交换的名片可以用英文印刷。在商务会谈中最好不要吸烟。

（二）礼俗禁忌

1、颜色的禁忌

新加坡人忌讳黑色、黄色，认为它们是不吉利的颜色。

2、数字的的禁忌

新加坡人忌讳“4”和“7”两个数字，认为它们是不祥的数字。

3、交谈的禁忌

新加坡人忌讳说“恭喜发财”之类的话，认为这样有教唆他人发“横财”和“不义之财”的意思；忌讳谈论政治、宗教的话题；忌用宗教词句和象征性标志。

4、动物与图案的禁忌

新加坡人忌讳乌龟图案，认为是不祥的动物。

5、食物的禁忌

新加坡的马来人不许饮酒；忌食猪、狗、猫、蛇和其他猛禽猛兽的肉，不食用自然死亡或未经过伊斯兰教屠宰方式而宰杀的家禽家畜的肉。

6、送礼方面的禁忌

新加坡人认为当着送礼人的面打开礼品的做法是不礼貌的。

7. 行为举止的禁忌

（1）新加坡人忌讳男人留胡须、长头发，认为是不雅的行为。

（2）忌讳叼着烟走路、随地吐痰、吐唾沫、扔垃圾等行为，在新加坡这些行为要受到严厉的处罚。

十、泰国礼仪习俗

（一）礼仪规范

1. 社交习俗

泰国人社交习俗总的特点可以用这样几句话来概括：

泰国人多信佛教，恪守教义很强调；

尤为头部更注重，碰摸会把人惹恼；

信仰忌讳繁又多，文明举止最重要；

“好客”民族有传统，事事处处讲礼貌；

约会特别守信义，礼节礼仪颇周到。

在生活细节上有如下特点：泰国是笃信佛教的国家，他们的双手合十礼仪习俗（见图9-7），也与佛教的合掌作揖礼有着密切的关系。但是，泰国的礼仪在佛教影响为主的基础上，还有伊斯兰教和中国儒家的礼仪形式，使得泰国成为举世皆知的礼仪之邦。

2. 礼节礼仪

泰国人在与客人见面时，通常施合十礼。将手合十于胸前，头稍稍低下，互相问候“撒瓦迪”（你好）。还礼时，也须双手合十，放至额到胸之间。地位较低或年纪较轻的人，应该主动向地位高和年纪大的人致合十礼。地位高、年纪大的人还礼时，手不应高过前胸。双手举得越高，表示尊敬的程度越深。在特殊情况下，如平民拜见国王的时候要施跪拜礼；儿子出家当和尚父母也施跪拜礼。

图9-7 泰国人的合十礼

3. 称谓与问候

除了在较为西方化的社会团体中，泰国人见面时通常不以握手为礼。最常见的泰国传统的见面礼节是双手放在胸前合十作祈祷状并微微弯腰。一般情况下，年轻人向长者合十弯腰致礼，长者以同样的方式还礼。

（二）礼俗禁忌

1. 颜色的禁忌

泰国人忌讳黑色、褐色，认为它们是不祥的颜色；忌讳用红笔签名，因为泰国的习俗是，凡人死后，要用红笔将死者的姓名写在棺材上。

2. 数字的的禁忌

泰国人忌讳数字“6”。

3. 交谈的禁忌

（1）泰国人忌讳面无表情、愁眉不振或高声喧哗、大喊大叫进行交谈。

（2）泰国人忌讳用手拍打对方和用手指点对方，这种行为被视为挑衅。

（3）泰国人忌讳信口开河非议佛教和军人，国为佛教是泰国的国教，军人地位很高，深受泰国人尊重。

（4）泰国人忌讳评说泰王和王室的其他成员。

4. 动物与图案的禁忌

（1）泰国人忌讳以狗作为国案，认为狗是不洁不祥之物。

（2）泰国人忌讳鹤和龟及印有其形象的物品，认为鹤是“色情鸟”，龟是不雅之物。

5. 食物的禁忌

作为佛教徒的泰国人在肉类方面禁忌较少，每月除 4 天不能在市场上出售牛、猪肉外，一般都可吃鸡、鱼、鸟、蛙等。

6. 送礼方面的禁忌

泰国人忌讳向僧人赠送现金，这种行为被视为一种侮辱；忌讳送茉莉花，认为它是一种不祥之花。

7. 行为举止的禁忌

（1）泰国人忌讳别人触摸其头部，尤其是孩子的头部；也忌讳别人拿东西从头顶上经过。

（2）泰国人忌讳“头朝西、脚朝东”睡觉，因为泰国只有停放尸体才那样做。

（3）泰国人忌讳就座时跷起“二郎腿”，把鞋底对着别人，被认为是把别人踩在脚下，是一种侮辱性的举止。

（4）泰国人在别人面前席地而坐时，忌盘足或双腿叉开。这也是泰国人“重头轻脚”的礼仪习俗。

（5）泰国人忌讳用左手取食物，人们认为“左手不洁”，而今有些泰国人用餐时爱用叉、勺，左手持叉，右手拿勺，两者并用。

任务二　西方国家的主要节日

礼仪问题

Q2　关于圣诞节，以下的说法哪个不正确？

A. 圣诞节是西方国家最重要的节日。　　B. 圣诞节美国人会互赠礼物。

C. 圣诞节西方人会制作彩蛋。

礼仪故事 32

罗斯福失盗

美国前总统罗斯福家失盗，被偷去了许多东西，一位朋友闻讯后，忙写信安慰他，劝他不必太在意。罗斯福给朋友写了一封回信：“亲爱的朋友，谢谢你来信安慰我，我现在很平安。感谢上帝：因为第一，贼偷去的是我的东西，而没有伤害我的生命；第二，贼只偷去我部分东西，而不是全部；第三，最值得庆幸的是，做贼的是他，而不是我。”对任何一个人来说，失盗绝对是不幸的事，而罗斯福却找出了感恩的三条理由。

点评　为什么罗斯福失盗后还要感恩呢？——西方国家每年都有个隆重的节日：感恩节，所以西方人大多有感恩的心理习惯，换个角度看问题，多点感恩，会发现世界其实并不黑暗。

礼仪学堂

一、圣诞节（Christmas）

圣诞节是欧美国家一年中最重要的节日。它原本是耶稣基督（Jesus christ）诞辰纪念日，如今已成为西方国家全民性的节日，颇似中国的春节。圣诞节定于每年 12 月 25 日，而圣诞节节期（Christmas Season）往往持续两周。在这一天，家人们有互赠礼物的礼仪，特别是大人送给自己孩子的圣诞节礼物，更是很多孩子一年中最为期待的日子。

1. 圣诞节礼仪之一：用圣诞色来装饰

西方人以红、绿、白三色为圣诞色，圣诞节来临时家家户户都要用圣诞色来装饰（见图 9-8）。红色的有圣诞花和圣诞蜡烛，绿色的是圣诞树。它是圣诞节的主要装饰品，用砍伐来的杉、柏一类呈塔形的常青树装饰而成。上面悬挂着五颜六色的彩灯、礼物和纸花，还点燃着圣诞蜡烛。

图9-8　圣诞节

2. 圣诞节礼仪之二：扮演圣诞老人

红色与白色相映成趣的是圣诞老人，他是圣诞节活动中最受欢迎的人物。西方儿童在圣诞夜临睡之前，要在壁炉前或枕头旁放上一只袜子，等候圣诞老人在他们入睡后把圣诞礼物放在袜子内。在西方，扮演圣诞老人是一种最普遍的圣诞节礼仪。

3. 圣诞节礼仪之三：写圣诞卡

圣诞卡（圣诞卡片）在美国和欧洲很流行，也视为维持远方亲朋好友关系的方式之一。许多家庭写贺卡，带上年度家庭合照或家庭新闻，还有圣诞节的祝福语，寄给远方的亲人。

二、情人节（Valentine’s Day）

每年 2 月 14 日，在春回大地之时，欧美各地的人们都会欢度情人节（又名“圣瓦伦丁节”）。情人节，一般要寄送情人节贺卡，其他的活动就是赠送礼物。而鲜花、糖果、珠宝、诗集是情人节传统的礼物（见图 9-9）。在美国，情人节这天送 12 枝玫瑰给情人，是非常受欢迎的，同时，郁金香也是情人节比较受欢迎的鲜花。此外，做工精巧的小花篮也大受青睐。

图9-9　情人节礼物

1. 情人节送礼礼仪之一：情人节纪念卡

情人节最重要的活动是赠送情人节纪念卡。在情人节这天，夫妇或情侣们彼此倾诉爱意的最佳途径，莫过于一张小小的卡片了。

2. 情人节送礼礼仪之二：巧克力的选择与赠送

情人节当然还离不开恋人们喜欢吃的巧克力。女士们在情人节这天总能收到各种包装和造型别致的巧克力。许多女孩子还会为自己的情人亲手制作巧克力、曲奇等情人节甜点。

知识拓展

巧克力有何寓意呢？

① 榛子巧克力——忠贞；② 果仁巧克力——可人；③ 酒心巧克力——与你共醉；④ 奶香巧克力——我的蜜糖。

3. 情人节送礼礼仪之三：珠宝的赠送

珠宝也是情人们在这一天赠送的礼物。如果说鲜花象征热情，那么钻石无疑表示珍爱。在所有珠宝首饰中，钻石在情人节最受欢迎，其次则是红宝石和石榴石。

4. 情人节送礼礼仪之四：诗集

诗歌是最早伴随情人节的礼物。年轻的丈夫会买一本诗集，藏在鲜花下面。

三、复活节（Easter）

复活节是为了纪念耶稣被钉上十字架，3 天后死而复活的基督教节日。它是基督教与古代所谓异教风俗的结合物。据说复活节（Easter）一词源于盎格鲁撒克逊民族神话中黎明女神的名字 Eostre。它的原意是指冬日逝去后，春天的太阳从东方升起，把新生命带回。由于该词喻意新生，于是被基督教教徒借用过来表示生命、光明、欢乐的恩赐者耶稣再次回到人间。按照习俗，复活节的日期是 3 月 21 日起月圆后的第一个星期日。如果月圆正值星期日，则要顺延至下一个星期日。历年复活节的实际日期最早可在 3 月 22 日，最晚则要到 4 月 25 日。

复活节的典型特征是彩蛋。复活节早上，有的家里把早餐用的蛋分放在几个盛有不同颜色的植物染料的锅里煮，这样端上来的蛋不再是白色或浅棕色的，而是黄色或粉红色，蓝色或绿色的。当然，染料是不会渗透到蛋壳里去的。（见图 9-10）

图9-10　复活节彩蛋

过去，在多数西方国家里，复活节一般要举行盛大的宗教游行。游行者身穿长袍，手持十字架，赤足前进。他们打扮成基督教历史人物，唱着颂歌欢庆耶稣复活。过去基督教教徒会在节前去教堂行洗礼，然后穿上自己的新袍，庆祝基督的新生。穿戴一新的习俗保留至今，因为人们认为节日里不穿新衣是要倒运的。复活节期间，人们还喜欢彻底打扫自己的住处，表示新生活从此开始。

四、感恩节（Thanks Giving Day）

每年 11 月的最后一个星期四是感恩节（Thanks Giving Day）。感恩节是美国人独创的一个古老节日，也是美国人合家欢聚的节日，因此美国人提起感恩节总是倍感亲切。感恩节是美国定假日中最地道、最美国式的节日。

每逢感恩节这一天，美国举国上下热闹异常，人们按照习俗前往教堂做感恩祈祷，城乡市镇到处举行化装游行、戏剧表演和体育比赛等，学校和商店也都按规定放假休息（见图 9-11）。孩子们还模仿当年印第安人的模样穿上离奇古怪的服装，画上脸谱或戴上面具到街上唱歌、吹喇叭。散居在异地他乡的家人也会回家过节，一家人围坐在一起，享用美味火鸡。

图9-11　感恩节游行

同时，好客的美国人也忘不掉在这一天邀请好友、单身汉或远离家乡的人共度佳节。从 18 世纪起，美国就开始出现一种给贫穷人家送一篮子食物的风俗。当时有一群年轻妇女想在一年中选一天专门做善事，他们认为感恩节是最恰当不过的。所以感恩节一到，她们就装上满满一篮食物亲自送到穷人家。这件事远近传闻，后来就传承为习俗。

任务三　宗教礼仪介绍

礼仪问题

Q3　以下四类宗教，哪个宗教忌食猪肉？

A. 佛教　　B. 道教　　C. 伊斯兰教　　D. 基督教

礼仪故事 33

并"不舒适"的牛皮沙发

一次，印度官方代表团前来我国某城市进行友好访问，为了表示我方的诚意，有关方面做了积极准备，就连印度代表下榻的酒店里也专门换上了宽大、舒适的牛皮沙发。酒店方认为万无一失，礼仪尽到。可是，就在我方的外事官司员事先进行例行检查时，这些崭新的牛皮沙发却被责令立即撤换掉，检查人员还对有关部门进行了专门的教育培训。就是由于这一举措的适时，才能及时有效的避免了不快的发生。

点评 宗教是现今社会存在的一种现象，如果不够注意宗教礼仪，就会出现很多的误解和不快，尤其是在国际交往中。在此案例中，酒店的有关部门就没有理解到这一情况险些犯了错误。印度人大多信奉印度教，而印度教是敬牛、爱牛、奉牛为神的，在其生活习俗中，他们不杀牛，不吃牛肉，也不使用牛皮制品。因此无论如何都不应该请印度人坐牛皮沙发。

礼仪学堂

一、佛教礼仪

佛教起源于公元前 6 世纪至公元前 5 世纪的古代印度，创始人为释迦部落的王子乔达摩•悉达多，后被尊称为释迦牟尼。佛教的经典是《大藏经》，是由经、律、论三部组成，总称"三藏"。佛教与基督教、伊斯兰教并称世界三大宗教，是当今世界上最古老的宗教之一。全世界约有 3 亿佛教徒，分布在 86 个国家和地区，主要是在亚洲。中国可以说是佛教的第二故乡。

（一）称谓

在所有出家僧尼中，凡担任职事的，都有职称。寺院内的最高领导为住持，俗称“方丈”，“住持”，负责内部事务的称“监院”，负责对外联络的为“知客”，他们可一并尊称为“法师”、“大师”、“长老”、“高僧”。佛教徒中称出家的男性为“比丘”，简称“僧”，俗称“和尚”；出家的女性为“比丘尼”，简称“尼”，俗称“尼姑”。（见图 9-12）

图9-12 僧人

在寺院，不要直接询问僧尼的姓名，因为僧尼出家时，都由其师父赠予法名，受戒时，又由受戒师赠予戒名，而他们也一律改姓“释”，而不使用原来的俗姓。

（二）主要仪式

佛教的佛事，又称法事，是佛教的宗教活动。它有一整套的固定仪式。

（1）修行仪式：包括受戒、顶礼、功课等仪式，主要对象是僧尼。

（2）修福仪式：佛诞法会、水陆法会等仪式，主要对象是信徒施主。

（三）礼与忌

（1）进入寺庙时，宜慢步轻声，不乱动，不乱讲，不拍照。对于佛祖、佛像、寺庙以及僧尼，佛教均要求其信徒毕恭毕敬。非信徒对其不得非议。不准攀登、侮辱佛像。不准触摸、辱骂僧尼，不得与僧尼“平起平坐”。

（2）信徒应守“五戒”，即规定其信徒不杀生，不盗窃，不邪淫，不饮酒，不妄语；饮食上忌食“五荤”，即禁止其信徒食用葱、蒜、韭菜、小根菜、兴渠五种气味刺鼻的蔬菜。游人严禁将荤腥及其制品带入寺院。

（3）寺院举行道场时，禁止高声喧哗，严禁干扰行为。不经允许，不可进入僧人住所以及不开放的坛口。

（4）不得随便抚摸小孩头顶。

二、道教礼仪

道教是中国固有的一种宗教，创立于东汉时期，是中国土生土长的宗教，并经过长期的历史发展而形成的。距今已有 1800 余年的历史。它与中华本土文化紧密相连，深深扎根于中华沃土之中，具有鲜明的中国特色，并对中华文化的各个层面产生了深远影响。当今道教主要分为：全真派和正一派两大教派。

（一）称谓

在历史上，随着各朝代文化的影响，道士修行程度和教理造诣，以及担任的教职，配以相关的称谓，择要简述如下。

（1）祖师宗师：各道派的创始人曰祖师；各派传道的首领称为宗师。

（2）真人：通常尊称那些体道大法，道行高深，羽化登仙的道士。

（3）居士：信奉道教的俗家信众。

(4) 道长：是当今教外人士对出家道士的尊称，而不是职称。如果不知道道士具体的称谓，可尊称道长。

(二) 主要仪式

(1) 礼拜：道教醮坛中最普遍最常见的一种仪式。俗称“叩头”、“作揖”，无论是道士，还是信众，在道教宫观内外，面对神像，都要礼拜，这是入道信教的首要和根本。

(2) 诵经：道教醮坛中最常见最普遍的一种仪式，指诵念经文。(见图 9-13)

(3) 进表：指道士将表文上奏天庭的仪式，又称“上表”。其程式为启坛、请圣、拜表。

(三) 礼与忌

道教宫观简称道观，是道士生活、修道和举行各种道教活动的重要场所。

图9-13 道士诵经

(1) 道观内外，要保持清静、整洁和庄严。进入道观，应当衣冠整齐，注重形仪，忌光身赤脚，忌高声喧哗。

(2) 和道士“招呼”的礼仪，要用“拱手”礼仪，即双手抱拳，不能用佛教的“合十”礼仪。

(3) 上香时，持香者要手指干净，切忌“信手拈香，触以腥秽”；用左手持香，右手护香，忌用右手捻香；道教祭神一般多以三柱香为准，忌双香祀神；烧香时要心神专一，忌回顾。

(4) 进入全真道观切忌夹带荤菜，即使是进入正一道观，在香期内参访，也不能带放荤菜。

三、基督教礼仪

目前世界上信徒最多，规模最大的宗教是基督教。全世界现有信徒 13 亿人。分布在世界的 150 个国家。基督教是信奉耶稣基督为救世主的各教派的总称，起源于公元 1 世纪初罗马帝国统治下的巴勒斯坦地区。

(一) 称谓

在基督教内部，信徒之间可称“平信徒”，指平常普通的信徒，与教会神职人员相对而言。新教的教徒，可称“兄弟姐妹”或“同道”。在我国，平信徒之间习惯称“教友”，在非专业基督徒中，有一些热心为教会义务工作的人，被称为“义工”，义工有自己的本职职业，只是利用业余时间从事宗教活动。对宗教职业人员，因其教派不同称谓也不尽相同。可按其教职称之，如某主教、某牧师、某神父等，以示尊敬。

(二) 主要节日

由于使用历书不同，基督教三大教派的节日也不完全一样，从节日内容来说，主要有：圣诞节、复活节、受难节、圣灵降临节、圣母领报节等。

随着基督教的广泛传播，它最隆重的圣诞节已从一个纯宗教节日演变成一个世界性的重大节日，也就是 12 月 25 日的圣诞节，因为《圣经》中说耶稣是夜间诞生的，因此该日的前夜后来就被称为圣诞平安夜，家家都要摆上圣诞树，树上悬灯结彩，绚丽缤纷，树上还挂有各种圣诞礼物，大家手挽手围着圣诞树起舞，共享圣诞蛋糕，孩子们还期待着送礼物的圣诞老人。

（三）主要仪式

基督教所进行的宗教仪式有弥撒或礼拜、祈祷、圣事等，由于教派不同，其礼仪也有所差别。

（1）弥撒，即礼拜，源自拉丁文 Missa，是天主教对所进行的宗教仪式的称谓。指基督徒每逢星期日在教堂内举行的宗教聚礼，这是基督教最主要最常见的宗教仪式，教徒在做弥撒时，要进行公共祈祷仪式、读经、唱诗、讲道和祝福等。在礼拜时，教堂内常置有奉献箱，或传递收捐袋，信徒可随意投钱，作为对上帝的奉献。

（2）祈祷，是基督教徒经常要进行的活动，祈祷包括口祷和默祷两种，可以个人独自在家进行，也可以利用聚会时，由牧师或祖父作为主礼人。祈祷者应始终保持必要的仪态，维系一种“祭神如神在”在虔诚，礼毕，须“阿门”，意为“真诚”，表示“唯愿如此，允获所求”。

（3）圣事，也称圣礼，是基督教的重要礼仪，它是指借助于一定的形式赋予领受者不可见的“宠爱”和“保佑”。由于教派不同，“圣事”也不尽相同，大主教和东正教尤其注重宗教仪式，主要表现为 7 件圣事：洗礼、坚振、告解、圣体、婚配、神品、终缚。（见图 9-14）

（四）禁忌

图9-14　圣事

（1）与基督教徒打交道时，不宜对其尊敬的上帝、圣母以及其他圣徒、圣事说长道短，不宜任意使用其圣像与其宗教标志。对神职人员，一般不应表现不敬之意。

（2）“13”与“星期五”也被其教徒视为不祥的数字，所有的基督徒都会对其敬而远之，因此不应有意令对方接触它们。

（3）就餐之前，基督徒多进行祈祷。非基督徒虽然不必照此办理，但也不宜在其前面抢先而食。

（4）有些教派的基督徒有守斋之习。守斋时，他们绝对不食肉、不饮酒。在一般情况下，基督徒不食用蛇、鳝、鳅、鲶等无鳞无鳍的水生动物。他们还忌带血的食物，如鸡血、鸭血、猪血等。

（5）在基督教的专项仪式上，讲究着装典雅，神态庄严，举止检点。服装“前卫”，神态失敬，举止随便者，均不受欢迎。

四、伊斯兰教礼仪

伊斯兰教，又称清真教，起源于公元 7 世纪的阿拉伯半岛，由出身于麦加没落贵族商人家庭的穆罕默德创建。伊斯兰教崇拜的是真主安拉，它的经典为《古兰经》。伊斯兰教也是一种在世界上举足轻重的宗教，信徒约有 10 亿人。由于伊斯兰教的信众皆称穆斯林，意即顺服于真主安拉的人。所以伊斯兰教民族和国家也可称穆斯林民族和国家。

（一）称谓

“伊斯兰”的阿拉伯文原意就是“顺从”、“顺服”，即要顺服唯一的神安拉的旨意。

（1）兄弟：信徒之间无论在什么地方，不分职位高低，都互称兄弟。

（2）掌教：伊斯兰教的教职有伊玛目、海摊布、穆安津，合称“掌教”，在我国则称“阿訇”，它是对伊斯兰教学者、宗教家和老师的尊称，年长者称“阿訇老人家”。

（3）师娘：对主持清真寺教务或教学的妇女，称“师娘”。

（4）满拉：对在清真寺里求学的学生则称“满拉”或“海里发”。

（二）主要节日

伊斯兰教的节日很多，如阿木拉日、登宵节、拜拉特夜、盖德尔夜等，但主要的三大节日是开斋节、宰牲节、圣纪日。

（三）主要仪式

伊斯兰教不像其他宗教那样需要学习、反省和巨大的牺牲，它是一种简单明了的宗教，任何人只要念诵清真言和“遵守五功”就可以成为穆斯林。“五功”就是伊斯兰教规定必须履行的基本功修，中国穆斯林称为“天命五功”。 它包括念功、礼功、斋功、课功、朝功。

（四）禁与忌

（1）伊斯兰教禁止偶像崇拜，故此不应将雕塑、画像、照片以及玩具娃娃赠给穆斯林，并不宜邀请其观看电影、电视、录像、照片或参于拍摄。

（2）伊斯兰教禁止妇女外出参加社交活动。在外人面前，不允许妇女的着装暴露躯体，不允许男女共处。与穆斯林打交道时，一般不宜问候女主人，不宜向其赠送礼物。外国女性前往伊斯兰教国家时，衣着一定要入乡随俗，禁止袒胸、露臂、赤足。

（3）在饮食方面，穆斯林讲究甚多。他们一般都忌食猪肉，忌饮酒，忌食动物血液，忌食自死之物，并且忌食一切未按教规宰杀之物。非清真的一切厨具、餐具、茶具，均不得盛放招待穆斯林的食物或饮料。

（4）在伊斯兰教教历的每年 9 月，穆斯林均应斋戒一个月。斋月期间，从每日破晓直至日落，禁饮食。禁房事。在斋月期间，外人不宜打扰穆斯林。

（5）穆斯林对个人卫生极其讲究。许多地方的穆斯林认为人的左手不洁，所以禁止以左手与人接触。

礼仪演练

一、简答题

1. 日本人一般采用哪种形式的见面礼？
2. 与韩国客人一起就餐，要注意哪些餐桌礼仪？
3. 佛教有什么宗教禁忌？
4. 美国的感恩节有什么习俗？

二、填空题

1. 英国人忌以__________作为礼物送人，认为其意味死亡。

2. 印度人是用__________表示赞同，用______表示不同意。

3. 德国人就餐时习惯先喝__________，再喝__________。

4. 圣诞节定于每年____月____日，而圣诞节节期往往持续____周。

5. 寺院内的最高领导为住持，俗称“__________”。

6. “__________”与“__________”也被其教徒视为不祥的数字，所有的基督徒都会对其敬而远之，因此不应有意令对方接触它们。

三、案例分析

（一）在利雅得，一位美国出口商想向一位沙特阿拉伯的官员推销货物，这个美国人舒服地靠在椅子上，跷着二郎腿，用穆斯林认为不洁净的左手把文件递给阿拉伯人。他拒绝喝咖啡，这是对主人好客的不领情。这个美国人对于文化差异的忽视付出的代价是，沙特阿拉伯的官员拒绝了他的推销，反倒与另一位了解并尊重阿拉伯习俗的韩国人签订了一份价值1000万美元的合同。

问题：1. 伊斯兰教徒有哪些禁忌？

2. 如何避免出现案例中的问题？

（二）中国一家拥有职工约6 000人的大型国有企业，为了避免濒临破产的局面，想寻找一家资金雄厚的企业做合作伙伴。经过多方努力，这家企业终于找到了一家具有国际声望的日本大公司。经过双方长时间艰苦地讨价还价，终于可以草签合约了，全厂职工为之欢欣鼓舞。本以为大功告成的中方人员，没想到在第二天的签字仪式中，公司领导因官僚作风，到达签字地点的时间比双方正式的约定晚了10分钟。待他们走进签字大厅时，日方人员早已排成一行，正恭候他们的到来。中方领导请日方人员坐上签字台，日方的全体人员却整整齐齐、规规矩矩地向他们鞠了一个大躬，随后便集体退出了签字厅，中方领导莫名其妙，因为迟到10分钟对他们来讲实在不算什么。事后，日方递交中方一份正式的信函，其中写到：“我们绝不会为自己寻找一个没有任何时间观念的生意伙伴。不遵守约定的人，永远都不值得信赖。”无疑，双方的合作搁浅了，中方为了自己迟到的10分钟付出了沉重的代价——破产倒闭，近6 000人下岗。

问题：对此案例你有哪些感想？

四、实训

1. 实训要求

最好有多媒体教学系统，具备上网功能的实训室；

2. 实训过程

步骤一：教师根据任务书布置任务；

步骤二：各小组分工并讨论完成以上任务；

步骤三：小组成果展示和实训报告书上交；

任务书

课前将学生分为若干个学习小组，8人一组，分角色扮演，小组完成以下任务：

1. 活动一：情景设置——A是广州某外贸公司的营销总监，他受法国某公司邀请要组团对法国进行为期10天的访问，并与法国公司洽谈有关业务。他将如何安排好这项事务？

2. 活动二：确定模拟活动情景角色

A. 某公司营销总监　　B. 某公司营销副总监

D. 某公司技术经理　　E. 某公司财务经理

C. 某公司销售代表　　F. 某公司翻译

G. 法国某公司经理　　H. 法国某公司陪同人员

3. 活动三：全组讨论本组出国访问活动的具体安排及主要注意事项，并模拟出国访问过程展示。

（抽签排序，一组一组进行；一组模拟时，其他组观摩并指出问题，最终完成实训报告书上交）

课堂随笔

每组经过讨论、练习后，将设计好的模拟情景进行展示，同时也观摩其他小组的展示并提出问题，最终完成实训报告书。

步骤四：教师评讲。

① 教师对学生各组的情景展示进行点评；

② 教师对各组上交的实训报告书进行点评；

③ 对本项目相关知识内容进行总结（见下表）。

（　　）班技能训练任务（　）评价表

被考评组别		被考评组别成员名单				
考评内容						
考评标准	项目	分值	小组自评（30%）	组间互评（平均）（40%）	教师评价（30%）	合计（100%）
	参与讨论的积极性	20				
	情景展示	30				
	内 容	20				
	团队的合作精神	10				
	实训报告完成质量	20				
合计		100				

五、知识拓展 / 综合实训

综合项目：宗教场所实地考察。

实训目标：掌握世界四大宗教礼俗。

实训学时：6 学时。

实训地点：佛教寺院、道教宫观、基督教教堂、伊斯兰教清真寺。

实训准备：熟悉各宗教礼仪、禁忌，笔记本、笔、数码相机、摄像机等。

实训方法：将全班同学分四组，每组指定一名负责人，每组学生在负责人的带领下用一天的时间，分别选择本地区就近的佛教寺院、道教宫观、基督教教堂、伊斯兰教清真寺进行实地考察。

考察中可参观宗教建筑的建筑风格，关注其宗教文化标识，如果允许可携带数码相机、摄像机进行影像记录，可以礼貌地与寺院工作人员或教徒交谈，了解更多的宗教知识。

考察结束后，教师在课堂上用 2 学时，开展课堂交流，每组学生分别谈心得体会并展示所获得的资料。最后教师总结。

注意事项：严格遵守宗教礼仪，尊重宗教信仰，不得影响、干扰宗教活动。参观过程中，未经许可，不得照相或摄像，非经过同意更不得进入寺院内教徒私人场所。注意言谈举止，服饰仪表得体，不得大声喧哗、嬉笑打闹。

礼仪自评

通过本项目的学习，我学会了

参考文献

1. 文泉 . 国际商务礼仪 . 北京：中国商务出版社，2003.
2. 杨友苏，石达平 . 品礼 . 上海：学林出版社，2008.
3. 万里红 . 最实战商务礼仪 . 北京：机械工业出版社，2012.
4. 武敬敏 . 商务礼仪一本就够 . 北京：石油工业出版社，2012.
5. 杰奎琳 · 惠特摩尔 . 商务礼仪 . 北京：中央编译出版社，2010.
6. 金正昆 . 商务礼仪 . 北京：中国人民大学出版社，2010.
7. 金正昆 . 服务礼仪 . 北京：中国人民大学出版社，2008.
8. 李满玉 . 学生实用礼仪 . 北京：机械工业出版社，2010.